Sonja Quante

Was Kindern gut tut!

Handbuch der erlebnisorientierten Entspannung

Für Luca und Gerald
Danke für eure Geduld und Unterstützung.

Danke auch allen anderen Erwachsenen und Kindern, die bei der Entstehung
dieses Buches durch ihre Anregungen, Rückmeldungen und
als „Fotomodelle" mitgewirkt haben:
u.a. Monika, Christine, Andrea, Dagmar, Reinhold, Gunther, Larissa, Aline,
Clara, Riva, Rebecca, Lea, Kilian, Denise, Felix, Noah, Denia, Jan Philipp,
Vanessa, Lucy-May, Johannes, Alexander sowie Sarah, Carolin, Felix, Nicole,
Florian, Sebastian, Martin und ihre Mütter

In Erinnerung an Mareike

Sonja Quante

Was Kindern gut tut!

Handbuch der erlebnisorientierten Entspannung

borgmann

Sonja Quante

Abbildungsnachweis:
Titelbild: Sonja Quante
Fotos: Gerald Schwabe, Christine Schlosser, Sonja Quante, Uwe Werner (S. 226)
Illustrationen: Marianne Quast

© 2003 verlag modernes lernen, Borgmann KG, D - 44139 Dortmund
Edition: borgmann publishing

Gesamtherstellung: Löer Druck GmbH, Dortmund

Bestell-Nr. 8321   ISBN 3-86145-236-7

Inhalt

Vorwort

Entspannung tut gut! – Das wird wohl niemand bestreiten. Oder doch? Von Kindern kenne ich durchaus Äußerungen wie „Entspannung ist langweilig", „Da muss man immer still sein" „Da macht man so komische Sachen, die eh keiner braucht". Damit Entspannung auch Kindern gut tut, ist es wichtig, dass die Art der Übung und der Vermittlung den kindlichen Interessen entspricht.

Was Kindern gut tut! – Dieser Ausspruch kann durchaus missverstanden werden. Hier geht es *nicht* um die Sicht der Erwachsenen, die mit einem „Mach das mal, das tut dir gut!" Kindern unliebsame Dinge wie „früh schlafen gehen", „viel Gemüse essen" oder eben auch „Entspannungsübungen" schmackhaft machen wollen. Die Sichtweise und Meinung der *Kinder* stehen hier im Vordergrund.

Dieses Buch ist der Versuch, sich in die Kinder und ihre Erlebniswelt hineinzuversetzen, ein Angebot zu machen, das ihren Bedürfnissen und gleichzeitig den Anforderungen an wirkungsvolle Entspannungsmethoden entspricht.

Die hierzu notwendigen Informationen und Erkenntnisse sind im einleitenden theoretischen Teil zusammengestellt. Die vielen Vorschläge im Praxisteil sowie die Hinweise zur Durchführung beruhen auf den Erfahrungen, die ich im Laufe der Zeit in der entspannten Arbeit mit Kindern sammeln durfte. Den vielen Kindern, deren spontane Äußerungen und Einfälle mich beim Schreiben geleitet haben, sei an dieser Stelle herzlich gedankt.

Mit diesem Buch verbindet sich die Hoffnung, dass immer mehr Menschen Entspannung als selbstverständlichen Teil des alltäglichen Zusammenseins mit Kindern begreifen. Damit solche Ruhezeiten als Ausgleich zu Aktivität und (An-) Spannung nicht als „langweilige Stillhaltephasen" in die Erinnerung der Kinder eingehen, bietet dieses Handbuch viele Ideen zur erlebnisorientierten Gestaltung. Die Beispiele sollen zum Ausprobieren und Experimentieren anregen. Wegweisend sind dabei die Signale und Reaktionen der Kinder. Zeigen diese durch ihre Körpersprache und Mimik: „Das tut mir gut!", ist der Versuch eines bedürfnisorientierten Entspannungsangebots gelungen.

In diesem Sinne viel Freude mit diesem Buch und der entspannten „Arbeit" mit den Kindern!

1. Einführung

Es scheint, dass die Klagen über unkonzentrierte und unruhige Kinder zunehmen. Viele Kinder zeigen durch ihr Verhalten, dass sie mit den Anforderungen, die heutzutage an sie gestellt werden, überfordert sind. Wahrnehmungsschwierigkeiten machen es manchen zusätzlich schwer, die Flut von Reizen zu verarbeiten, die in unserer Medien- und Konsumgesellschaft auf sie einströmen. So sind Eltern und Fachkräfte auf der Suche nach praktischen Anregungen, die Kindern zu mehr Ruhe und Konzentration verhelfen können.

Entspannungsübungen sollten aber nicht erst dann eingesetzt werden, wenn ein Problem auftaucht. Eine ausgewogene Balance von Bewegung und Entspannung, von Aktivität und Ruhe, von Leistung und Erholung ist einer der wichtigsten Garanten für Wohlbefinden und Gesundheit. Dauerhafte Untätigkeit macht genauso krank wie ein ständiges „Unter Strom stehen". Entspannungsübungen dienen der Gestaltung und Intensivierung der Ruhemomente, die im Alltag von Kindern häufig zu kurz kommen.

Dieses Handbuch richtet sich an all diejenigen, die ohne viel Aufwand und ohne umfangreiche Vorkenntnisse kindgemäße Entspannungsformen in den beruflichen oder familiären Alltag integrieren wollen. Doch nicht jede Methode ist für jedes Kind, jedes Alter und jede Situation geeignet. Deshalb sind in diesem Buch methodenübergreifend verschiedenste Formen von Entspannungsspielen und -geschichten zusammengestellt. Die übersichtliche Darstellung soll den schnellen Zugriff auf ein passendes Spiel, eine Übung oder eine Entspannungsgeschichte in Abhängigkeit von den Zielen, den Interessen der Kinder und den äußeren Bedingungen ermöglichen.

Alle Anregungen in diesem Buch haben Erlebnischarakter. Sie orientieren sich an den ganzheitlichen Bedürfnissen von Kindern. Die Freude an den Entspannungsangeboten ist Voraussetzung dafür, dass Kinder lernen, sich zu entspannen. So finden sich hier nur Spiele, Übungen und Geschichten, die von Kindern das Prädikat „Hmm, tut gut", „schön", „macht Spaß", oder ähnliches bekommen haben.

1.1 Aufbau des Handbuches

In Kapitel 2 sind die Grundlagen der Entspannung mit Kindern dargestellt. Dort geht es um das Warum, Wozu, Womit und Wann des Einsatzes von Entspannungsübungen.

Kapitel 3 befasst sich mit praktischen Hinweisen zur Durchführung und geht auf die Besonderheiten von Entspannungsangeboten für Eltern und Kinder ein.

Der folgende Praxisteil (Kapitel 4) ist entsprechend verschiedener methodischer Formen gegliedert. Dazu gehören:

➢ **Spiele zum Wechsel von An- und Entspannung**

➢ **Atemspiele**

➢ **Sinnesspiele zur Entspannung und Konzentration**

➢ **Entspannungsspiele mit Sandsäckchen und Pappdeckeln**

➢ **Kindgemäße Massagen**

  • **Igelballmassagen mit „Pieksi"**

  • **Massagespiele ohne Gerät**

➢ **Fantasiereisen**

➢ **Thematische Entspannungsgeschichten**

Der Praxisteil endet mit einigen **ganzheitlichen Stundenbildern** zu bestimmten Themen (z.B. „Im Schneckentempo"). Dieses Kapitel ist für Sie interessant, wenn Sie eine oder mehrere Stunden zum Thema Entspannung gestalten möchten, so z.B. in einem Kurs für Kinder (und Eltern).

Jedes Praxisbeispiel ist in gleicher Weise gestaltet: Oben auf der Seite finden Sie einen grau unterlegten Kasten, der Ihnen einen Überblick über die Ziele und die zugrunde liegenden Methoden gibt.

Ziele	Methoden
✓ Entspannung	Bewegte Entspannung
Aufmerksamkeit und Konzentration	Wechsel von An- und Entspannung
Körperwahrnehmung	✓ Berührung
Sensibilisierung der Sinne	✓ Konzentration auf den Körper
Positives Selbstkonzept	Fokussierung der Wahrnehmung
✓ Soziale Kompetenz	Vorstellungsbilder

Die mit „✓" gekennzeichneten Ziele und Methoden bilden den Schwerpunkt der jeweiligen Übung. Sie werden in Kapitel 2.2.3 (S. 22f.) und 2.3.5 (S. 32) genauer erläutert. Suchen Sie eine Übung zu einem bestimmten Schwerpunkt, schauen Sie einfach im Suchwortregister (S. 282ff.) nach.

Jedes Beispiel beinhaltet neben einem Foto zur Veranschaulichung Angaben zum Alter der Kinder, zur Gruppengröße, zum Zeitaufwand, zu organisatorischen Voraussetzungen und zu denkbaren Einsatzbereichen. Die Zeiten beziehen sich bei Partnerübungen immer auf die einmalige Durchführung. Die Angaben sollen als Orientierung dienen. Im spezifischen Fall können sich durchaus Abweichungen ergeben.

Alle Spiele, Massagen und Geschichten, die sich auch gut für Eltern und Kinder zur Umsetzung in der Familie eignen, sind in der detaillierten Inhaltsübersicht am Anfang jedes Praxiskapitels durch ein entsprechendes Symbol gekennzeichnet (🧍).

Im Anhang des Buches finden Sie ein nach folgenden Gesichtspunkten gegliedertes Suchwortregister (S. 282ff.):

- Ziele
- Methoden
- Alphabet

Jedes Praxisbeispiel im Suchwortregister enthält zusätzlich Informationen über das Alter und die Organisationsform (Einzel-, Partner- bzw. Gruppenübung).

Um alle Leserinnen und Leser gleichermaßen anzusprechen und den Textfluss nicht zu stören, habe ich mich entschieden, die weibliche und männliche Form kapitelweise im Wechsel zu gebrauchen. Mit „die Anleiterin" und „der Anleiter" werden alle Berufsgruppen und Privatpersonen bezeichnet, die mit Kindern Entspannungsübungen durchführen.

2. Grundlagen der Entspannung

2.1 Warum Entspannung mit Kindern?

Wie diese Frage beantwortet wird, hängt sicherlich entscheidend davon ab, wen man fragt. Eltern? Lehrer? Erzieher? Pädagogen und Psychologen? Ärzte? Therapeuten? Kindheitsforscher? Oder die Kinder selbst? Geht es um Stillsitzen, Konzentration und Lernfähigkeit, Ausgleich von gesundheitlichen Störungen, Stressprävention, Verbesserung des sozialen Miteinanders in einer Gruppe oder einfach nur um Wohlfühlen und das aktuelle Erleben von Ruhe und Entspannung?

Sie werden sicherlich Ihre eigenen Gründe haben, warum sie das Thema Entspannung interessiert und sie jetzt einen Blick in dieses Buch werfen. Der **Entspannungsmarkt boomt** jedenfalls. Immer mehr Bücher und Anleitungen werden veröffentlicht. Volkshochschulen und Krankenkassen bieten Kurse für Kinder an. Die Nachfrage nach entsprechenden Fortbildungen für pädagogisch-therapeutische Fachkräfte steigt. Viele Lehrer und Erzieher integrieren Entspannungselemente in den Schul- bzw. Kindergartenalltag. Mit der Vermittlung und Anwendung von Entspannungsübungen verbinden sich oft große Hoffnungen. Für diesen „Boom" und das starke Interesse muss es Gründe geben.

Neben Erwachsenen bekommen auch Kinder in unserer heutigen Gesellschaft zunehmend **Zeit- und Leistungsdruck** zu spüren. Kinder sind häufig überfordert mit den vielfältigen Anforderungen in Familie, Schule und Freizeit (vgl. Hurrelmann 1994). Der erlebte Stress kann langfristig zu **Beeinträchtigungen der Gesundheit** führen. Laut Aussage von Kindheits- und Gesundheitsforschern sind in den letzten Jahren tatsächlich Erscheinungsformen von Krankheiten, Beschwerden und Leiden angestiegen, die im Zusammenhang mit Stress, Reizüberflutung, Leistungsdruck, Erhöhung des Lebenstempos und vermehrten Belastungen des Organismus durch negative Umwelteinflüsse stehen (vgl. Hoehne 1993, 229). Schlafstörungen, Konzentrationsschwierigkeiten und Hypermotorik machen den Hauptanteil der psychosozialen Auffälligkeiten aus. In einer Befragung von Grundschullehrern über die Veränderungen kindlichen Verhaltens meint die überwiegende Mehrheit, dass Kinder heute im Vergleich zu früheren Kindergenerationen konzentrationsschwächer, weniger ausdauernd und unruhiger seien (vgl. Fölling-Albers 1992, 20ff.). Darüber hinaus gibt es immer mehr und immer jüngere Kinder, die über psychosomatische Beschwerden berichten. Etwa ein Viertel aller Sechsjährigen klagt bereits über Bauchschmerzen, 11% kennen in diesem Alter schon Kopfschmerzen (vgl. Lehmkuhl 1995, 166).

Diese Zahlen sind alarmierend und machen den Ruf nach helfenden Gegenstrategien verständlich. Aber obwohl es in diesem Buch um eine dieser Gegenstrategien geht und ich als Autorin natürlich für den Einsatz von Entspannung im Kinderalltag werben möchte, sei an dieser Stelle vor allzu viel Optimismus gewarnt:

Entspannungsübungen können die **Lebensbedingungen unserer Kinder** nicht verändern.

- Sie können *nicht* den Druck nehmen, den Kindergarten, Schule und Eltern den Kindern auferlegen, um ihnen in dieser leistungsorientierten Gesellschaft bessere Startchancen zu ermöglichen.
- Sie können *nicht* die zunehmenden Konflikte und Scheidungsdramen in Familien verhindern.
- Sie können *nicht* die zunehmende Gewalt, mit der Kinder im Alltag und in den Medien konfrontiert werden, verringern.
- ...

Die Liste ließe sich fortführen, soll hier aber beispielhaft ausreichen, um zu zeigen, dass die gesundheitliche Lage und die steigende Zahl von Kindern mit Verhaltensauffälligkeiten als Spiegel für eine Gesellschaft gesehen werden kann, die immer mehr Kindern mit ihren besonderen Bedürfnissen nicht gerecht wird (vgl. Quante 1998, 8).

Wer Entspannung mit Kindern einsetzt, muss sich deshalb immer auch die Frage stellen, ob die **Grundbedürfnisse von Kindern** nach Bewegung, Spiel, Anregung, Zuwendung, Kontakt, Wertschätzung usw. im Alltag ausreichend Berücksichtigung finden (vgl. Schmidtchen 1989, 105ff).

Entspannung soll hier nicht als Reaktion auf bestehende Missverhältnisse, sondern als Beitrag zu einer umfassenden und ganzheitlichen **Gesundheitsförderung** verstanden werden. Aus **salutogenetischer Sicht** (Wie entsteht Gesundheit?: vgl. Antonovsky 1997, Quante & Liebisch 2002, Schiffer 2001, BzgA 1998) sind die übergeordneten Kriterien für gesundheitsfördernde Angebote darin zu sehen,

- dass Kinder diese nachvollziehen können und wissen, was auf sie zukommt (Prinzip der **Verstehbarkeit**),
- dass sie das Gefühl haben, die an sie gestellten Anforderungen bewältigen zu können. (Prinzip der **Machbarkeit**) und vor allem,
- dass sie einen Sinn in dem sehen, was sie tun (Prinzip der **Bedeutsamkeit**).

Ein positives Selbstkonzept sowie soziale Anerkennung und Beziehungen gelten als wichtigste Schutzfaktoren für die Erhaltung von Gesundheit.

Nimmt man diese Erkenntnisse ernst, ergeben sich daraus Hinweise für die Gestaltung und die Art der Durchführung von Entspannungsangeboten. Nähere Ausführungen hierzu finden sich in Kapitel 2.3 („Welche Methoden sind kindgemäß?: S. 26ff.) sowie in Kapitel 3 („Was bei der Durchführung zu beachten ist": S. 48ff.).

Die Anwendung von Entspannungsübungen muss im Kontext der gesamten kindlichen Lebenswelt gesehen werden. Dass Entspannung dabei nicht immer den Königsweg darstellt, zeigt folgendes Beispiel aus meiner Arbeit im Mutter-Kind-Kurhaus:

Ein 10jähriger Junge, der wegen Aggressivität in der Schule, Konzentrations- und Leistungsschwierigkeiten, motorischer Unruhe und Beziehungsproblemen mit seiner Mutter während der Kur an Psychomotorik und Entspannungsangeboten teilgenommen hatte, zeigte in dieser Zeit nur wenig Auffälligkeiten, schien die Stunden aber in vollen Zügen zu genießen. Er wirkte zunehmend ausgelassener, fröhlicher und entspannter. Im Gespräch mit der Mutter gegen Ende der Kur zeigte auch sie sich erstaunt und erfreut über die Veränderung ihres Sohnes und fragte mich nach Entspannungskursen am Heimatort. Aus Äußerungen des Kindes und Berichten der Mutter ging hervor, dass dieser Junge an sechs Nachmittagen der Woche unterschiedlichen organisierten Freizeitaktivitäten nachging. Jeden Tag gab es dann Stress mit den Hausaufgaben, der Junge war unkonzentriert und unwillig. Wie selbstverständlich erzählte die Mutter, dass der Junge ja dann auch noch jeden Tag eine halbe Stunde Klavier üben müsse, weil sich sonst der finanzielle Aufwand für den Unterricht nicht lohne.

Für dieses Kind würde ein zusätzlicher Entspannungskurs nur noch mehr Stress bedeuten. Und gerade das will Entspannung nicht! Hier heißt es einfach nur: **Entrümpelung des Terminkalenders** und Konzentration auf das Wesentliche unter Berücksichtigung der Bedürfnisse des Jungen.

2.2 Was kann Entspannung bewirken?

Entspannung kann die Lebensbedingungen von Kindern nicht verändern, sie kann aber dazu beitragen, dass **Stressfaktoren besser verarbeitet** und emotionale Spannungen abgebaut werden (vgl. Zimmermann 1997, 15). Das kann dazu führen, dass Kinder in der Schule gelassener und ruhiger an eine Arbeit herangehen, dass sie ausgeglichener mit anderen Kindern und Erwachsenen umgehen, dass sie vielleicht besser einschlafen können oder ihre Gedanken positiver werden. Darüber hinaus können Entspannungsübungen einen wichtigen Beitrag zur **Verbesserung der Körperwahrnehmung** und des Körperbewusstseins leisten. In der Folge steigt auch die Kompetenz des einzelnen, sorgsam mit dem eigenen

Körper umzugehen und in gesundheitsfördernder Weise Einfluss auf ihn zu nehmen. Es geht darum, die Signale des Körpers wahrzunehmen und zu verstehen sowie sich eigener Bedürfnisse und Grenzen bewusst zu werden. Die bewusste Wahrnehmung von Spannung und Entspannung der Muskulatur ist Voraussetzung dafür, sich körperlich und auch psychisch entspannen zu können. Die Erfahrung, dass Gefühle, Vorstellungen und Körperreaktionen wahrnehmbar und beeinflussbar sind, trägt darüber hinaus zum **Aufbau eines positiven Selbstkonzepts** bei. Im Hinblick auf gesundheitliches Wohlbefinden stellen Selbstvertrauen und ein positives Selbstwertgefühl wichtige protektive Faktoren dar (vgl. Beutel et al. 1989, 153ff).

Die Wahrnehmung des eigenen Körpers erfolgt vorrangig über den taktilen (tasten, berühren), den kinästhetischen (Tiefensensibilität und Bewegungsempfindung ausgehend von Sehnen, Muskeln und Gelenken) und den vestibulären Sinn (Gleichgewicht). Kindgemäße Entspannungsangebote sprechen diese häufig vernachlässigten Nahsinne an und schärfen somit das Bewusstsein für entsprechende Körperempfindungen.

Untersuchungen zur Wirkung von Entspannung beziehen sich überwiegend auf die Anwendung bei Erwachsenen und da vorrangig auf das Autogene Training nach Schultz und die Progressive Muskelentspannung nach Jacobson. Dennoch sollen die Ergebnisse dieser Untersuchungen (angelehnt an Vaitl 1993; Petermann 1996) hier zusammengefasst dargestellt werden, da anzunehmen ist, dass sie grundsätzlich auf andere Verfahren und die Anwendung mit Kindern übertragbar sind. Die Untersuchungen mit Kindern von Lohaus & Klein-Heßling (2002) bestätigen dies zumindest für kurzfristige Effekte. Anders als Erwachsene scheinen Kinder eine Entspannungsreaktion sehr schnell und ohne viel Übung hervorrufen zu können. Die Übertragung in den Alltag oder in eine Stresssituation gelingt ihnen dagegen weniger gut (vgl. Friebel 1994, 18). Für Kinder mit Indikationen wie Asthma, chronischen Kopfschmerzen und Angststörungen konnten dagegen durchaus längerfristige Erfolge im Sinne einer gesundheitlichen Verbesserung verzeichnet werden (vgl. Lohaus & Klein-Heßling 2002). Was den Einsatz von Entspannung zur Stressprävention bei Kindern angeht, sind die Ergebnisse allerdings weniger ermutigend. Die Anwendung von Entspannungsverfahren hat bei den Studien von Lohaus & Heßling keinen Unterschied im Umgang mit Stresssituationen erkennen lassen (vgl. Lohaus & Heßling 2000 28ff.), und dies nicht nur bei der Progressiven Muskelentspannung, sondern auch bei imaginativen und mit dem Autogenen Training kombinierten Verfahren. Um den **Transfer auf Alltagssituationen** zu fördern, bedarf es demnach ergänzender Maßnahmen (vgl. hierzu auch Kap. 3.3, S. 65f.). Eine weitere mögliche

Erklärung für die geringe Effektivität könnte aber auch in der Art und Dauer der Durchführung (jeweils nur Einheiten von 10 – 15 Minuten einmal wöchentlich mit demselben Verfahren) sowie der geringen individuellen Abstimmung der Verfahren auf die Bedürfnisse der jeweiligen Kinder liegen. Gerade bei Kindern ist der Faktor Motivation und Bedürfnisorientierung von zentraler Bedeutung für den Erfolg von Entspannungsverfahren (vgl. auch Kap. 2.3, S. 26ff.).

2.2.1 Physiologische und psychologische Entspannungsreaktionen

Entspannungsübungen führen zu einem physiologischen und psychischen Erregungsabbau. Was das im einzelnen bedeutet, soll im folgenden Abschnitt beschrieben werden. Um Kindern zu zeigen, was im Körper passiert, wenn sie in Stress geraten und was Entspannung zum Ausgleich von Stress bewirken kann, eignet sich der in Kap. 3.1, S. 50 beschriebene Stresstest.

Physiologische Entspannungsreaktionen (vgl. Petermann 1996, 36ff)

1. **Spannungszustand der Skelettmuskulatur**: Der Muskeltonus wird reduziert, die Stützmotorik (Arme, Beine, Rumpf) erschlafft durch Ausschaltung äußerer Reize auf das motorische System. Bedingungen hierfür sind:

   a. geeignete Körperstellung: Liegen, bedingt auch Sitzen

   b. Ausschalten störender taktiler, optischer und akustischer Reize

2. **Herz und Blutgefäße**: periphere Gefäßerweiterung, Abnahme der Herzrate, Blutdrucksenkung

   a. **periphere Gefäßerweiterung:** Die Erweiterung der Gefäße mit der Folge von vermehrtem Blutfluss in den Hauptgefäßen der Extremitäten kann zu Wärmeempfindungen wie Kribbeln und Kitzeln vor allem in den Händen und Armen sowie in den Füßen und Beinen führen, was als sicheres Zeichen für körperliche Entspannung gewertet werden kann. Die Empfindungen können spontan auftreten oder durch Wärmeinstruktion ausgelöst werden. Die Gefäßerweiterung kann wahrscheinlich erlernt werden. Normalerweise löst eine Erhöhung der Umgebungstemperatur eine Gefäßerweiterung und Wärmeempfindung aus. Wenn eine warme Umgebungstemperatur – oder ein entsprechendes Vorstellungsbild wie Sonne oder warmes Wasser – mit der Instruktion „Mein rechter Arm ist warm" gekoppelt wird, kann nach wiederholtem Üben allein die Selbstinstruktion die Entspannungsreaktion auslösen. Zu Beginn der Entspannung gibt es in der Regel einen leichten Wärmeabfall, danach erweitern sich die Gefäße in der Hauptphase der Entspannung und ein Wärmeempfinden tritt ein. Nach einem kurzen Wärmeabfall gegen Ende – parallel zur Rücknahme der Entspannung – nehmen die Wärmeempfindungen nach der Entspannung wieder zu und bleiben für eine Weile auf dem erhöhten Niveau (vgl. Petermann, S. 41ff.).

   b. **Abnahme der Herzrate**: Die Verlangsamung des Pulsschlages entspricht der Verringerung der Anzahl der Herzschläge pro Minute um etwa fünf bis acht Schläge. Die Herzrate steht mit Aktivierungsprozessen im Zusammenhang. Bei physischen, aber auch bei emotionalen und mentalen Belastungen bewirkt die Aktivierung eine Erhöhung der Herzschlagfrequenz. Wenn Körper und Geist sich in Ruhe befinden, sinkt diese entsprechend. Dafür ist es ausreichend, dass eine ruhende Körperhaltung eingenommen wird und Beanspruchung nicht stattfindet. Ein gezieltes Entspannungsverfahren verstärkt die relativ geringe Veränderung der Herzrate nicht zusätzlich.

c. **Blutdrucksenkung**: Durch die Entspannung wird die Sympathikus-Aktivität des autonomen Nervensystems gedämpft, wodurch wiederum die peripheren Gefäße erweitert werden und der Gefäßwiderstand abnimmt. Außerdem reduziert sich im Entspannungszustand sowohl die vom Herzen ausgeworfene Blutmenge als auch die Herzrate. Eine nachhaltige Blutdrucksenkung ist allerdings nur bei einem über mehrere Monate konsequent durchgeführten Entspannungstraining zu erreichen.

3. **Atmung**: Die Atmung wird flacher und gleichmäßiger, die Atemfrequenz nimmt ab. Die Bauchatmung verstärkt sich gegenüber der Zwerchfellatmung. Es treten längere Pausen zwischen der Ein- und Ausatmung ein. Eine Veränderung der Atemtätigkeit hängt mit dem Vorhandensein oder der Abnahme körperlicher, emotionaler und mentaler Beanspruchung zusammen und tritt im Entspannungsgeschehen relativ früh und leicht auf. Durch Entspannung lässt sich unabhängig vom eingesetzten Entspannungsverfahren im Vergleich zu körperlicher Ruhe und fehlender Betätigung nur eine geringfügig stärker ausgeprägte Verringerung der Atemfrequenz und des Atemzugvolumens erreichen.

4. **Hautreaktionen**: Die elektrischen Eigenschaften der Haut verändern sich je nach Aktivierungs- bzw. Entspannungsgrad. Bei Entspannung nimmt die durch das sympathische Nervensystem gesteuerte Schweißdrüsensekretion ab und damit auch die Hautleitfähigkeit, was einem Anstieg des Hautwiderstandes entspricht. Über diese sogenannten elektrodermalen Veränderungen werden in Studien häufig Aussagen über die Effektivität von Entspannungsverfahren gemacht.

5. **Hirnelektrische Veränderungen**: Während des Entspannungsgeschehens treten sogenannte Alpha-Wellen als Zeichen für einen entspannten Wachzustand auf. Dieser Zustand entspricht dem Zwischenstadium zwischen Hellwachsein und Einschlafen, der durch die Entspannung so lange wie möglich aufrecht erhal-

ten werden soll. Die Messung hirnelektrischer Aktivitäten durch das EEG lässt eine Aussage über verschiedene Abstufungen von Wachheit zu und ist somit der beste Indikator für einen Entspannungszustand.

Psychologische Entspannungsreaktionen (vgl. Petermann 1996, 50f.)

1. **Emotionale Veränderungen**: Emotionale Reaktionen wie Freude, Wut oder Angst werden durch die Entspannung vermindert und lassen sich kaum noch provozieren. Angenehme Empfindungen und Gefühle verstärken sich.

2. **Kognitive Veränderungen**: Entspannung vermittelt den Eindruck geistiger Frische und Ausgeruhtseins. Die selektive Aufmerksamkeit wird erhöht und Außenreize wie Lärm, Licht oder Berührung werden kaum mehr wahrgenommen. Nach einer Entspannung erhöht sich durch diese Reaktionen die Konzentrationsfähigkeit und Informationsverarbeitung im Gehirn.

3. **Verhaltensänderungen**: Durch die erhöhte Wahrnehmungsschwelle können Außenreize keine Reaktionen auslösen, was dazu führt, dass z. B. motorische Unruhe reduziert, Erregung abgebaut und ausgeglichenes Verhalten gefördert werden.

2.2.2 Soziale Kompetenz und Achtsamkeit

Entspannungsübungen bergen ein hohes Potential zur Ausbildung sozialer Kompetenzen.

Ziel von Entspannungsübungen ist es, den eigenen Körper bewusst wahrzunehmen, zu spüren, was angenehm ist und die Sinne insgesamt zu sensibilisieren. Eine solche intensive Beobachtung der eigenen Gefühle, Gedanken und Körpersignale sowie die erhöhte Achtsamkeit für das, was um uns herum geschieht, stellt die zentrale Voraussetzung für empathisches Verhalten anderen gegenüber dar. Wenn ich mich selbst gut spüre und wert schätze, fällt es mir auch leichter, andere mit ihren Empfindungen und Bedürfnissen wahrzunehmen und zu achten.

Bei Partnerübungen, wie sie in diesem Buch zahlreich beschrieben sind, wird die Bedeutung von Entspannungsübungen für das soziale Miteinander noch deutlicher. Im Geben und Nehmen lernen die Kinder, selbst Bedürfnisse zu äußern und auf die Bedürfnisse des anderen einzugehen. Die persönlichen Grenzen des einzelnen werden respektiert, was es dem Kind ermöglicht, sich dem Partner anzuvertrauen, loszulassen und sich sicher zu fühlen. Abwehrende Verhaltensweisen wie Aggressivität, Clownerie oder Verweigerung erübrigen sich, wenn

das Kind spürt, dass es mit seinen Gefühlen und Wünschen ernst genommen wird.

Partnerübungen sind allerdings nicht per se Garant für einen rücksichtsvollen und einfühlenden Umgang miteinander. Voraussetzung für einen solchen Lernprozess ist eine vertrauensvolle Atmosphäre sowie eine Form der Anleitung, die diese Werte widerspiegelt und konsequent vertritt.

So verstandene Entspannungsübungen leisten einen gezielten und überaus wertvollen Beitrag zur Gewaltprävention. In der Arbeit mit Kindergruppen konnte ich immer wieder feststellen, wie sich der Umgang miteinander nach gemeinsamen Entspannungsstunden positiv verändert hat.

2.2.3 Die Förderziele im Überblick

Für jedes praktische Übungsbeispiel in diesem Buch lassen sich schwerpunktmäßig Ziele formulieren, die jeweils in dem grau unterlegten Kasten mit einem „✓" markiert sind. Die Ziele leiten sich aus den beschriebenen Wirkungen von Entspannung ab und werden hier zum besseren Verständnis nocheinmal überblicksartig dargestellt.

Entspannung

Es geht darum, in der aktuellen Situation sowohl auf physiologischer als auch auf psychischer Ebene ein Gefühl von Entspannung und Wohlbefinden herzustellen, das mit den oben beschriebenen Reaktionen einhergeht. Spiele und Übungen mit diesem Ziel sind insbesondere nach geistiger oder körperlicher Anstrengung willkommen.

Aufmerksamkeit und Konzentration

Durch die Ausschaltung von Außenreizen und die Bündelung der Sinneswahrnehmung auf den eigenen Körper oder ausgewählte Objekte wird die Konzentrationsfähigkeit und Aufmerksamkeitsleistung erhöht. Dies ist insbesondere vor geistigen Anforderungen sinnvoll und hilfreich. Wenn konzentrationsfördernde Übungen allerdings zu lange oder mit zu hohen Anforderungen durchgeführt werden, kann ein Ermüdungseffekt eintreten und eher das Gegenteil bewirken. Häufig ist dann Unruhe und der Wunsch nach Bewegung bei den Kindern spürbar.

Körperwahrnehmung

Es geht darum, die Empfindungen des Körpers bewusst wahrzunehmen sowie Signale wie Schmerzen, Spannungen oder Unwohlsein richtig zu deuten und angemessen darauf zu reagieren. Eine gute Körperwahrnehmung ist Voraussetzung dafür, sich körperlich und geistig entspannen zu können. Deshalb sind Sensibilitätsübungen in diesem Bereich so wichtig. Den eigenen Körper als positiv zu erleben ist außerdem ein wichtiger Bestandteil eines positiven Selbstkonzepts. Nicht umsonst heißt es „Ich fühle mich wohl in meiner Haut" oder „Ich fühle mich in meinem Körper zu Hause".

Sensibilisierung der Sinne

In der entspannten Situation sind die Sinne besonders aufnahmefähig für ausgewählte Reize. Andersherum bewirkt die Konzentration auf ein ausgewähltes Objekt innere Sammlung und Ruhe. Es geht nicht um die Schulung einzelner Sinne, sondern darum, die Gegebenheiten der Umwelt aufmerksamer und mit allen Sinnen wahrzunehmen und zu begreifen. Dazu ist es gelegentlich notwendig, den dominierenden Sinn des Sehens auszuschalten.

Positives Selbstkonzept

Hier geht es darum, wie eine Person sich selbst sieht (Selbstbild), welche Einstellungen und Überzeugungen sie von sich selbst hat und wie zufrieden sie mit sich selbst ist (Selbstwertgefühl). Ein positives Selbstkonzept wird nicht nur durch die Spiele und Übungen selbst, sondern insbesondere durch die Haltung des Anleiters den Kindern gegenüber sowie durch eine achtvolle Atmosphäre in der Gruppe transportiert. Alle Übungen, die den eigenen Körper positiv erlebbar machen, die Wohlbefinden, Angenommensein und Könnenserlebnisse vermitteln, tragen zum Aufbau eines positiven Selbstkonzepts und zur Ausbildung eines entsprechenden Selbstwertgefühls bei. Dieses Ziel gilt durchgängig für alle Spiele und Geschichten in diesem Buch. Besonders markiert wird es nur dann, wenn ein Spiel oder eine Geschichte gezielt auf die Förderung eines positiven Selbstkonzepts ausgerichtet ist.

Soziale Kompetenz

Achtsamkeit ist das entscheidende Stichwort, wenn es um soziale Fähigkeiten im Zusammenhang mit Entspannung geht. Zum einen wird der Blick für die eigenen Empfindungen und Bedürfnisse geschärft, zum anderen tragen entspannte Partnerübungen zu einem gegenseitig einfühlenden und wertschätzenden Umgang bei.

2.2.4 Begleiterscheinungen von Entspannungsübungen

Während des Entspannungsgeschehens kann es auch zu Reaktionen und Empfindungen kommen, die für das übende Kind unangenehm oder verunsichernd sind. Meist handelt es sich um natürliche und harmlose Begleiterscheinungen der Entspannung, die bei richtiger Interpretation positiv gewertet werden können bzw. beim wiederholten Üben nachlassen. Solche Begleiterscheinungen erklären sich zum großen Teil aus zentralen Regulationsmechanismen, die beim Übergang von einem Spannungs- in einen Entspannungszustand wirksam werden. Es ist wichtig, dass der Anleiter über diese „Nebenwirkungen" Bescheid weiß, um die Kinder gegebenenfalls aufzuklären oder ihnen Möglichkeiten zu zeigen, wie sie diese unangenehmen Empfindungen vermeiden können. Dies sollte möglichst *nach* der ersten gemeinsamen Entspannungssequenz geschehen, wenn die Kinder darüber berichten, wie es ihnen während der Übung ergangen ist. Eine *vorherige* Aufklärung kann mögliche Ängste noch verstärken.

Mögliche Begleiterscheinungen (vgl. Petermann 1996, 60f.; Zimmermann 1997, 53f.)
leichtes Muskelzucken oder Zittern von Armen oder Beinen
Kribbeln und Kitzeln in den Extremitäten
Hände und Füße werden als angeschwollen und überdimensional groß erlebt; Gefühl von eingeschlafenen Händen und Füßen
vermehrtes Kauen, Schmatzen, Schlucken und Hustenreize
Geräusche im Magen-Darmtrakt; abgehende Winde; Harndrang
leichte Schwindelgefühle; Benommenheit; Gefühle des Fliegens oder sich Drehens
Beklemmungsgefühle in der Brust
Angst zu fallen Angst vor Kontrollverlust
plötzlich auftretende unspezifische Unruhegefühle, Ängste, Freude, Traurigkeit, Einsamkeitsgefühle, Liebesbedürftigkeit, depressive Verstimmungen; rasch wechselnde Gefühlsqualitäten können plötzlich in gegenteilige Empfindungen umschlagen (z. B. Wärme- und Kältegefühl; Traurigkeit und freudige Gelöstheit)
Einströmen von Gedanken, Tageseindrücken oder Unerledigtem

Erklärung	Mögliche Abhilfe
Zeichen tiefer werdender Entspannung ähnlich dem Zustand vor dem Einschlafen	
verstärkte Durchblutung und periphere Gefäßerweiterung; Zeichen tiefer werdender Entspannung	
vermehrter Blutfluss und periphere Gefäßerweiterung; Veränderung der Oberflächensensibilität: Dämpfung des taktilen und kinästhetischen Empfindens und Schärfung des Temperatursinns	leichtes Bewegen der betroffenen Extremitäten; Ballen und Öffnen der Fäuste
reflexmotorische Entladungen im Mundbereich	bei Hustenreiz: Aufsetzen oder den Oberkörper höher lagern, trinken
verstärkte Magen-Darm-Tätigkeit; übermäßige Peristaltik; verstärkte Säurebildung im Magensaft; Mehrdurchblutung der Magenschleimhaut	vorher auf die Toilette gehen; Normalität dieser Phänomene betonen
veränderte Durchblutungs- und Blutdruckverhältnisse im Körper	nach der Entspannung konsequente Rücknahme und Zeit lassen beim Aufstehen
Verengung der Atemwege durch die Aktivierung des parasympathischen Nervensystems; psychische Ursachen	tiefes Durchatmen; Lageveränderung
unbekannte Empfindungen beim schnellen Übergang in einen Entspannungszustand können bedrohlich wirken	auf Möglichkeit des eigenständigen Abbruchs der Entspannungsübung hinweisen: Augen auf, Fäuste ballen, evtl. räkeln und strecken, tief atmen
Ausschaltung äußerer sensorischer Reize und Hinwendung zum inneren Erleben; zentralnervöse und hormonelle Veränderungen im Entspannungszustand	auf Möglichkeit des eigenständigen Abbruchs der Übung hinweisen; im nachfolgenden Gespräch geäußerte Gefühle ernst nehmen und Normalität der emotionalen Reaktionen betonen
störende Außeneinflüsse; normale Verarbeitung von Erlebnissen; ungelöste Probleme	ruhige Atmosphäre und Einstimmung auf die Entspannung (vgl. Kap. 3.1); Vorstellung, störende Gedanken ziehen auf einer Wolke vorbei; nicht zwanghaft versuchen, Gedanken auszuschalten (Leistungsdruck)

Unangenehme Empfindungen und Gefühle sowie anfängliche Unsicherheit können häufig ein Grund sein, warum Kinder Probleme haben, sich auf die Entspannung einzulassen. Drängen sich In der Ruhesituation unterdrückte oder übergangene Gefühle und Gedanken ins Bewusstsein, kann dies Ängste und Widerstand hervorrufen. Was auf den ersten Blick als Störverhalten erscheint, mag in Wirklichkeit Ausdruck derartiger Schwierigkeiten sein. Aufklärung sowie das Anbieten und Zulassen eines zeitweiligen Ausstiegs aus der Übung – z. B. durch Augen öffnen oder Fäuste ballen – kann Abwehr verringern und ein Loslassen ermöglichen. Deshalb ist es auch wichtig, Kindern freizustellen, ob sie die Augen schließen oder nicht.

2.3 Welche Methoden sind kindgemäß?

2.3.1 Sinnhaftigkeit

Kinder haben nur Freude an Entspannungsübungen, wenn sie selbst einen Sinn in dem sehen, was sie tun. Was in ihren Augen *sinn*-voll ist, unterscheidet sich häufig von dem, was wir als Erwachsene für sinnvoll erachten. Wenn wir zum Beispiel die Steigerung der Konzentrationsfähigkeit im Auge haben und dazu bestimmte Übungen mit dem Kind durchführen, kann es sein, dass wir uns einem missmutigen, gelangweilten Kind gegenübersehen, das viel lieber toben oder Ball spielen würde.

Untersuchungen belegen, dass nachhaltiges Lernen nur dann möglich ist, wenn positive Emotionen damit einhergehen (vgl. Shapiro 2000, 200ff; Goleman 1999).

Auch der salutogenetische Ansatz zur Gesundheitsförderung hebt die Bedeutung von sinnhaftem Handeln hervor. Allerdings ist dabei der Unterschied von Erwachsenen und Kindern zu beachten. So halten es manche Erwachsene durchaus für sinnvoll und vernünftig, sich an eintönigen Fitnessmaschinen zu quälen, um etwas für ihre Gesundheit zu tun. Kinder dagegen tun Dinge nicht, weil sie vernünftig sind, sondern weil sie in der aktuellen Situation Freude an etwas haben. Sinnhaftigkeit bedeutet für die Planung von Entspannungssequenzen, dass diese unabhängig von den längerfristigen Zielen, die wir mit ihnen verbinden, Spaß machen und aus Sicht der Kinder wohltuend und bedeutsam sein müssen.

2.3.2 Erlebnisorientierung

Was macht Kindern Freude? Wenn man sie fragt, wird man eine Fülle von verschiedenen Antworten bekommen. Für einen systematischeren Zugang ist es hilfreich, sich die Erkenntnisse entwicklungspsychologischer Forschung zunutze zu machen.

Daraus geht hervor, dass Kinder im Vorschulalter sich Identifikationsfiguren suchen, in andere Rollen schlüpfen, um so spielerisch die Welt zu begreifen. Tiere mit menschlichen Zügen sind dabei gern gewählte Figuren, aber auch das Nachahmen von Erwachsenenrollen hat seinen Platz in diesem Alter. Dabei trennen Kinder noch nicht strikt zwischen Fantasie und Realität. Sie mögen Geschichten, bei denen die Hauptakteure etwas erleben, was sie selbst gern täten.

Im Laufe des Grundschulalters entwickeln Kinder ein stärkeres Realitätsbewusstsein. Erlebnisreiche Geschichten mit Kindern als Hauptpersonen sind die bevorzugten Rahmenhandlungen für Identifikationsprozesse. Fantasiegeschichten bedürfen dann des Zusatzes „Stell dir vor, dass... ".

Sowohl für Kinder im Vor- als auch im Grundschulalter gilt, dass kindgemäße Entspannungsformen erlebnisorientiert und motivierend sein müssen. Geschichten, in denen Tiere oder Kinder etwas interessantes erleben, eignen sich hierzu. Die Fantasie der Kinder ist in der Regel (noch) so ausgeprägt, dass ihnen die bildhafte Vorstellung leicht fällt. Imaginative Verfahren werden deshalb von Kindern schnell erlernt und fördern andersherum deren Kreativität und Vorstellungsvermögen.

Beim Einsatz von gängigen, abgewandelten und neukreierten Entspannungstechniken muss vorher geprüft werden, inwieweit sie den Kriterien der Erlebnis- und Bedürfnisorientierung entsprechen. Generell ist bei entsprechender Berücksichtigung dieser Kriterien jedes bekannte Entspannungsverfahren für Kinder geeignet. Verfahren, die flexibel und variabel sind – wie zum Beispiel Entspannungsgeschichten, Massagen und Stilleübungen – lassen sich leichter dem kindlichen Bedürfnis nach Spiel und Erlebnis anpassen als Techniken, die fest vorgeschriebene Haltungen und Bewegungen erfordern wie beispielsweise Yoga oder Tai Chi. Erste Versuche, klassische Entspannungsverfahren auf die Anwendung mit Kindern zu übertragen, finden sich bei Polender (1982): Die Geschichten von dem kleinen Bären beinhalten die Grundformen des autogenen Trainings nach Schultz. Seitdem sind viele Entspannungsmethoden für die Anwendung mit Kindern modifiziert worden (vgl. Friedrich & Friebel 1998).

2.3.3 Keine Über- oder Unterforderung

So selbstverständlich es auch klingt, Kinder mit Entspannung nicht zu über- oder unterfordern ist gar nicht so einfach. Schließlich kommen in Gruppen Kinder mit unterschiedlichen Voraussetzungen in der Wahrnehmungs- und Lernfähigkeit, der Konzentration, der Motivation, der psychischen Verfassung sowie möglichen gesundheitlichen und sozial-emotionalen Beeinträchtigungen zusammen.

Um so wichtiger ist es, die jeweilige Übung vor dem Einsatz im Hinblick auf die Voraussetzungen der Kinder gedanklich durchzuspielen und gegebenenfalls abzuwandeln. Häufig sind auch kleine Veränderungen, Kürzungen oder auch Ausweitungen während des Entspannungsgeschehens sinnvoll.

Die Anpassung an die Möglichkeiten der Kinder ist auch aus gesundheitlicher Sicht von großer Bedeutung (vgl. Salutogenese: Kap. 2.1, S. 14). Können Kinder die an sie gestellten Anforderungen verstehen, einordnen und bewältigen, gibt ihnen das ein Gefühl von Sicherheit und Vertrauen in die eigenen Fähigkeiten. Überforderung beeinträchtigt dieses Gefühl maßgebend. Unterforderung dagegen führt zu Langeweile und dem Verlust von Sinnhaftigkeit.

2.3.4 Kindgemäße Entspannungstechniken

Einen ersten Überblick über die für Kinder geeigneten Entspannungsformen gibt die „Entspannungstreppe" (angelehnt an Pirnay: vgl. Quante 2000, 153).

Systematische Entspannungsverfahren
(wie z. B. Progressive Muskelentspannung, Autogenes Training)

Entspannungsgeschichten
(Thematische Geschichten, Entspannungsgeschichten und längere Fantasiereisen mit Anteilen des autogenen Trainings)

Fantasiereisen
(z. B. „Schaukeln", „Am Strand")

Kindgemäße Massagen
(z. B. „Obstkuchen", „Autowaschanlage")

Spielerische Massagen mit Medien
(z. B. Igelballmassagen mit Pieksi)

Wahrnehmungsspiele und einfache Stilleübungen
(z. B. Spiele mit Pappdeckeln und Sandsäckchen; Sinnesspiele)

Spiele zum Wechsel von An- und Entspannung
(z. B. „Schlafzauberer"; „Musikzauberei")

Die Reihenfolge der Stufen entspricht einer Schwierigkeitssteigerung von unten nach oben. Die Anwendung muss allerdings nicht diesem strengen Schema folgen. Besonders die unteren vier Stufen der Treppe eignen sich auch für Entspannungsanfänger sowie jüngere Kinder und können gut in einer Übungsstunde kombiniert werden.

Die in diesem Buch vorgestellten Übungen und Geschichten beinhalten zum Teil auch Elemente aus den folgenden systematischen Entspannungsverfahren:

- **Progressive Muskelentspannung** (siehe Kap. 4.1, S. 70)
- **Atementspannung** (siehe dazu auch Kap. 4.2, S. 100)
- **Autogenes Training** (siehe Kap. 4.7, S. 244)

Nicht jede Methode ist für jedes Kind in gleicher Weise geeignet. Welche Methode Sie als Anleiter wählen, hängt neben räumlichen und institutionellen Bedingungen von den persönlichen Voraussetzungen des Kindes und den Zielen ab, die Sie mit der Durchführung der Entspannung verbinden.

Ein Beispiel:

Ich merke, dass ein motorisch besonders unruhiger Junge am besten zur Ruhe kommt, wenn ich Körperkontakt mit ihm aufnehme. Auch in der Spielbeobachtung stelle ich fest, dass das Kind sich sehr intensive Berührungsreize sucht, sich gern auf dem Boden wälzt, rauft und sich aus der Höhe auf den Weichboden fallen lässt. Zuhören kann der Junge am besten, wenn ich neben ihm stehe oder sitze und ihm eine Hand auf die Schulter lege.

Sein Verhalten gibt mir einen Hinweis darauf, dass er wahrscheinlich Entspannungsspiele bevorzugen wird, die mit intensiver **Berührung** (siehe Kasten: Ziele) und Körperkontakt verbunden sind. Dazu eignen sich die verschiedenen **Massageformen**, Spiele mit schweren **Sandsäckchen** und anderen Materialien, die gut spürbar sind. Mit längeren Fantasiereisen in der Gruppe wird dieser Junge zumindest zu Beginn voraussichtlich überfordert sein, es sei denn, ich setze mich neben ihn und lege ihm meine Hand oder ein schweres Entspannungs-Sandsäckchen auf den Rücken. Ein Lernziel für den Jungen könnte der leichtere Wechsel von der Aktivität in die Ruhe sein. Hierfür bieten sich **Spiele zum Wechsel von An- und Entspannung** an.

Ein anderes Beispiel:
Ein sehr kontaktscheues und unsicheres Mädchen möchte am liebsten gar nicht an der Entspannungsstunde teilnehmen. Es sagt in der An-

fangsrunde nichts und schaut nur betreten zu Boden. Das Mädchen kommt aus sehr schwierigen sozialen und familiären Verhältnissen, in denen vermutlich auch körperliche Gewalt eine Rolle spielt. Das Thema Missbrauch steht als vage Vermutung im Raum. Seine Stärken hat das Mädchen beim Malen und Theaterspielen. In fremden Rollen fühlt es sich sicherer und wirkt gelöster.

Es wäre fatal, mit diesem Kind eine Massage durchzuführen, ohne es genau zu kennen, da es nicht in der Lage wäre, verbal Grenzen zu setzen und Bedürfnisse zu äußern. Für dieses Mädchen eignen sich Spiele, bei denen es sich selbst und seinen Körper ungezwungen erleben kann sowie Angebote, die sein Selbstvertrauen und seine Selbstbestimmung stärken (Zielekasten: **positives Selbstkonzept**). Eine **Fantasiereise** ohne Anteile des autogenen Trainings mit konkreten und angenehmen Vorstellungsbildern sowie einer anschließenden Malaufgabe könnte den Stärken des Kindes entgegenkommen. Bei Partnerübungen sollte es ihm freigestellt sein, ob es den gebenden oder den nehmenden Part übernimmt. Es ist zu empfehlen, als Anleiter selbst die Partnerrolle für das Mädchen zu übernehmen, bis es gelernt hat, Bedürfnisse zu äußern und Grenzen zu setzen. Ein besonders behutsamer Umgang mit viel Nachfragen ist hier notwendig. Und natürlich gilt das Gebot der Freiwilligkeit bei allen Übungen und Spielen.

Aber auch bei normal entwickelten Kindern mit gesundem Selbstbewusstsein geht es darum, sich über die Zielsetzung des Angebots klar zu sein und entsprechende Methoden auszuwählen.

Um eine individuelle und zielbezogene Auswahl zu ermöglichen, beschreiben die bei jedem Praxisbeispiel in diesem Buch aufgeführten Methoden den allgemeinen Charakter des Spiels. Die genannten Kategorien entsprechen auch den unterschiedlichen Zugängen zu klassischen Entspannungsverfahren. Wenn Sie die Kinder beispielsweise längerfristig an die progressive Muskelentspannung heranführen wollen, eignen sich als Grundlage Spiele zum Wechsel von An- und Entspannung sowie alle Spiele, welche die Konzentration auf den eigenen Körper lenken.

2.3.5 Die Methoden im Überblick

Bewegte Entspannung

Dazu zählen alle Spiele und Übungen, die über ruhige Bewegungen des Körpers ein Gefühl von Entspannung hervorrufen. Ausagierende Bewegungsspiele sind an dieser Stelle nicht damit gemeint.

Wechsel von An- und Entspannung

Alle Spiele und Übungen, die den Fokus auf den Wechsel zwischen Aktivität und Ruhe, zwischen Spannung und Entspannung legen, werden hier zugeordnet.

Berührung

Hierunter fallen sowohl Massagen mit und ohne Gerät als auch Spiele und Übungen, bei denen die taktile Stimulation des Körpers über Materialien im Mittelpunkt steht (z. B. Spiele mit Sandsäckchen)

Konzentration auf den Körper

Die Aufmerksamkeit wird gezielt auf körperliche Empfindungen und Signale gelenkt.

Fokussierung der Wahrnehmung

Eindrücke aus der Umwelt oder dem Körper werden ganz gezielt mit einzelnen Sinnen wahrgenommen. Dies ist dann der Fall, wenn dominierende Sinneskanäle ausgeschaltet oder gedämpft werden und die Aufmerksamkeit auf ganz bestimmte Reize gelenkt wird.

Vorstellungsbilder

Durch innere Bilder wird eine beruhigende Wirkung angestrebt. Dazu eignen sich z. B. Naturbilder, die positive Assoziationen wecken. Die Intensität von Vorstellungsbildern nimmt durch die Einbeziehung aller Sinne zu. Fast alle Spiele und Geschichten in diesem Buch beinhalten erlebnisorientierte Vorstellungsbilder. Als Schwerpunkt gilt diese Methode aber nur, wenn das jeweilige Bild selbst eine entspannende Wirkung besitzt bzw. die Ziele der Übung dadurch unterstützt werden.

	Zielsetzung	Besonders geeignet für:	Assoziierte Entspannungsver- fahren
Bewegte Entspannung (Dazu zählt auch Fremdbewegung wie z.B. Schaukeln)	Gruppen- und Vertrauensbildung; Einstieg in Entspan- nung; Ausgleich zu einer „unbewegten" Phase	Entspannungsanfän- ger; bewegungsfreu- dige Kinder; Kinder, die Sicherheit benötigen	Tai Chi; Yoga; Progressive Muskelentspannung
Wechsel von An- und Entspannung	Sensibilität für den eigenen Körper entwickeln; leichterer Wechsel von der Aktivität zur Ruhe	Kinder, die nur schwer zur Ruhe finden; Kinder mit wenig differenzier- tem Körpergefühl und motorischen Auffälligkeiten; sehr angespannte Kinder	Progressive Muskelentspannung
Berührung	Gefühl von Ange- nommensein, Halt und Geborgenheit vermitteln; den eigenen Körper spüren lernen; Bedürfnisse äußern	taktil untersensible Kinder; konzentrati- onsschwache Kinder; Kinder, die Halt und Geborgen- heit suchen	Massage
Konzentration auf den Körper	Sensibilität für den eigenen Körper; Wahrnehmung von Empfindungen und Bedürfnissen; Konzentration durch Ausschaltung von Außenreizen	Kinder mit wenig differenziertem Körpergefühl; nach außen orientierte Kinder; Kinder, die nur schwer zur Ruhe finden	sensorische Entspannungsver- fahren, Progressive Muskelentspannung, Autogenes Training
Fokussierung der Wahrnehmung	Sensibilisierung der Sinne; Konzentrati- on; Selbstbesinnung	Kinder mit Wahrneh- mungs- und Konzentrations- schwierigkeiten; orientierungslos wirkende Kinder	Meditation; Biofeedback
Vorstellungsbilder	Kreativität und Vorstellungsvermö- gen; Kopplung von Erleben und Körperreaktionen	Kinder, die Ge- schichten lieben; fantasievolle Kinder oder solche, die es werden wollen; empfindsame, sensible, feinsinnige Kinder	Fantasiereisen, Autogenes Training

33

Die hier aufgeführten Methoden finden Sie in dem grau unterlegten Kasten wieder, der jedem Praxisbeispiel vorangestellt ist. An der Markierung („✓") können Sie schnell erkennen, welcher Art die beschriebene Übung ist und ob sie sich für Ihre Zielgruppe eignet.

Der Hinweis auf Kinder, für die die Methoden besonders geeignet sind, soll nicht dazu verleiten, hier ohne entsprechende Ausbildung **therapeutisch tätig** zu werden, was hieße, bestimmte Defizite ausgleichen oder ein Kind durch Entspannung heilen zu wollen. Dennoch begegnen uns im privaten Bereich sowie in allen Kindergarten- und Schulgruppen Kinder mit besonderen Bedürfnissen und Eigenheiten, die berücksichtigt werden sollten.

2.4 Entspannung im Kinderalltag

Wünschenswert ist es, wenn sich im Tagesablauf ganz selbstverständlich ruhige und entspannende Phasen mit aktiven Zeiten abwechseln. Wenn Stillemomente – wie auch immer gestaltet –, ebenso selbstverständlich zum Alltag gehörten wie Zähneputzen oder Essen, dann wäre ein großer Schritt in Richtung Wohlbefinden, Ausgeglichenheit und Stärkung von Gesundheit getan. Leider tun Erwachsene sich schwer, das Prinzip einer guten Balance zwischen Ruhe und Aktivität selbst zu leben. Allzu oft erleben Kinder erwachsene Vorbilder, die von einem Termin zum nächsten hetzen und vieles gleichzeitig erledigen, während sie nebenbei mit halbem Ohr hinhören, was ihre Kinder ihnen erzählen. Um Kindern den Nutzen und die Freude an entspannenden Momenten nahe zu bringen, ist es hilfreich, den eigenen Tagesablauf und den Umgang mit Stresssituationen zu hinterfragen.

Nehmen wir uns selbst Zeiten zum Ausruhen und zum Kraft tanken? Welchen Wert messen wir solchen Zeiten bei? Sind wir in der Lage, zur Ruhe zu kommen und still zu genießen oder verbreiten wir oft Unruhe und Hektik? Fordern wir von unseren Kindern Ruhe nur deshalb, weil wir uns selbst in unserem Tun gestört fühlen im Sinne von „Sei doch endlich still!" (Köckenberger & Gaiser 1996) oder sehen wir Entspannung als einen Gewinn für das Wohlbefinden unserer Kinder an?

Kinder haben ein gutes Gespür dafür, ob Erwachsene hinter einer Sache stehen und sie mit Überzeugung selbst leben oder ob sie ihnen etwas nur als Mittel zum Zweck nahe legen mit Zielen, die sie als Erwachsene festgelegt haben. Das heißt nicht, perfekt sein zu müssen, was das Thema Ruhe und Entspannung im Alltag angeht, aber wir müssen glaubwürdig sein, wenn wir mit Kindern Entspannung im Alltag befriedigend durchführen wollen.

Mit Entspannung ist hier nicht nur die Anwendung von bestimmten Verfahren, Übungen oder Spielen gemeint, sondern jegliche Form von Zur-Ruhe-Kommen. Am Anfang von Entspannungskursen frage ich die Kinder (und Eltern) immer, was sie selbst gern tun, um sich zu entspannen. Damit wird deutlich, dass das, was sie im Kurs lernen und was Sie in diesem Buch als Anregung finden, nur einige Möglichkeiten von vielen sind. Die Kinder können am Ende selbst entscheiden, was ihnen in welcher Situation gut tut. Ihr Repertoire erweitert sich einfach.

Die Kunst für den Anleiter von Entspannungssequenzen liegt darin, eine **Auswahl** zu treffen, die den Kindern und der jeweiligen Situation gerecht wird. Haben Kinder viel Erfahrung mit verschiedenen Entspannungsmöglichkeiten und einer solchen individuellen Vorgehensweise gesammelt, sind sie zunehmend besser in der Lage, selbstverantwortlich wohltuende und hilfreiche Rituale im Alltag anzuwenden.

Entspannungsangebote können in verschiedenen Alltagssituationen und pädagogischen Arbeitsbereichen eingesetzt werden. Die wichtigsten werden im folgenden Abschnitt diskutiert.

2.4.1 Familie

In einigen Familien existieren Rituale wie z. B. vor dem Zubettgehen eine Geschichte vorlesen oder ein Schlaflied singen, sich in besinnlichen Stunden eine Kerze anzünden, gemeinsam in die Badewanne steigen oder einfach nur ein bisschen kuscheln. In vielen Familien sind diese Rituale aber rar geworden, sei es aus zeitlichen Gründen oder weil die Eltern es selbst nie kennen und schätzen gelernt haben. Rituale geben Halt, Sicherheit und das Gefühl von Geborgenheit, was Kinder dringend benötigen, um die Herausforderungen des Alltags bewältigen und ein gesundes Selbstvertrauen entwickeln zu können.

Gezielte Entspannungsangebote, wie sie in diesem Buch beschrieben werden, sind dann sinnvoll, wenn Eltern und Kinder das Bedürfnis nach Ruhe verspüren und sich Anregungen für die Gestaltung solcher Zeiten wünschen. Vielleicht wird es den Eltern langweilig, immer wieder dieselben Geschichten vorzulesen. Vielleicht sehnt sich das Kind nach Körperkontakt und Gehaltenwerden, mag aber nicht mehr „einfach so" auf den Schoß der Mutter oder des Vaters krabbeln. Im Rahmen einer Massagegeschichte kann es Berührung möglicherweise wieder sehr genießen. Entspannung fördert einen einfühlenden, gegenseitig wertschätzenden Umgang zwischen Eltern und Kindern. Für Kinder ist die liebevolle Form der körperlichen Begegnung von zentraler Bedeutung für die Entwicklung des Selbstwertgefühls. Eltern sind häufig erstaunt, durch Entspannung mit ihrem Kind selbst zur Ruhe kommen und spannungsfrei Nähe erleben zu können. Eine ganz neue Qualität von Beziehung lässt sich so entdecken.

Wann bieten sich Ruherituale im Familienalltag an?

Morgens vor dem Aufstehen: Direkt nach dem Aufwachen sind viele Menschen besonders empfindlich, was Störungen durch Lärm und Hektik angeht. Die meisten von uns brauchen eine Weile, bis sie den Übergang vom Schlaf zu morgendlicher Aktivität geschafft haben. Auch wenn Kinder diesen Wechsel (zu unserem Leidwesen) häufig wesentlich leichter bewältigen, genießen sie es, wenn morgens noch Zeit zum liebevollen Wecken und Kuscheln bleibt. Wer ein Spiel daraus machen möchte, findet mit dem „Schlafzauberer", „Dornröschen" oder einer spielerischen Massage, die zum Morgen passt, einige Anregungen in diesem Buch.

Mittags nach dem Kindergarten oder der Schule: Im Kindergarten und in der Schule sammeln Kinder eine Menge Eindrücke. Sie lernen nicht nur, sie haben sich auch mit Gleichaltrigen sowie Erziehern und Lehrern auseinanderzusetzen, erleben Freude, aber auch Enttäuschungen. All diese Erlebnisse bedeuten Bereicherung, aber auch eine Menge Anstrengung, so dass viele Kinder nach einem solchen Morgen eine Pause benötigen. Manche Eltern berichten, dass ihre Kinder mittags, wenn sie nach Hause kommen, entweder sehr aufgedreht oder müde, häufig auch unausgeglichen und launisch sind. Die Balance von Aktivität und Ruhe stimmt dann nicht mehr. Ein Ruheritual vor oder nach dem Mittagessen

kann helfen, diese Balance wieder herzustellen. Schulkinder, die viel sitzen müssen, brauchen aber vielleicht auch erst einmal eine Spiel- und Bewegungspause, ehe sie sich wieder geistigen Tätigkeiten wie Hausaufgaben zuwenden können.

Vor den Hausaufgaben: Hausaufgaben benötigen Konzentration und innere Sammlung. Das lässt sich nicht erzwingen mit „Jetzt konzentrier dich doch mal!". Ein Entspannungsritual, das innere Ruhe und Aufmerksamkeit fördert, bietet sich hier an. Es sollte nur nicht zu lang sein, damit das Resultat geistige Frische und nicht Müdigkeit ist.

Nach geistiger oder körperlicher Anstrengung: Entspannungsspiele eignen sich hervorragend zur Erholung nach einer anstrengenden Leistung wie zum Beispiel nach den Hausaufgaben, nach einem Fußballspiel oder einem Hausputztag, bei dem alle kräftig mitgeholfen haben. Haben Kinder diese Art von Erholung schätzen gelernt, kann es sie zusätzlich motivieren, ihre Pflichten zügig zu erledigen, wenn ein Entspannungsspiel als Belohnung in Aussicht gestellt wird.

Abends vor dem Schlafengehen: Das Thema „Schlafengehen" ist wohl in den allermeisten Familien mit Überredungskünsten, nicht selten mit heftigen Konflikten verbunden. Das liegt häufig daran, dass es Kindern schwer fällt, nach einer Spielaktivität zur Ruhe zu kommen. Außerdem heißt Schlafengehen auch Abschied von Eltern, Geschwistern und dem Lieblingsspielzeug. Feste Rituale am Abend helfen, diesen kleinen täglichen Abschied zu erleichtern. Wie zu einem guten Auseinandergehen nicht nur das Jacke anziehen und Tür zumachen, sondern auch ein Handschlag oder eine Umarmung mit einem netten Wort gehört, sollte das abendliche Zubettgehen nicht nur aus Zähne putzen und Schlafanzug anziehen bestehen. Eine Gute-Nacht-Geschichte, ein paar liebe Worte, eine Umarmung und ein Kuss oder aber ein anderes wohltuendes Einschlafritual bereiten den Weg für einen friedlichen Übergang in den Schlaf und beugen Einschlafschwierigkeiten und schlechten Träumen vor. Viele Eltern berichten, dass die abendliche Situation sich durch die Anwendung spielerischer Massagen (siehe Kap. 4.5) entspannt hat.

2.4.2 Kindergarten

Für Kinder ist der Kindergarten häufig der erste Ort, an dem sie Erfahrungen mit Entspannungsübungen und Ruheritualen machen. Um so wichtiger ist es, dass sie diese positiv und als Gewinn erleben, da hier die Grundlage für späteres (gesundheitsförderliches) Verhalten gelegt wird. Der Kindergarten ist auch deshalb ideal für den Einsatz von Entspannungsangeboten, da hier anders als in der Schule noch nicht auf zu feste

Zeiten und Lehrpläne Rücksicht genommen werden muss. Entspannungsangebote können sehr vielfältig und flexibel gestaltet werden. Folgende grundsätzliche Möglichkeiten sind denkbar:

Gestaltung der Räumlichkeiten: Einrichtung von gemütlichen Rückzugsmöglichkeiten wie Höhlen, Entspannungsnischen, Zelten (vgl. Schönrade 2001, Köckenberger 1996), die mit Decken, Tüchern, Kissen, Igelbällen, Sandsäckchen, Büchern und anderem Entspannungsmaterial bestückt sein können; sinnesanregende und entspannende Gestaltung der Wände; warme und indirekte Ausleuchtung

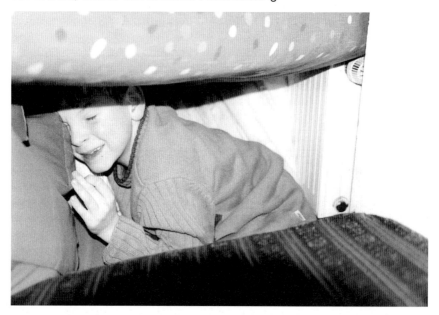

Entspannungsspiele als festes Ritual: Im Morgenkreis zum Ankommen, nach einer Draußenspielphase, vor oder nach dem Essen, vor der Mittagsruhe oder zum Abschied bieten sich Ruherituale an, die sich in ihrer Art jeweils ähneln sollten.

Entspannung als regelmäßiges Gruppenangebot: Wie zum Beispiel Turnen oder ein Waldtag kann auch Entspannung zur festen Einrichtung im wöchentlichen Ablauf werden. Wenn möglich, sollte dies in Kleingruppen von 4 – 8 Kindern stattfinden. In diesem Rahmen können auch neue Entspannungsspiele eingeführt werden, die später als Ruherituale im alltäglichen Ablauf dienen. Auch wenn eine Erzieherin dann für eine begrenzte Zeit allein für die restliche Gruppe zuständig sein muss, werden bald alle den Gewinn dieser Einrichtung spüren.

Entspannung als Teil von Spielhandlungen: Erlebnisorientierte Entspannungsspiele können das von Kindern initiierte Spiel ergänzen: z. B. bei einem Autofahrerspiel die „Autowaschanlage", in der Kinderküche die „Pizza" oder ein „belegtes Brot" als Massage.

Entspannung als individuelles Angebot nach Bedarf: Kinder in diesem Alter spüren meist sehr gut, was sie für ihr Wohlbefinden brauchen und verhalten sich dementsprechend. So kommt es den Bedürfnissen von Kindern entgegen, wenn sie Räume und Spiele so wählen können, wie es ihrer Verfassung entspricht. In Freispielphasen oder im Rahmen eines offenen Kindergartenkonzepts hat der Erzieher die Möglichkeit, einzelnen Kindern Entspannungsspiele, -geschichten oder einfach nur eine Kuschelmassage anzubieten, wenn er spürt, dass ein Kind dies gerade braucht. Kinder, die mit Entspannungsangeboten vertraut sind, fordern dies häufig auch von sich aus ein.

2.4.3 Schule

Schule ist der zentrale Ort des Lernens und der Wissensvermittlung. Für manche mag die Vorstellung von sich wohlig räkelnden und entspannt spielenden Kindern hier nicht hinzupassen, schließlich geht damit Zeit fürs Lernen verloren. Wer als Lehrer Entspannungsübungen in den Unterricht integriert – und das sind glücklicherweise schon recht viele – wird bald merken, dass längerfristig Lernumfang und Lernerfolg zunehmen. Entspannung ersetzt das Lernen nicht, sie schafft aber beste Voraussetzungen, um den Stoff aufnehmen und verarbeiten zu können. Außerdem ist die Fähigkeit, sich entspannen zu können, natürlich selbst ein wichtiger Lerninhalt, der in der Schule nicht fehlen sollte.

Wann und wozu bieten sich Entspannungsübungen im Schulalltag an?

Morgenritual: Kinder kommen jeden Morgen aus ganz unterschiedlichen häuslichen Gegebenheiten zusammen. So bringt jeder Gefühle und Gedanken mit ins Klassenzimmer, die es ihm je nach Intensität und emotionaler Tönung schwer machen können, sich auf die schulischen Erwartungen einzustellen. Manche kommen mit Ängsten vor einer Klassenarbeit oder einer Bloßstellung, andere haben den Streit der Eltern am Frühstückstisch noch in den Knochen, einige sind ganz schrecklich aufgeregt, weil z. B. die geliebte Katze in der letzten Nacht Junge bekommen hat. Gründe, sich nicht auf den eigentlichen Lernstoff konzentrieren zu können, gibt es bei Kindern genug, ganz abgesehen davon, dass das Lernen eines bestimmten Inhalts zu einer festgesetzten Zeit sowieso eine Erfindung von Erwachsenen ist und nicht dem freien Entdecker- und Forscherstil von Kindern entspricht.

Ein kurzes Morgenritual, das das Ankommen in der Klassengemeinschaft und die Einstimmung auf die kommenden Schulstunden erleichtert, hat sich hier bewährt. Das „kleine Hallo", Spiele zum Wechsel von An- und Entspannung oder konzentrationsfördernde Sinnesspiele bieten sich hier an. In diesem Morgenkreis sollte außerdem die Möglichkeit bestehen, störende Gefühls- und Gedankenreste verbal loszuwerden.

Zu Beginn jeder Stunde: Mit einem bunt gewürfelten Stundenplan erwarten wir von Kindern eine hohe Flexibilität, wie sie kaum einer von uns in der erwachsenen Arbeitswelt antrifft. Innerhalb weniger Minuten sollen Kinder von Deutsch auf Musik und dann wieder auf Mathematik umschalten. Dazu müssen sie sich bei Lehrerwechsel auf völlig unterschiedliche Lehr- und Umgangsstile einstellen. Den meisten Kindern gelingt dies erstaunlich gut. Dennoch kennt jeder Lehrer die Unruhe zu Beginn einer Stunde, wenn die Unterhaltungen, Spiele und Streitigkeiten aus der Pause erst langsam verebben und der Unterricht häufig genug nur mit Ermahnungen beginnen kann. Ein immer wiederkehrendes kurzes Entspannungsritual, das die Wahrnehmung fokussiert und damit die Aufmerksamkeit erhöht, hilft Kindern, diesen Übergang besser zu bewältigen.

Vor Klassenarbeiten oder anderen geistigen Anstrengungen: Sehr viele Kinder beherrschen den Lernstoff, wenn sie zu Hause üben. Sobald die Leistung aber in der Schule abgefragt und auch bewertet wird, geht gar nichts mehr. Ängste und innere Anspannung behindern die Verarbeitung und das Abrufen von Informationen. Die Note sagt am Ende nicht nur etwas darüber aus, was ein Kind weiß und kann, sondern spiegelt genauso die Fähigkeit wider, mit Stresssituationen umzugehen. Diese hängen von vielen Faktoren ab, unter anderem auch von den Konsequenzen, die ein Kind bei Versagen zu erwarten hat und wie sehr diese sein Selbstwertgefühl angreifen. Neben der Ermutigung und dem Verzicht auf Strafandrohung können entspannende Sequenzen vor einer Leistungsanforderung das Kind stärken, Ängste nehmen und die kognitive Leistungsfähigkeit erhöhen. Unruhigen und nervösen Kindern hilft manchmal ein Sandsäckchen als Konzentrationshilfe, das sie in der Hand kneten oder sich auf die Oberschenkel legen können. Mit Entspannung können Lehrer Kinder darin unterstützen, ihr ganzes Fähigkeitspotential zu entfalten.

Thematisch eingebundene Entspannungs- und Sinnesspiele: Ganzheitliches Lernen wird heute als Gegenpol zu reiner Wissensvermittlung in allen Grundschulen propagiert und gefördert. Nur wie lernt man ganzheitlich? Ganzheitlich heißt mit allen Sinnen, mit Körper, Seele und Geist dabei zu sein, Phänomene im wörtlichen Sinn zu be-greifen und zu erfahren. Das verlangt eine aktive und vielseitige Auseinandersetzung mit dem Lernstoff. Erlebnisorientierte Entspannungsspiele und -geschichten können solche Lernerfahrungen unterstützen. Beispiele hierfür sind:

- eine Entspannungsgeschichte oder Fantasiereise zum Stundenthema vorlesen
- Die Lernobjekte (z. B. verschiedene Blätter, mathematische Formeln oder neu gelernte Wörter) „fotografieren" lassen (vgl. „Fotograf")
- eine Massagegeschichte als Diktat schreiben und hinterher durchführen
- Buchstaben, Wörter, Zahlen und Formen über Sinnesspiele begreifen lassen (z. B. „Tattoo", „Taschenlampenspiele")
- Musikunterricht: Instrumente mit dem „Kassettenrekorder" aufnehmen und erraten lassen; Alternativ: „Lauschquiz"
- ...

(vgl. auch Zimmermann 1997,81f.)

Abschluss einer Stunde: Nach vollendeter Arbeit ist Erholung und Belohnung gefragt, auch hier bieten sich Entspannungsspiele und –geschichten an. „Das kleine Tschüss" eignet sich gut als Abschiedsritual am Ende des Vormittags.

Aktionstage und Projekte: Um das Thema Entspannung in einer Klasse oder einer ganzen Schule einzuführen oder bekannter zu machen, sind

41

Aktionstage und längerfristige Projekte denkbar. Dies gilt für die direkte Arbeit mit den Kindern, könnte aber auch als Fortbildung für Lehrer sowie als Informationsveranstaltung für Eltern Sinn machen. Im Rahmen von Schulprojekten zur Gesundheitsförderung liegen positive Erfahrungen zum Einsatz von Entspannungsübungen vor (vgl. Zimmermann 1997, Reinhardt-Bertsch 1998).

Probleme bei der Durchführung von Entspannung in der Schule

Auch wenn Entspannung den Schulalltag wesentlich bereichern und das Lernen in der Gruppe und für den Einzelnen erleichtern kann, so birgt das Setting Schule doch die Gefahr, dass Entspannung als Allheilmittel und Sanktionierungsmaßnahme missbraucht wird. Finden Ruheübungen immer nur dann Anwendung, wenn die Klasse gerade zu laut oder der Lehrer mit der Konzentrationsleistung der Schüler nicht zufrieden ist, dann entsteht zu Recht eine Abwehr gegen solche Übungen, die leider meistens auch über die Schulsituation hinaus generalisiert wird. Voraussetzungen für die erfolgreiche Durchführung von Entspannung sind:

- Freiwilligkeit der Teilnahme
- kein Leistungsdruck oder -vergleich
- keine Bewertung von Gefühlsausdrücken
- Transparenz der Ziele
- klare Abgrenzung von Zeiten für Entspannung und leistungsbezogenen Aufgaben und Pflichten

2.4.4 Psychomotorik

Die Psychomotorik versteht sich als ganzheitlicher Ansatz, der über Bewegung und Spiel Kinder in ihrer Gesamtpersönlichkeitsentwicklung fördern will. Die enge Verknüpfung des körperlich-motorischen mit dem geistig-seelischen ist dabei richtungsweisend für erzieherisches Handeln. Es geht um den Aufbau von Kompetenzen im Umgang mit dem eigenen Körper (Ich-Erfahrung), mit anderen (Sozial-Erfahrung) sowie mit der dinglichen Umwelt (Material-Erfahrung), wobei die Stärkung des Selbstwertgefühls und die Ausbildung eines positiv realistischen Selbstkonzepts oberste Priorität hat (vgl. Liebisch & Quante 2002, Zimmer 1999). Entspannung als natürlicher Gegenpol zu Bewegung hat in diesem Konzept seinen festen Platz. Psychomotoriker achten bei der Auswahl von Entspannungsmethoden und -spielen besonders darauf, dass die Angebote bedürfnis- und erlebnisorientiert sind. Insofern ist dieses Buch eigentlich auch ein psychomotorisches Handbuch, das sich vornehmlich dem „entspannten" Teil der psychomotorischen Arbeit zuwendet. Die Durchführung von Entspannung im Rahmen von Psychomotorik-Stunden wird nie für sich stehen, sondern ist immer in ein ganzheitliches Stundenthema eingebunden. Da könnte es am Ende eines „Urwaldtages" zum Beispiel eine Höhle geben, in der die Kinder sich gegenseitig den Dreck vom Körper reiben („Dreckspatz": S. 200). Oder im „Zoo" (S. 262) ist Tierwäsche angesagt. Vielleicht gibt es in der gebauten Stadt aber auch einen „Pizza-Service", eine Bäckerei („Obstkuchen": S. 194) oder eine „Autowaschanlage" (S. 210). Die Entspannungsspiele können ein Angebot für die ganze Gruppe oder aber nur für Einzelne sein, je nachdem, was die Kinder in der Stunde gerade brauchen.

Steht das Spiel mit einem bestimmten Material (z. B. Tennisbälle, Pappdeckel, Sandsäckchen) im Mittelpunkt der Stunde, bietet sich als Abschluss eine spielerische Entspannung mit diesem Material an.

2.4.5 Entspannungskurse

Entspannungskurse für Kinder finden sich zunehmend bei Krankenkassen, Volkshochschulen und zum Teil auch bei kirchlichen und privaten Anbietern. Viele Eltern gerade in ländlichen Regionen suchen allerdings vergeblich nach derartigen Angeboten für ihre Kinder. Die Kurse orientieren sich meist an einem bestimmten Entspannungsverfahren (z. B. Autogenes Training, Yoga) oder sind auf übergeordnete Ziele der Stressprävention (z. B. Lohaus & Klein-Heßling 2002: „Bleib locker") oder Konzentrationsschulung ausgelegt. Erlebnisorientierte Entspannungskurse, die eine an den Bedürfnissen der Kinder orientierte Methodenvielfalt bieten, sind dagegen noch recht selten zu finden. Zur Durchführung solcher Kurse finden sich umfassende Hinweise und Anregungen im Kapitel 3 dieses Buches sowie im praktischen Teil.

Je nach Alter und Gruppenzusammensetzung hat sich eine Gruppenstärke von 5 – 10 Kindern im Alter von ca. 7 – 9 Jahren beziehungsweise ab 10 Jahren bewährt. Eine Stunde dauert zwischen 45 und 60 Minuten und sollte besonders zu Beginn auch bewegte Teile enthalten (zum Aufbau einer Stunde siehe Kap. 4.8, S. 260f.). Die Kursdauer richtet sich nach den jeweiligen Zielen und Inhalten. Für die Umsetzung eines Konzepts, bei dem die Kinder verschiedene Methoden kennen lernen und einzelne auch festigen sollen, ist eine Kurslänge von ca. 6 – 8 Stunden bei wöchentlicher Durchführung zu empfehlen. Ein Elterninformationsabend zu Beginn sowie die Einladung der Eltern zu einer Stunde gegen Ende des Kurses verstärkt die Wahrscheinlichkeit, dass das Kind das Gelernte auch in den Alltag übertragen kann. Kurse, die sich insgesamt an Eltern und Kinder richten, haben hier natürlich noch mehr Aussicht auf Erfolg (vgl. Kap. 2.5, S.44ff.).

2.4.6 Weitere Anwendungsfelder von Entspannung

Neben den beschriebenen Bereichen Familie, Kindergarten, Schule, psychomotorische Fördergruppen und Entspannungskurse gibt es zahlreiche weitere Anwendungsfelder, in denen Entspannung denkbar und sinnvoll einzusetzen ist. Da die Art des Einsatzes sehr von den jeweiligen institutionellen Bedingungen, der Zielsetzung und dem Ausbildungshintergrund der Anwender abhängt, werden diese Arbeitsbereiche hier nur genannt und nicht ausführlicher beschrieben:

- Ergo- und Physiotherapie
- Psychotherapie
- Heimerziehung
- Hort
- Vorsorge- und Rehabilitationskuren für Kinder sowie Mutter (Vater) und Kind
- Kinder- und Jugendpsychiatrie
- Heilpädagogische Einrichtungen
- Frühförderung
- Einrichtungen der Kinder- und Jugendhilfe
- Sportvereine
- Familienbildungsstätten
- Kinder- und Familienfreizeiten, Ferienangebote
- usw.

2.5 Einbeziehung der Eltern

In Kapitel 2.4.1 finden Eltern und beratende Fachkräfte Anregungen, wie und wann Entspannung in den Familienalltag integriert werden kann. Hier soll es darum gehen, welche pädagogischen Angebote Eltern in ihrer Absicht unterstützen können, Entspannung mit ihren Kindern zu einem selbstverständlichen Teil des Tagesablaufs werden zu lassen.

Zwei Überlegungen sind wichtig, wenn Sie mit Kindern Entspannung praktizieren und sich wünschen, dass sie dies auch zu Hause und in anderen Situationen tun:

1. Kindern fällt es zwar in der Regel leicht, sich unter Anleitung zu entspannen, der selbständige Transfer auf andere Alltagssituationen ist für sie aber schwierig. Dazu benötigen sie Hilfe.

2. Entspannung lässt sich nicht nur durch verbale Erklärungen vermitteln. Die Aufforderung, auch zu Hause mit ihren Kindern Entspannungsübungen zu machen, ist demnach zum Scheitern verurteilt,

wenn Eltern selbst keine Erfahrung mit angeleiteter Entspannung haben.

Daraus folgt, dass Eltern aktiv in die entspannende Arbeit mit Kindern einbezogen und Angebote erfahrungsorientiert gestaltet werden sollten. Dazu gibt es verschiedene Möglichkeiten, von denen hier drei beschrieben werden:

2.5.1 Eltern-Kind-Kurse

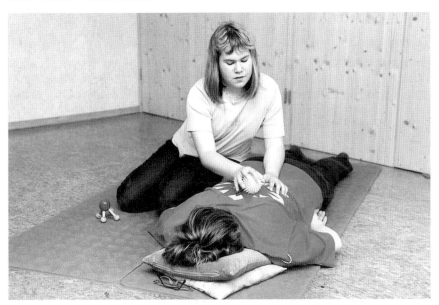

Die wohl beste und auch für die Eltern angenehmste Möglichkeit, Entspannung zur Familiensache zu machen, ist die Teilnahme an einem erlebnisorientierten Eltern-Kind-Entspannungskurs. In diesem sollten verschiedene Spiele und Geschichten vorgestellt werden, die leicht zu erlernen und ohne viel Aufwand zu Hause umgesetzt werden können. Besonders Partnerspiele, wie zum Beispiel Massagen, bieten sich hier an. Alle Spiele und Geschichten, die sich für die Durchführung in Familien eignen, sind im Inhaltsverzeichnis mit einem entsprechenden Symbol gekennzeichnet (🧍).

Die gemeinsame Teilnahme an einem Kurs erhöht nicht nur die Wahrscheinlichkeit, gezielte Entspannungsrituale auch zu Hause zur Selbstverständlichkeit werden zu lassen, sondern die Kurszeit selbst wird von Kindern und Eltern als intensive und bereichernde Familienaktivität empfunden. Alle Angebote in diesen Kursen sollten natürlich auf die Bedürf-

45

nisse von Kindern abgestimmt sein. Anders als bei manch anderen Spielen, die den Kindern zuliebe veranstaltet werden, sind Entspannungsstunden auch für die Erwachsenen sehr wohltuend und erholsam.

Als wichtiges Prinzip sollten bei Partnerspielen Eltern und Kind immer die Rollen tauschen. Es geht um gegenseitiges Geben und Nehmen. Dabei liegt der Schwerpunkt darauf, achtvoll miteinander umzugehen sowie die Bedürfnisse des anderen abzufragen und zu respektieren. Auf diese Weise wird ein wertvoller Beitrag zu einem rücksichtsvollen und kooperativen Familienklima geleistet.

Organisation von Eltern-Kind-Kursen

Falls Sie selbst planen, derartige Kurse anzubieten – eine entsprechende Ausbildung vorausgesetzt – , möchte ich Ihnen an dieser Stelle stichwortartig einige organisatorische Hinweise weitergeben, die auf meiner Erfahrung beruhen, allerdings keine Allgemeingültigkeit besitzen müssen:

Mögliche Anbieter: Volkshochschulen, Familienbildungsstätten, Mutter-Kind-Kurhäuser oder Sportvereine

Gruppengröße: ca. 4 – 7 Eltern-Kind-Paare.

Alter der Kinder: Die Altersgruppen „4 – 6 Jahre" und „7 – 9 Jahre" passen bezüglich ihrer Bedürfnisse und Entwicklungsvoraussetzungen gut zusammen.

Ältere Kinder genießen das Angebot zwar sehr, sind aber zu Beginn häufig skeptisch, was sie dort mit Mutter oder Vater machen „müssen". Es hat sich gezeigt, dass ältere Kinder eher allein zu einem Kurs angemeldet werden. Angesichts der steigenden Kompetenz, Entspannungsübungen auch selbst anzuwenden, sind reine Kinderentspannungsgruppen ab ca. 10 Jahren zu vertreten.

2.5.2 Elternabende im Zusammenhang mit Kinder-Entspannungs-Kursen

Sollen Kinder die Erfahrungen aus der Teilnahme an einem Entspannungskurs auch in andere Bereiche des Alltags übertragen, dann ist die Einbeziehung der Eltern (und möglicherweise anderer Kontaktpersonen des Kindes) zu empfehlen. Elternabende können dazu dienen, über die Ziele und Inhalte des Kurses zu informieren, Chancen, aber auch Grenzen von Entspannung anzusprechen sowie die Eltern zur Unterstützung ihrer Kinder zu gewinnen.

Auch hier gilt: Information reicht nicht aus. Neben kognitiven Inhalten sollte die Selbsterfahrung im Mittelpunkt stehen. Eltern, die selbst einmal die wohltuende Wirkung einer Igelballmassage gespürt haben, sind eher motiviert, dies auch mit ihrem Kind auszuprobieren. Kein noch so langes Referat über Gestaltung und Darbietung einer Entspannungsgeschichte kann das Hören und Erleben ersetzen. Anregungen aus Büchern wie diesem lassen sich viel einfacher anwenden, wenn das Geschriebene selbst erfahren wurde. Darüber hinaus ist es Eltern aufgrund der eigenen Erfahrung eher möglich, sich in die Empfindungen ihrer Kinder, ihrem Bedürfnis nach Ruhe, Nähe und Entspannung einzufühlen.

2.5.3 Eltern zu Stunden einladen

Eine weitere Möglichkeit, Eltern einzubeziehen, ist die Einladung zu einer Praxisstunde, in der Kinder und Eltern gemeinsam spielen und sich entspannen. Bei einer solchen gemeinsamen Aktion muss es nicht vorrangig um Entspannung gehen. Ein Familientag im Kindergarten, eine Klassenfeier oder ein Ausflug mit Eltern, eine Turnstunde im Verein, eine Psychomotorikstunde oder eine Weihnachtsfeier der Musikschule, es gibt viele Gelegenheiten, bei denen sich im Verlauf oder zum Abschluss ein spielerisches Ruheritual anbietet. Auf diese Weise erleben Eltern ungezwungen, wie und wo ihre Kinder Zeit verbringen und werden auf entspannte Weise am Prozess beteiligt.

47

3. Was bei der Durchführung zu beachten ist

Sollten Sie sich entschließen, (erstmalig) Entspannungsübungen in Ihre Arbeit mit Kindern einfließen zu lassen, sind für die erfolgreiche und freudvolle Durchführung einige Aspekte zu bedenken und mit den Kindern zu besprechen, die im folgenden skizziert werden. Die Hinweise beziehen sich in erster Linie auf die Durchführung von gezielten Entspannungsstunden und -kursen, sie sind aber auch für die Umsetzung von Entspannungsübungen in Kindergarten, Schule und anderen pädagogisch-therapeutischen Einrichtungen von Bedeutung. Die Kapitelabfolge entspricht dem zeitlichen Ablauf von Entspannungssequenzen. Es geht um das, was *vor* (Kap. 3.1), *während* (Kap. 3.2) und *nach* (Kap. 3.3) einer Entspannungseinheit beachtet werden sollte.

3.1 „Bevor es richtig losgeht" – Zur Vorbereitung von Entspannungssequenzen mit Kindern

3.1.1 Zu besprechende Themen vor der *allerersten* Entspannungsstunde

Auch wenn Entspannung mittlerweile in vielen pädagogischen Institutionen und Kindergruppen praktiziert wird, ist nicht davon auszugehen, dass alle Kinder schon Erfahrungen mit Entspannungsmethoden gesammelt haben. Falls doch, sind diese nicht immer mit positiven Assoziationen und Gefühlen verbunden. Zu einem Entspannungskurs kommen Kinder häufig nicht freiwillig. Sie werden von ihren Eltern (oder Lehrerinnen) mit einer bestimmten Zielsetzung geschickt, die mit den Interessen und Bedürfnissen des Kindes nicht unbedingt übereinstimmen muss.

Ein altersgemäßes **einführendes Gespräch** über den Sinn von Entspannung und die von den Kindern geäußerten Erwartungen hilft, Unsicherheiten und mögliche Skepsis abzubauen. So kann eine offene und vertrauensvolle Grundhaltung entstehen. Eine solche Einführung ist insbesondere für länger andauernde Entspannungsvorhaben wie Kurse oder die regelmäßige Integration von Entspannungsübungen in den Tagesablauf zu empfehlen. Bei jüngeren Kindern und bei der gelegentlichen Durchführung von Entspannungsspielen im Rahmen anderer Aktivitäten oder in der Familie, wo es vorrangig um ein Wohlfühlen in der aktuellen Situation geht, ist eine solche Einführung in der Regel nicht erforderlich. Entspannungsspiele gehören dann einfach zum Zusammensein dazu wie andere spielerische Aktivitäten auch.

Wenn mit Entspannung längerfristige Ziele wie Stressbewältigung oder Konzentrationsverbesserung angestrebt werden, sollte ein einführendes Gespräch über einige wichtige Themen aber immer dazugehören. Bewährt hat sich bei kleineren Gruppen ein **Blitzlicht** zu Beginn, bei dem jedes Kind kurz zu den folgenden Fragen etwas sagen kann.

Es ist sinnvoll, die Kinder nach ihren eigenen, sogenannten **unsystematischen Strategien zur Entspannung** zu fragen:
„Was macht ihr, um euch zu entspannen, wenn ihr eure Ruhe braucht oder einfach mal abschalten wollt?"
Musik hören, lesen, einfach im Bett liegen, spielen, fernsehen, Fußball spielen, schlafen – die Antworten sind vielfältig und sollten nicht gewertet werden. Die Erwähnung von „Schlafen" als Entspannungsmethode führt bei Kindern häufig zu Lachen, vielleicht weil sie so selbstverständlich ist. Häufig erkläre ich dann, dass Schlafen tatsächlich die wichtigste Form der Entspannung ist, was einem oft erst dann bewusst wird, wenn man *nicht* gut schlafen oder einschlafen kann. Es ist wichtig, den Kindern zu vermitteln, dass ihre eigenen Ideen, sich zu entspannen, genauso wichtig sind wie die, die sie in dem Angebot kennen lernen werden. Es sind einfach *andere* Möglichkeiten. Jedes Kind entscheidet am Ende selbst, was ihm wann am besten hilft.

Meist schließt sich daran die Frage nach den **Vorerfahrungen** der Kinder an.
„Habt ihr schon einmal Entspannungsübungen oder -geschichten kennen gelernt? Was habt ihr da gemacht und wie war das für euch?"
Diese Frage hilft zum einen, auf mögliche Vorbehalte und Vorlieben der Kinder einzugehen. Darüber hinaus gibt sie Anhaltspunkte für die Planung der zukünftigen Entspannungseinheiten. Berichtet eine Schulklasse beispielsweise, im Vorjahr bei einer anderen Lehrerin täglich Fantasiereisen gemacht zu haben, die „echt langweilig" waren, dann ist es wenig

sinnvoll, gerade mit dieser Methode zu beginnen. Angebote dagegen, die den Kindern gefallen haben, können einen Anknüpfungspunkt bieten, bevor neue Methoden eingeführt werden.

Bei älteren Kindern (ab ca. 8 Jahren) ist es sinnvoll, auch über die **Ziele** und die **Wirkung von Entspannung** zu sprechen. Auch hier können die Kinder selbst gefragt werden:
Was meint ihr, wofür Entspannung gut ist? Was versprecht ihr euch von Entspannungsübungen?
Nicht immer wissen Kinder auf diese Frage eine Antwort. Aber allein die Frage signalisiert Kindern, dass man sie mit ihren Gedanken und Bedürfnissen ernst nimmt. Themen wie z. B. „Stress abbauen", „sich besser konzentrieren können", „nicht immer gleich ausrasten", „einfach mal Ruhe haben", „besser einschlafen können" werden häufig genannt oder können von der Anleiterin als Beispiele eingebracht werden. Wichtig ist, den Kindern zu vermitteln, dass es bei Entspannung in erster Linie um **Wohlfühlen** geht.

Wie Entspannung wirkt und was dabei im Körper geschieht, lässt sich am besten mit dem „**Stresstest**" demonstrieren:

Stresstest

Dieser kleine Test soll zeigen, was in eurem Körper geschieht, wenn ihr in Stress geratet. Steht einmal auf. Ich werde gleich das Startzeichen geben und dann lauft ihr auf der Stelle, so schnell ihr könnt. Ich werde euch dabei anfeuern und vielleicht auch ein bisschen unter Druck setzen. Das macht noch mehr Stress, oder? Wenn ich Stop sage, setzt ihr euch sofort hin, legt die Hand aufs Herz und beobachtet einfach, was in eurem Körper los ist. Ihr könnt dabei auch die Augen schließen. Um den Unterschied zu vorher zu sehen, legt eure Hand jetzt auch mal auf eure Brust... . So, dann kann's jetzt losgehen. Also: Auf die Plätze fertig los! – Los, los, schneller. Hebt die Füße hoch. Ihr lahmen Enten, geht's nicht noch schneller?! Nicht aufhören, das kann ja wohl noch nicht alles sein. Schneller, schneller, ... (Die Anleiterin kann dabei im Kreis gehen und die Gruppe, aber auch einzelne Kinder lautstark zu mehr Leistung antreiben. Voraussetzung ist allerdings, dass zwischen Anleiterin und Kindern ein vertrauensvolles Verhältnis besteht und klar ist, dass dies nur ein Spiel ist!) Und Stop! Setzt euch wieder hin und beobachtet einfach, ohne zu sprechen. Wenn sich alles wieder so anfühlt wie vorher, hebt kurz eine Hand, damit ich sehe, dass ihr so weit seid.

Nach dem Test werden die Körperreaktionen wie schneller und flacher Atem im Brustraum, erhöhte Herzfrequenz, Schwitzen, Kribbeln oder Schwere in den Beinen (wenn die Spannung nachlässt) mit den Kindern besprochen (siehe zu Hintergrundinformationen auch Kap. 2.2).

„Beim Sport oder früher bei unseren Vorfahren, die noch Jäger und Sammler waren, machten diese Stressreaktionen auch Sinn. Bei den Jägern kam es darauf an, bei Gefahr bzw. Stress entweder zu kämpfen oder zu flüchten. Dafür ist es gut, wenn der Körper so aktiviert wird. Wenn wir heute Stress haben, z. B. vor einer Klassenarbeit, beim Streit mit Geschwistern oder wenn ganz viele Termine anstehen, dann reagiert der Körper oft genauso, aber es hilft uns nicht. Wir können vor der Mathearbeit weder weglaufen noch mit dem Lehrer kämpfen. Da ist Konzentration gefragt und die ist sicher besser, wenn wir entspannt sind und nicht mit Herzklopfen und schweißnassen Händen dasitzen.

Was kann Entspannung nun bewirken? – Entspannung bewirkt in unserem Körper das Gegenteil von Stress – der Atem wird ruhiger und tiefer, die Herzfrequenz sinkt, die Muskeln entspannen sich. Wir fühlen uns gut und gelassen. Der Kopf ist klar. So schreibt sich die Mathearbeit zwar auch nicht von allein, aber wir können gelassener an schwierige Situationen herangehen, bzw. uns schneller wieder erholen, wenn wir Stress hatten.

Um Entspannung auch im Alltag nutzen zu können, ist allerdings ein bisschen Übung notwendig. In dieser Stunde (diesem Kurs) geht es uns aber erst einmal darum, dass ihr euch hier und jetzt wohl und entspannt fühlt. Also, bloß keinen Stress!"

Zu erwähnen ist noch, dass nicht jedes Kind alle Entspannungsübungen und -spiele als gleich angenehm empfindet. Jeder Mensch ist unterschiedlich und hat seine Vorlieben. Auch die **Empfindungen bei den Übungen können unterschiedlich sein**. Bei manchen kribbelt es in Händen und Füßen, andere fühlen sich schwer, wieder andere schlafen bei den Übungen ein. Manche mögen bei den Berührungsspielen ganz fest angefasst und massiert werden, andere mögen es eher sanft und vorsichtig. Es gibt kein richtig und falsch, was diese Gefühle angeht. Unterschiede sind ganz normal. Wichtig ist nur, dass gerade bei Partnerübungen die **Bedürfnisse des anderen geachtet** und **Grenzen respektiert** werden.

Ein wichtiger Punkt, der vor dem Einsatz von Entspannungsübungen mit Kindern besprochen werden sollte, sind die **Regeln**. Auch hier ist es wieder sinnvoll, die Kinder nach ihrer Meinung zu fragen. Aus ihren Antworten ergibt sich zusammengefasst die Regel:

Andere dürfen während der Entspannung nicht gestört werden – weder durch reden noch durch anfassen oder herumlaufen.

Es muss gewährleistet sein, dass diejenigen, die an der Entspannung teilnehmen wollen, auch ungestört teilnehmen können. Der Hinweis, dass es bei jedem Kind oder Erwachsenen Tage oder Situationen gibt, in denen es schwer fällt, sich auf eine ruhige Entspannungsübung einzulassen, wirkt für eher unruhige und eventuell störende Kinder entlastend. Damit wird dem Gefühl von Bestraftwerden und Abwertung vorgebeugt, auch für den seltenen Fall, dass ein störendes Kind gebeten wird, draußen oder auf einer vorbereiteten Ruhe- und Pauseninsel zu warten, bis die Übung vorüber ist.

Für die Anleiterin ist es interessant zu wissen, dass Untersuchungen zufolge die Entspannungswirkung in Gruppen mit „Störern" für die anderen Kinder fast ebenso gut ausfällt wie in einer ruhigen Gruppe (vgl. Klein-Heßling & Lohaus 1999).

3.1.2 Zu besprechende Themen vor *jeder* Entspannungseinheit

Ob sich Kinder auf Entspannung einlassen können, hängt entscheidend davon ab, mit welchem Gefühl und welcher Einstellung sie in die Übung hineingehen. Die Kinder auf das vorzubereiten, was sie erwartet, gibt Sicherheit und beteiligt sie an Entscheidungsprozessen. Hierzu ist es notwendig, die **Pläne** für die Stunde vorher kurz anzukündigen, eventuell auch zwei Möglichkeiten zur Wahl zu stellen. In Kleingruppen bietet sich eine **„Smilie-Runde"** an, bei der die Kinder anhand von ausgeschnittenen Smilie-Gesichtern sagen, wie es ihnen geht und was sie in der Stunde wünschen (z. B. ein Bewegungsspiel zu Beginn). Zum Zeichen, dass in dieser Anfangsrunde immer nur ein Kind spricht und die anderen zuhören, kann eine Muschel, ein Stein oder ein anderer symbolhafter Gegenstand weitergegeben werden. In manchen Gruppen ist es wichtig, die **Stör-Regel** (siehe Kap. 3.1.1) noch einmal zu wiederholen, wenn möglich unabhängig von aktuellen Störungen.

Taucht in der geplanten Entspannungsübung ein **neues Element** auf, sollte dies vorher angekündigt sowie gegebenenfalls demonstriert und mit den Kindern ausprobiert werden (so z.B. bei der Progressiven Muskelentspannung oder bei Geschichten, die Teile aus dem Autogenen Training enthalten).

Insbesondere bei Partnerübungen, die viel Vertrauen erfordern, ist es wichtig, darauf hinzuweisen, dass nicht jeder alles mag. Die Kinder werden aufgefordert, sich sofort zu **melden, wenn ihnen in einer Übung irgendetwas unangenehm ist**, kitzelt oder weh tut. Oft liegt es nicht an der Übung selbst, sondern an der Art, wie sie umgesetzt wird Möglichkeiten zur entsprechenden Abwandlung finden sich in den einzelnen Praxiskapiteln.

3.1.3 Raum vorbereiten

Optimal für die Durchführung von Entspannungsübungen ist ein Raum mit einer warmen einladenden Atmosphäre, der von sich aus schon Ruhe ausstrahlt und eine entspannte Grundstimmung unterstützt. Der pädagogisch-therapeutische Ansatz des Snoezelen nutzt die Raumgestaltung ganz bewusst, um die Sinne anzuregen und Entspannung zu induzieren. Nur wenige Einrichtungen verfügen über so optimal gestaltete Räumlichkeiten. Mit einfachen Mitteln lässt sich aber auch ein normaler Gruppen-, Klassen- oder Bewegungsraum als Entspannungsraum umgestalten. Die Kriterien für eine behagliche Atmosphäre machen sich hauptsächlich an der **Größe und Ausstattung des Raumes**, der **Beleuchtung**, der **Raumtemperatur**, der **Geräuschkulisse** und dem **Geruch** im Raum fest.

Entspannungsräume sind idealer Weise gerade so **groß**, dass jedes Kind einen Platz zum Liegen und etwa einen Meter Abstand zum Nachbarn hat. In kleineren Räumen kann die Enge dazu führen, dass die Kinder mit ihrer Aufmerksamkeit nur schwer bei sich bleiben können. In größeren Räumen wie Turnhallen fehlen dagegen die Begrenzungen, die für ein Gefühl von Geborgenheit förderlich sind. Eine entsprechende Gestaltung mit Matten kann die Größe zum Teil kompensieren (siehe unten).

Ein Raum mit Teppichboden strahlt eine wohnliche Atmosphäre und hat den Vorteil, Geräusche zu schlucken. Das **Licht** sollte im leicht abgedunkelten Raum möglichst „warm" und indirekt sein. Ein zu dimmender Deckenfluter, eine Salzkristalllampe oder Kerzen bieten ein solches Licht. Zur Not reicht auch eine kleine Schreibtischlampe. Wenn die Sonne scheint, kann auf eine zusätzliche Beleuchtung verzichtet werden. Allerdings darf sie niemanden blenden. Neonlicht, das wohl die künstliche Hauptlichtquelle in Schulen und Turnhallen darstellt, ist dagegen „kalt" und als Voraussetzung für Entspannung ungeeignet.

Der Raum sollte angenehm **warm** und gut gelüftet sein. Durch die physiologische Wirkung der Entspannung frieren Kinder eher. **Decken** können hier neben geeigneter Kleidung bei Bedarf Abhilfe schaffen.

Störende **Geräuschquellen** sollten möglichst vermieden werden. So können die Fenster geschlossen und mögliche Nachbarn darauf hingewiesen werden, dass für eine Weile Ruhe gewünscht ist. Ein entsprechendes Schild vor der Tür (Bitte RUHE! – Entspannung) kann hilfreich sein.

Was ist, wenn der zur Verfügung stehende Raum all diesen Kriterien nicht entspricht? Ist Entspannung dann nicht durchführbar? Allen Betroffenen sei zum Trost gesagt: Auch in einer großen, ungemütlichen, hellen Turnhalle ist Entspannung möglich und wird von Kindern angenommen.

Hier ist es allerdings um so wichtiger, sich um eine Optimierung der räumlichen Gestaltung und der Beziehungsebene zu bemühen.

Besonderes Augenmerk sollte auf die **Anordnung der Matten** bei einer Entspannung im Liegen gelegt werden. Wenn möglich, sollte der Raum vorher entsprechend vorbereitet werden. Das erspart Unruhe und unnötige Ermahnungen. Eine kreisförmige Anordnung der Matten um ein „**Zentrum**" herum, das zum Beispiel durch Kerzen, Seiden- oder Chiffontücher, Steine oder Blumen gekennzeichnet ist, gibt durch seine Struktur Sicherheit und lädt zum ruhigen Ankommen ein. Neben der strukturbedingten Zentrierung hat diese Anordnung den Vorteil, dass im vorherigen und nachfolgenden Gespräch jeder jeden sehen kann und das Wir-Gefühl in der Gruppe gestärkt wird. In manchen Gruppen hat sich die Einrichtung einer **Ruheinsel** bewährt, die nichtteilnehmenden Kindern die Möglichkeit bietet, in Ruhe zuzusehen, zu malen oder zu lesen, ohne die anderen Kinder zu stören. Dies kann in Klassenräumen z.B. ein Tisch und ein Stuhl, ein Sofa oder in Bewegungsräumen eine von der Gruppe abgerückte Matte sein, wo entsprechende Materialien zur ruhigen Beschäftigung bereit liegen.

3.1.4 Die Kinder bereiten sich vor

Der Übergang von einer aktiven zu einer ruhigen entspannten Phase braucht Zeit und Einstimmung, auch wenn Kinder den Wechsel zwischen An- und Entspannung in der Regel wesentlich schneller und besser bewältigen als Erwachsene dies können. Deshalb ist es wichtig, dass die Kinder nach einer vorherigen Aktivität **genügend Übergangszeit** haben, ehe die Entspannung beginnt. Eine Entspannungsübung nach dem Motto: „Schnell, schnell, beeilt euch, legt euch hin und entspannt euch!" ist von vornherein zum Scheitern verurteilt.

Die Kinder sollten vor einer längeren Entspannungseinheit zur **Toilette** gehen. Um sich entspannen zu können, ist es wichtig, dass die **Kleidung** nicht zwickt, kratzt oder einschnürt. Die Schuhe sollten ausgezogen, Gürtel und Knopf der Hose nach Bedarf geöffnet werden. Wichtig ist, dass die Kinder es bequem und warm haben.

Sobald die äußeren Bedingungen stimmen, nehmen die Kinder die für die jeweilige Übung empfohlene **Entspannungshaltung** ein:

1. **auf dem Rücken liegen** (u. a. Entspannungsgeschichten, Muskelentspannung, Spiele mit Sandsäckchen und Pappdeckeln)
   „Legt euch auf den Rücken. Wer mag, kann sich ein – höchstens zwei – Kissen unter den Kopf, eventuell auch unter die Knie legen. Die Arme liegen locker neben dem Körper, die Beine sind lang ausgestreckt und überkreuzen sich nicht."

2. **auf dem Bauch liegen** (u. a. Massagen)
   „Legt euch auf den Bauch. Es mag euch am bequemsten vorkommen, wenn ihr die Arme unter den Kopf verschränkt. Auf die Weise ist euer Rücken aber etwas angespannt. Probiert mal aus, ob es genauso bequem für euch ist, wenn ihr die Arme nach hinten neben den Körper und den Kopf zur Seite legt. Dann geht das Massieren auch leichter."

3. **angelehnt sitzen** (u. a. Entspannungsgeschichten, AT)
   „Setzt euch so weit nach hinten auf euren Stuhl, dass die Fußsohlen gerade noch gut Kontakt mit dem Boden haben. Die Füße stehen nebeneinander mit etwas Abstand (etwa schulterbreit). Lehnt euch mit dem Rücken bequem an. Die Hände liegen mit der Handfläche nach unten locker auf den Oberschenkeln oder auf den seitlichen Stuhl- oder Sessellehnen. Den Kopf könnt ihr leicht senken."

4. **rücklings sitzen** (u. a. Massagen in der Schule, Entspannungsgeschichten)
   „Setzt euch rücklings auf euren Stuhl, sodass ihr die Lehne als bequeme Stütze für eure Arme nutzen könnt. Den Kopf legt ihr auf eure Arme." Falls Tische vorhanden sind, können die Kinder sich auch so auf den Stuhl setzen, dass die Lehne seitlich ist und sie ihre Arme und ihren Kopf auf dem Tisch ablegen.

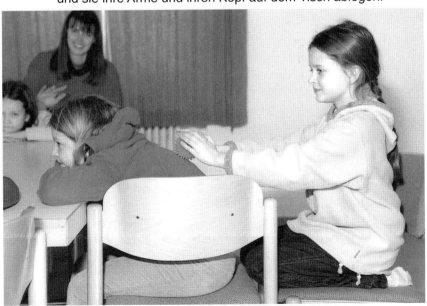

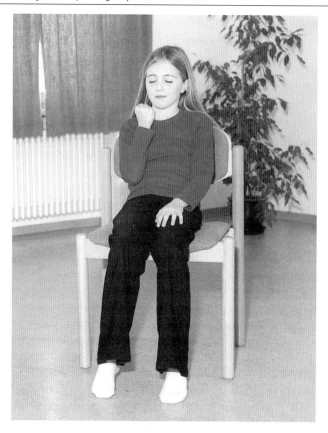

Welche Haltung eingenommen wird, richtet sich nach dem Charakter der Übung sowie nach räumlichen Bedingungen. Zur Anwendung im Alltag, wie z.B. in der Schule während einer Klassenarbeit, ist die Rückenlage häufig ungeeignet. In abgewandelter Form lassen sich fast alle Entspannungsübungen und -spiele auch im Sitzen (oder sogar im Stehen) durchführen. Grundsätzlich sollte kein Kind zu einer bestimmten Lage gezwungen werden. Die Aufforderung, die empfohlene Haltung einfach einmal auszuprobieren, auch wenn sie ungewohnt ist, wird aber von den meisten Kindern akzeptiert. Wenn ein Kind dennoch beispielsweise statt auf dem Rücken lieber auf der Seite oder auf dem Bauch liegen mag, ist eine Rückmeldung über das Empfinden nach der Übung besonders wichtig. So berichten Kinder beim Autogenen Training z.B., dass der Arm, auf dem sie gelegen haben, während der Übung eingeschlafen ist oder die Wirkung nur einseitig spürbar war. So kann die Entspannungslage noch einmal diskutiert und beim nächsten Mal verändert werden.

3.1.5 Die Anleiterin bereitet sich vor

Die Anleiterin ist für die **Planung der Stunde** und für die Auswahl von Spielen, Übungen und Geschichten zuständig. Dabei muss sie sich an dem Entwicklungsstand und den Interessen der Kinder sowie an organisatorischen Bedingungen orientieren. Über- oder Unterforderung kann bei den Kindern zu Unmut, Langeweile oder Unruhe führen. Da die Altersangabe für die Praxisbeispiele nur eine grobe Orientierung darstellt, ist es wichtig, die **Geschichten, Massage- und Spielanleitungen vorher** (möglichst laut) **durchzulesen** und den entwicklungsmäßigen Voraussetzungen der Kinder, aber auch dem eigenen Sprachempfinden anzupassen.

Flexibilität ist gefragt, wenn die „Tagesform" der Kinder nicht mit der eigenen Planung übereinstimmt. So ist es von Vorteil, Alternativen im Kopf, beziehungsweise dieses Handbuch bei sich zu haben.

Zu den praktischen Vorbereitungen vor einer Entspannungseinheit gehört das **Bereitlegen der benötigten Materialien**, die **Vorbereitung des Raumes** sowie das **Einlegen der gewünschten Musik.**

Darüber hinaus ist es für die Anleiterin wichtig, **sich auf die Entspannungssequenz einzustimmen.** Wenn Sie gehetzt bei der Gruppe ankommen, gereizt sind und in Gedanken schon bei dem, was danach noch alles zu tun ist, überträgt sich diese Stimmung auf die Kinder. Frust auf beiden Seiten ist vorprogrammiert. Um selbst zur Ruhe zu kommen, gibt es verschiedene Möglichkeiten. Sie sollten sich eine kurze Auszeit vor der Entspannung gönnen, in der Sie sich sammeln und innerlich einstimmen können. Das kann zur Not auch ein Toilettengang oder der bewusst genutzte Weg vom Lehrerzimmer zum Klassenraum sein. Sollte eine solche Übergangszeit nicht möglich sein, kann die innere Sammlung und Einstimmung auch noch in der Anfangsrunde *mit* den Kindern stattfinden, etwa mit den Worten: *„Es musste gerade alles so schnell gehen, ich bin noch gar nicht ganz hier. Ich glaube, ich brauche noch einen Moment zum Ankommen. Wenn ihr wollt, könnt ihr ja mit mir die Augen schließen und einen Moment einfach still auf euren Atem achten."* Eine kurze Atementspannung bzw. ein Nachinnenwenden zum Wahrnehmen der eigenen Befindlichkeit und möglicher Signale des Körpers eignet sich für diesen Zweck. Anleiterinnen, die mit Entspannungsverfahren vertraut sind, werden ihren eigenen Weg wählen, um selbst zur Ruhe zu kommen.

3.1.6 Gemeinsam zur Ruhe kommen

Gelingt vor der eigentlichen Entspannungsübung der Übergang von der Aktivität zur Ruhe, ist schon eine gute Voraussetzungen für die effektive und befriedigende Durchführung geschaffen. Im folgenden sind einige unterstützende Bedingungen und Gestaltungsmöglichkeiten aufgeführt, die auch dazu beitragen sollen, dass auf Ermahnungen und andere Disziplinierungsmaßnahmen weitestgehend verzichtet werden kann.

- **Raumgestaltung**

Allein durch die Atmosphäre eines Raumes sowie die zielgerichtete Anordnung von Matten oder Stühlen wird auf natürliche Weise Struktur und Sicherheit vermittelt (vgl. auch den Abschnitt „Raum vorbereiten", S. 53f.). Ein leerer Raum wird die Kinder z.b. eher ermuntern, zu rennen und zu toben. Ein mit Matten und einer Kerze in der Mitte gestalteter Sitzkreis führt dagegen meist dazu, dass sich die Kinder einen Platz suchen und zur Ruhe kommen, ohne dass verbale Aufforderungen notwendig sind.

- **Musik**

Beim Ankommen der Kinder eingespielte Entspannungsmusik signalisiert ihnen, dass eine ruhige Phase folgt. Auch ohne begleitende Übungen hat ruhige Musik eine entspannungsinduzierende Wirkung.

- **Spiele zum Wechsel von An- und Entspannung**

Kindern fällt es meist leichter als Erwachsenen, aus der Ruhe wieder in einen wachen aktiven Zustand zu kommen. Die umgekehrte Reihenfolge bereitet aber vielen Schwierigkeiten. Diese Fähigkeit lässt sich durch entsprechende spielerische Angebote üben. In diesem Buch sind eine Reihe von Spielen zum Wechsel von An- und Entspannung beschrieben, die sich auch eignen, um zu Beginn einer Entspannungssequenz zur Ruhe zu kommen.

- **Rituale**

Wird Entspannung im Kindergarten, in der Schule, im Verein oder auch zu Hause regelmäßig durchgeführt, ist es sinnvoll, ein Ritual einzuführen, das immer vor der eigentlichen Entspannungsübung oder -geschichte steht. Das kann z. B. ein Lied sein, das über CD eingespielt oder gemeinsam gesungen wird. Das Verklingen einer Triangel kann ebenfalls den Beginn einer Übung oder Geschichte kennzeichnen. Ruhig bis fünf zu zählen erfüllt denselben Zweck. So haben die Kinder Gelegenheit, sich innerlich und äußerlich für das, was kommt, bereit zu machen, sich z.B. zurechtzurücken oder dem Nachbarn noch schnell etwas zu sagen. Auch die zu Beginn dieses Kapitels beschriebene Anfangsrunde ist ein solches Ritual. Eine dabei von Kind zu Kind weitergegebene „Sprechmuschel" (oder ein anderer gleichbleibender Gegenstand) betont den Ritualcharakter zusätzlich.

- **Stiller Beginn**

Manchen Gruppen hilft der Hinweis, erst zu beginnen, wenn es ganz still ist. Das setzt voraus, dass sie hierzu eigenständig in der Lage sind. Die

Kinder können zusätzlich die Hand heben oder eine vorher gestaltete Symbolkarte umdrehen zum Zeichen, dass sie bereit sind. In einer Gruppe mit wenigen Kindern können Sie diese auch einzeln mit Namen ansprechen.

- **Atementspannung**

Die Fokussierung auf den eigenen Atem bewirkt ein innerliches Zur-Ruhe-Kommen und ist eigentlich schon eine eigenständige Entspannungsübung. Häufig wird sie Fantasiereisen oder Körperwahrnehmungsübungen vorangestellt.

„Achte jetzt nur auf deinen eigenen Atem. Nimm wahr, wie er ganz von selbst ein und aus geht ... ein und aus ... Beobachte ihn nur, verändere ihn nicht. ... Er fließt ganz von selbst .... ruhig und gleichmäßig .... ein und aus. ..."

Wenn es störende Geräusche gibt oder einzelne Kinder neugierig sind, was der Nachbar macht, hilft der zusätzliche Satz:

„Sei mit deiner Aufmerksamkeit ganz bei dir selbst und deinem Atem. ... Alles um dich herum ist dir jetzt egal."

- **Position von Anleiterin und Kindern im Raum**

Besonders unruhigen und leicht ablenkbaren Kindern hilft es häufig, wenn sie die sichere Nähe der Anleiterin spüren. Ohne dies zum Thema zu machen, kann die Anleiterin ihren eigenen Platz in der Gruppe dementsprechend wählen. Dürfen Kinder sich eigenständig einen Platz im Raum suchen, an dem sie sich wohl fühlen, rücken manche Kinder weit von der Gruppe ab. Häufig sind dies Kinder mit Aufmerksamkeitsschwierigkeiten. Sie scheinen zu spüren, dass sie möglichst wenig Reize um sich herum ertragen können. Ein solches Abrücken von der Gruppe sollte dann erlaubt sein, wenn das Kind dem Geschehen noch gut folgen kann (nachfragen!) und sich keine Störung für die anderen Kinder ergibt. Suchen sich Kinder Orte, die für die Entspannung ungeeignet sind (z.B. oben auf der Sprossenwand) ist der Hinweis hilfreich, sich eine Lage zu wählen, in der sie auch gut einschlafen könnten.

- **Berührung**

Bei Entspannungsgeschichten gibt eine flache Hand auf dem Rücken des Kindes zusätzlich Halt und erleichtert das Fokussieren auf den eigenen Körper und die Geschichte. Der Körperkontakt setzt ein vertrauensvolles Verhältnis voraus. Ein schweres Sandsäckchen auf dem Bauch oder Rücken kann die gleiche Funktion erfüllen, wenn die Kinder mit diesem aus vorausgehenden Spielen vertraut sind.

- **Ruheinsel**

Kindern, denen es schwer fällt, zur Ruhe zu kommen und sich auf Entspannungsübungen einzulassen, hilft das Wissen, sich bei Bedarf auf eine vorher eingerichtete Ruheinsel zurückziehen zu können (siehe Abschnitt „Raum vorbereiten"). So paradox es klingt: Allein das Wissen um diese Option und der nicht wertende Umgang damit ermöglicht es manchen Kindern erst, sich doch auf die Entspannung einzulassen.

3.2 „Entspannung anleiten – aber wie?"

Die Art und Weise der Anleitung spielt eine große Rolle für den Erfolg von Entspannung mit Kindern. Im folgenden sollen einige wichtige Aspekte bezüglich der Organisation der Stunde und der Ansprache der Kinder beschrieben werden. Dies kann nur allgemein geschehen, da jeder seinen eigenen Stil im Umgang mit Kindern hat und diese unterschiedlich empfänglich dafür sind. Die Teilnahme an Fortbildungen oder Entspannungskursen bieten gute Gelegenheiten, über das eigene Spüren und Erleben mehr Sicherheit beim Anleiten von Entspannungsübungen zu gewinnen und sensibel für die wesentlichen Gesichtspunkte zu werden.

3.2.1 Achtsamkeit

Entspannung anzuleiten bedeutet Dialog zwischen Anleiterin und Kindern. Für einen gelungenen Dialog ist empathisches Einfühlen notwendig. Das heißt, achtsam zu sein für die Signale und Reaktionen der Kinder, ihre individuellen Bedürfnisse ernst zu nehmen und gleichzeitig ganz bei sich zu sein. Nicht jedes Kind wird das mögen, was Sie ihm anbieten. Das heißt nicht unbedingt, dass das Angebot falsch oder schlecht ist. Ein anderes Kind wird auf dasselbe Spiel oder dieselbe Geschichte vielleicht begeistert reagieren. Arbeiten Sie mit einer Gruppe, ist es insofern wichtig, den Blick auf *alle* Kinder zu richten und deren Reaktionen aufmerksam zu beobachten. Als Anleiterin können Sie nur dann wirklich wach und aufnahmefähig für die feinen meist nonverbalen Signale der Kinder sein, wenn Sie selbst entspannt, ausgeglichen und sicher in dem sind, was Sie den Kindern anbieten. Hier sei also noch einmal auf die Bedeutung von Selbsterfahrung und einer guten Vorbereitung hingewiesen.

3.2.2 Position der Anleiterin im Raum

Die Anleiterin sollte alle Kinder im Blick haben, diese mit ihrer Stimme erreichen und für alle sichtbar sein. Gleichzeitig sollte sie möglichst auf die gleiche räumliche Ebene gehen, also ebenfalls auf dem Boden sitzen, wenn die Kinder dort sind. Die Kreisaufstellung eignet sich bezüglich dieser Anforderungen am besten.

Unruhigen und leicht ablenkbaren Kindern hilft es, wenn sie die Nähe und den Halt der Anleiterin spüren (siehe: „Gemeinsam zur Ruhe kommen").

Während einer Massage oder einem Partnerspiel kann die Anleiterin auch unterstützend für einzelne Paare zur Verfügung stehen. Sie demonstriert die Übung dann bei einem Paar, das sich dies wünscht. Bei Bedarf kann die Anleiterin ihre Position im Raum wechseln, was während mancher Übungen allerdings störend wirken kann.

3.2.3 Länge und Tempo der Entspannungssequenzen

Je nachdem, mit welchem Ziel und in welchem äußeren Rahmen Entspannung stattfindet, kann eine Sequenz kürzer oder länger dauern. Im Fall von Entspannungskursen reicht die Zeit bis zu einer Stunde. Entspannungstechniken können aber auch gut als Einstieg oder Abschluss von Stunden oder zur inneren Sammlung zwischendurch Anwendung finden. Dann dauern sie vielleicht nur 5 – 10 Minuten. Auf die Frage, wie lange sich Kinder bei einer so ruhigen Angelegenheit konzentrieren können, gibt es keine eindeutige Antwort. Es hängt davon ab, ob sie die Entspannung als angenehm empfinden, wie motiviert sie sind und welche Entwicklungsvoraussetzungen sie mitbringen.

Als Faustregel gilt: Wenn die Kinder sich intensiv auf eine Übung einlassen und äußere Zeichen der Entspannung und des Wohlgefühls zeigen, sollten Sie ihnen Zeit lassen. Das heißt bei einer Pizza-Massage zum Beispiel, dass das Kneten des Teigs etwas länger dauern darf. Sobald die Kinder unruhig werden oder von sich aus mit einer Tätigkeit aufhören, sollten Sie mit dem nächsten Schritt fortfahren. Dasselbe gilt grundsätzlich auch für das Vorlesen von Entspannungsgeschichten. Die Kinder benötigen genügend Zeit, um die Bilder in ihrer Fantasie nachzuvollziehen. Als Anhaltspunkt ist es dabei hilfreich, sich selbst parallel zum Vorlesen die in der Geschichte angesprochenen Bilder vorzustellen und das Tempo dementsprechend anzupassen.

3.2.4 Stimme

Die Stimme sollte gerade beim Vorlesen von Entspannungsgeschichten ruhig, etwas verlangsamt und eher tief in der Tonlage sein. Ein gleichmäßiger leicht singender Rhythmus verstärkt die Entspannungswirkung. Tonträger mit Entspannungsübungen entsprechen meist diesem „Ideal". Klingt die Stimme zu fremd und unnatürlich, löst dies bei Kindern eher Abwehr oder Lachen aus und es fällt ihnen schwer, sich auf die Übung einzulassen. Zu eifriges Bemühen um eine perfekte Entspannungsstimme bewirkt also eher das Gegenteil. Um die Natürlichkeit und Authentizität der eigenen Person zu wahren, reicht es in der Regel, darauf zu achten, selbst ganz bewusst zur Ruhe zu kommen und achtsam sich selbst und den Kindern gegenüber die Übung innerlich nachzuvollziehen. Dadurch sprechen Sie automatisch langsamer und tiefer. Das ruhige Vortragen lässt sich am besten im stillen Kämmerlein beim lauten Lesen von Entspannungsgeschichten üben oder besser noch: Lassen Sie sich Rückmeldung von einer vertrauten Person über die Wirkung ihrer Stimme und mögliche Verbesserungen geben.

3.2.5 Einsatz von Musik

Ob Musik bei Entspannungsübungen und besonders bei Geschichten eingesetzt werden soll, ist umstritten. Die Befürworter argumentieren mit der besseren Entspannungswirkung, da allein das Hören beruhigend wirkt. Die kritischen Stimmen halten dagegen, dass die Fähigkeit zum Transfer auf Alltagssituationen erschwert wird, in denen die unterstützende Musik fehlt. Beide haben wohl Recht. So hängt es davon ab, welches Ziel Sie mit dem Einsatz von Entspannungsübungen verfolgen. Geht es vorwiegend um aktuelles Wohlbefinden oder Konzentrationssteigerung, ist gegen den Einsatz von Musik nichts zu sagen. Im Gegenteil: Wenn dadurch die Entspannungswirkung noch unterstützt werden kann, ist es nur gut! Wollen Sie aber gezielt Entspannungstechniken für den Einsatz in Stresssituationen vermitteln, ist der zumindest zeitweise Verzicht auf begleitende Musik (aber auch auf entspannungsfördernde räumliche Arrangements) zu empfehlen, damit die Anwendung im Alltag besser gelingen kann.

Bei fast allen in diesem Buch beschriebenen Spielen, Massagen und Geschichten ist der Einsatz von Musik möglich. Allerdings sollten die Musikstücke sorgfältig ausgewählt und auf die jeweilige Übung abgestimmt werden. Eine kleine Auswahl geeigneter Interpreten findet sich im Anhang (S. 302).

3.3 „Ganz entspannt – und was kommt danach?" – Zum Abschluss von Entspannungssequenzen

3.3.1 Rücknahme

Direkt anschließend an eine Entspannungsübung muss immer ein normales Aktivitätsniveau wieder hergestellt werden, da ansonsten die mit der Entspannung einhergehenden physiologischen Reaktionen zu anschließender Benommenheit, Übelkeit, Kopfdruck, Abgeschlagenheit oder zu niedrigem Blutdruck führen können (vgl. Petermann 1996, S. 32). Das Zurücknehmen erfolgt als Ritual immer in der Abfolge:

1. **Gedanklich wieder ankommen**
   Kommt nun in eurem Tempo zurück in diesen Raum. ...

2. **Muskeln anspannen**:
   Streckt und räkelt euch, ...

3. **Tief atmen**:
   ... atmet einmal ganz tief ein und aus, ...

4. **Augen öffnen**:
   ... und öffnet eure Augen.

3.3.2 Weiterführende Aktivitäten

Weiterführende Aktivitäten wie Malen, Schreiben, Ton- oder Knetarbeiten, Basteln, Rollenspiel oder einfach nur Erzählen sind vorwiegend nach Entspannungsgeschichten, Fantasiereisen und erlebnisorientierten Massagen sinnvoll. Beim Hören (oder Lesen) von Geschichten entstehen innere Bilder, die je nach Lebenserfahrung und Wahrnehmungsstil von Kind zu Kind variieren. Sind Kinder emotional beteiligt, passiert es häufig, dass sie einen Aspekt der Geschichte besonders intensiv aufnehmen und Assoziationen entsprechend ihrer eigenen Gefühle und Erlebnisse produzieren, möglicherweise auch solche, die gar nicht in der Geschichte vorkamen. Aktivitäten wie Malen, Schreiben, Tonen oder der mündliche Austausch ermöglichen den wichtigen **Ausdruck eigener Gefühle, Gedanken und Bilder**, die durch die Entspannung hervorgerufen wurden. Dies kann unter einer bestimmten **Fragestellung** geschehen. So z. B.:

➢ *Was hat euch in der Geschichte am besten gefallen?*

➢ *Wie sah der Ort aus, an dem ihr in der Fantasiereise wart?*

➢ *Was hättet ihr getan, wenn ihr der Igel/(der kleine Junge, ...) in der Geschichte gewesen wärt?*

> ➢ Habt ihr schon einmal etwas ähnliches erlebt? – Schreibt (malt, erzählt, ...) euer eigenes Erlebnis oder das, was euch zu der Geschichte eingefallen ist.

> ➢ ...

Ob weiterführende Aktivitäten eingesetzt werden, ob und unter welcher Fragestellung sie durchgeführt werden, hängt von der Zielsetzung der Entspannungsübung und den Reaktionen der Kinder ab. Soll es einfach darum gehen, die Entspannung zu vertiefen und Raum für den Ausdruck des Erlebten zu geben, ist keine gezielte Fragestellung für die kreative Verarbeitung notwendig. Die **Anweisung** beim Malen könnte z. B. lauten: „Ihr habt jetzt noch eine Weile (10 – 20 Minuten) Zeit, zu malen, was immer euch einfällt. Das könnte etwas aus der Geschichte sein, muss es aber nicht. Die Bilder werden nicht bewertet. Malt also einfach drauf los. Die Bilder könnt ihr behalten. Wer mag, kann sein Bild am Ende der Gruppe zeigen. Sucht euch fürs Malen einen ruhigen Platz im Raum, an dem ihr ungestört seid."

Begleitende Entspannungsmusik erleichtert es den Kindern, noch bei sich zu bleiben und sich in ihren Ausdruck zu vertiefen.

Bei derartigen Tätigkeiten muss am Ende immer noch **Raum und Zeit zum Zeigen und zum Austausch** bleiben. So sinnvoll und kreativitätsfördernd anschließende Aktivitäten auch sind, sie kosten Zeit. Fehlt diese, so können Kinder auch angeregt werden, zu Hause etwas zur Geschichte zu schreiben oder zu malen, wenn sie dies möchten.

Neben der Verarbeitung und Vertiefung der Geschichte bietet das Schaffen eines mit der Entspannung verbundenen Produkts den Vorteil, dass die Kinder später, wenn sie das Gefühl der Entspannung wieder erleben möchten, nicht unbedingt noch einmal die Geschichte hören müssen. Es reicht oftmals, einfach in Ruhe z. B. das gemalte Bild anzusehen und dann die Augen zu schließen. Dieses Argument motiviert Kinder, auch zu Hause im Rückblick auf die Entspannung kreativ tätig zu werden.

3.3.3 Abschlussrunde und Abschiedsritual

Bei längeren Entspannungseinheiten wie beispielsweise einem Kurs oder einer ganzen Schulstunde zu diesem Thema bietet sich eine Abschlussrunde an, in der analog zur Anfangsrunde möglichst jedes Kind kurz zu Wort kommen sollte. Die Frage lautet:

Wie ging es euch während der Entspannung? Was war für euch besonders schön und angenehm? Was war nicht so gut?

Dabei gilt, dass jeweils nur ein Kind spricht (Sprechmuschel o.ä. als Hilfe) und die anderen zuhören. Die Anleiterin nutzt diese Zeit, um auf mögliche

Probleme während der Entspannung einzugehen, gutes Gelingen zu bestärken und Wünsche für folgende Stunden aufzunehmen. Ist die Gruppe zu groß oder die Zeit zu knapp, sollte zumindest die Frage an alle gerichtet werden: *„Wie war es für euch?"* Die Kinder könnten mit dem Daumen ihre Befindlichkeit anzeigen: Daumen nach oben heißt „super", Daumen nach unten heißt „gar nicht gut" und Daumen in der Mitte steht für „so mittel". Auch kleine Symbolkarten mit aufgemalten oder aufgedruckten „Smilie"-Gesichtern (☺ ☹ ☹) können diese Funktion erfüllen.

Mit dem **„kleinen Tschüss"** (S. 130) oder einem anderen Abschiedsritual findet die Stunde ein entspanntes Ende.

3.3.4 Transfer

Untersuchungen zeigen, dass Kinder gut in der Lage sind, sich zu entspannen und entsprechende Übungen zu erlernen. Der Transfer auf Alltagssituationen, in denen ihnen Entspannungsübungen nützen würden, fällt ihnen aber schwer. So erklärt sich wohl auch der geringe Effekt von Entspannungsübungen auf die Fähigkeit, mit Stress umzugehen (vgl. Lohaus 2002). Kinder im Vor- und Grundschulalter leben im Hier und Jetzt. Sie machen Entspannung, weil sie ihnen im aktuellen Moment gut tut und nicht, weil sie ihnen zukünftig nützen könnte. Häufig stehen bei der Durchführung von Entspannungsübungen auch „nur" kurzfristige situationsgebundene Ziele im Vordergrund, so dass Sie sich über die Fähigkeit zum Transfer keine Gedanken machen müssen. Im übrigen sind Kindergartenkinder auch mit entsprechender Hilfe noch nicht in der Lage, Ent-

65

spannung aus eigenem Antrieb gezielt über die jeweilige Situation hinaus anzuwenden.

Soll Entspannung bei etwas älteren Kindern aber zur Stressprävention, zur Bewältigung von alltäglichen Herausforderungen wie Klassenarbeiten, Streit mit Freunden, Geschwistern oder zum Einschlafen eingesetzt werden, dann reicht es nicht, die Entspannungsübungen nur durchzuführen. Es bedarf einer gezielten **Thematisierung des Einsatzes über die Stunde hinaus** in Abhängigkeit von der individuellen Stresssituation des einzelnen Kindes. Es gilt also, erst einmal herauszufinden, was einem Kind Stress bereitet. Eines hat vielleicht Angst vor Klassenarbeiten und ist immer sehr aufgeregt, obwohl es den Stoff beherrscht, ein anderes kann abends schlecht einschlafen, ein Drittes ist immer völlig erschöpft, wenn es aus der Schule kommt und benötigt neue Kraft, ehe es die Hausaufgaben bewältigen kann. Ein viertes kuschelt einfach gerne mit seinen Eltern, aber weil es schon so „groß" ist, kann es dies nur über gezielte Übungen wie eine spielerische Massage zulassen. Je nach Zielsetzung eignen sich unterschiedliche Entspannungsverfahren, Übungen oder Geschichten. Um auf die Individualität des einzelnen Kindes eingehen zu können, sollte bei einem Entspannungskurs mit längerfristigen Zielen – wie z. B. Stressprävention – die Gruppengröße auf wenige Kinder begrenzt sein (ca. 4 – 8).

Die Fragen: *„In welcher Situation könnte diese Übung für euch nützlich sein?"* und *„Könnt ihr euch vorstellen, das auch im Alltag anzuwenden?"* sind nach einer Entspannungsstunde zur Stressvorbeugung hilfreich. Findet ein Kind für sich heraus, was genau ihm gut tut und nützt, ist es wesentlich motivierter, das Erlernte auch zu Hause weiterzuführen. Kinder bis ca. 9 Jahren sind dabei aber wahrscheinlich immer auf die Unterstützung und Begleitung ihrer Eltern angewiesen.

Nach dem Vorlesen thematischer Entspannungsgeschichten kann durch eine entsprechende Anleitung Gelegenheit zur Übertragung des Gehörten auf die eigene Lebenssituation gegeben werden: *„Vielleicht hast du auch schon einmal eine ähnliche Situation erlebt. Stell dir nun diese Situation vor, in der du ... [z. B. wütend warst, Angst hattest]. ... Stell dir vor, wie du diese Situation ganz entspannt und gelassen meisterst."*

Trotz aller Bemühungen um gelungenen Transfer werden Kinder mehr davon profitieren, wenn in ihrem Alltag Ruherituale und wohltuende Entspannungssequenzen ganz selbstverständlich dazugehören. Dies zu gewährleisten ist Aufgabe der Erwachsenen, die mit Kindern leben und lernen.

4.

Übungen, Spiele,
Geschichten für die Praxis

Spiele zum Wechsel
von An- und Entspannung

Inhalt

4.1 Spiele zum Wechsel von An- und Entspannung

Bei einer gesunden Gestaltung des Alltags geht es um ein ausgewogenes Verhältnis von Aktivität und Ruhe, von An- und Entspannung. Unwohlsein und Stress entstehen dann, wenn wir über längere Phasen unter Anspannung stehen und ausgleichende Erholung fehlt. Manche Menschen leiden dagegen eher unter mangelnden Herausforderungen und Aktivitäten im Alltag. Langeweile und Antriebslosigkeit auf körperlicher und psychischer Ebene sind die Folge.

Das richtige Mischungsverhältnis für eine gute Balance von An- und Entspannung ist individuell verschieden. Wichtig ist, dass jeder für sich einen befriedigenden Weg findet, auch wenn er einmal aus dem Lot geraten ist. Um diese Balance aktiv herzustellen und für sein eigenes Wohl zu sorgen, ist es notwendig, die körperlichen Signale zu spüren und eine Sensibilität für den eigenen Körper zu entwickeln. Wer die Anspannung nicht spürt, kann sich auch nicht entspannen.

Genau diese Sensibilität ist das Ziel der Progressiven Muskelentspannung (PME), die ursprünglich von dem amerikanischen Physiologen Jacobson entwickelt und in einer noch sehr aufwendigen Fassung 1929 erstmalig vorgestellt wurde. Bei der PME werden die verschiedenen Muskelgruppen des Körpers nacheinander für einige Sekunden ganz fest angespannt und danach wieder losgelassen. In der längeren Entspannungsphase achtet der Übende auf die Entspannungsreaktion in der jeweiligen Körperregion. Wird die Progressive Muskelentspannung gut beherrscht, kann der Geübte auch im Alltag körperliche Anspannung spüren und bewusst loslassen. Die PME bewirkt neben der körperlichen Entspannung ein allgemeines Gefühl von Selbstkontrolle, innerer Ruhe und auch psychischer Ausgeglichenheit.

Auch wenn mittlerweile verkürzte Formen der Progressiven Muskelentspannung entwickelt worden sind, eignen sich die starren und zum Teil recht schwierigen Anweisungen nicht für die Anwendung mit Kindern. Voraussetzung für die erfolgreiche Durchführung ist eine differenzierte Körperwahrnehmung, über die Kinder im Kindergarten- und Grundschulalter in der Regel noch nicht verfügen. Ab etwa 9 Jahren ist die Anwendung sinnvoll, dann allerdings in einer den kindlichen Bedürfnissen und ihrer Erlebniswelt entsprechenden Form (siehe S. 94).

Das Ziel einer Körpersensibilisierung über den Kontrast von An- und Entspannung lässt sich aber auch über andere spielerische Formen erreichen, von denen in diesem Kapitel einige vorgestellt werden. Eine spätere Anwendung der Progressiven Muskelentspannung wird durch solche

„Vorübungen" wesentlich erleichtert. Außerdem lernen Kinder, den Unterschied zwischen Aktivität und Ruhe bewusst zu spüren und zwischen beiden zu wechseln. So werden sie zunehmend befähigt, selbst für eine ausgeglichene Balance in ihrem Tagesablauf zu sorgen.

Die Spiele eignen sich gut zum Einstieg in Entspannungsübungen, da die Anforderungen an die Konzentration relativ gering und die Ruhephasen kurz sind. Besonders Kindern mit Aufmerksamkeits- und Wahrnehmungsschwierigkeiten kommt dies entgegen.

Im Stundenablauf sollten Spiele zum Wechsel von An- und Entspannung am Anfang stehen, da es hier in der Regel um den Übergang von aktiven Tätigkeiten zu ruhigeren Sequenzen geht.

Literatur:

Hamm, A. (1993): Progressive Muskelentspannung. In: Vaitl, D. & Petermann, F. (Hrsg.): Handbuch der Entspannungsverfahren (245-271). Weinheim: Psychologie VerlagsUnion.

Jacobson, E. (1990): Entspannung als Therapie. Progressive Relaxation in Theorie und Praxis. München: Pfeiffer.

Petermann, U. (1996): Entspannungstechniken für Kinder und Jugendliche. Weinheim: Psychologie Verlags Union

71

Ziele	Methoden
Entspannung	✓ Bewegte Entspannung
✓ Aufmerksamkeit und Konzentration	✓ Wechsel von An- und Entspannung
✓ Körperwahrnehmung	Berührung
Sensibilisierung der Sinne	Konzentration auf den Körper
✓ Positives Selbstkonzept	Fokussierung der Wahrnehmung
Soziale Kompetenz	Vorstellungsbilder

Video

Alter: 4 – 12 Jahre

Teilnehmerzahl: beliebig

Zeitaufwand: 10 – 15 Minuten

Organisation: genügend Raum zur freien Bewegung

Material: evtl. Fernbedienung

Einsatz: Einstieg Entspannungsstunde; Bewegungsstunde

Spielanleitung:

„Stellt euch vor, ein Kind aus der Gruppe war gerade im Urlaub. Dort hat es alles, was es toll fand, mit einer Filmkamera aufgenommen. Jetzt ist das Kind wieder zu Hause und schaut sich das Video an. Manche Szenen findet es so spannend, dass es sich diese in Zeitlupe ansieht, andere lässt es im Schnelllauf vorbeiziehen. Wer von euch mag das Kind sein, das sich sein Urlaubsvideo ansieht? – Erzähl uns ein wenig von deinen Erlebnissen. Die anderen Kinder spielen dann für dich das Video. Du darfst ansagen, ob es 'normales Tempo', 'Schnelllauf' oder 'Zeitlupe' sein soll. Du kannst das Video zwischendurch natürlich auch anhalten, wenn du magst. Dann sag einfach 'Stopp'.“

Zu beachten:

Die Geschichte wird vorher erzählt. Eventuell muss mit den Kindern besprochen bzw. vorher ausprobiert werden, was *Schnelllauf* und *Zeitlupe* bedeutet. Zum Einstieg kann es einfacher sein, wenn der Spielleiter sich ein Video anschaut und entsprechende Anregungen gibt. Eine alte Fernbedienung (oder auch ein umfunktionierter Zollstock) kann die Vorstellung von Video noch verstärken.

Variationen:

➢ Neben dem Urlaubsthema bieten sich natürlich auch andere Erlebnisse für ein Video an. Das könnten z. B. sein: Besuch im Zoo; Tiersafari; Autorennen; Springreiten; Eiskunstlauf; Delphine im Meer (Unterwasserkamera); Spielende Kinder; ... Meist geben die Kinder selbst durch ihr Spiel Anregungen für ein geeignetes Thema.

➢ Die Kinder werden in zwei Halbgruppen aufgeteilt. Eine Gruppe spielt, die andere schaut sich das Video an.

Ziele	Methoden
Entspannung	✓ Bewegte Entspannung
✓ Aufmerksamkeit und Konzentration	✓ Wechsel von An- und Entspannung
✓ Körperwahrnehmung	Berührung
✓ Sensibilisierung der Sinne	✓ Konzentration auf den Körper
Positives Selbstkonzept	✓ Fokussierung der Wahrnehmung
Soziale Kompetenz	Vorstellungsbilder

Musikzauberei

Alter: 4 – 12 Jahre

Teilnehmerzahl: beliebig

Zeitaufwand: 5 – 10 Minuten

Organisation: genügend Raum zur freien Bewegung

Material: evtl. Musik

Einsatz: Einstieg Entspannungs-stunde; Bewegungsstunde; Bewegte Pause

Spielanleitung:

„Bewegt euch frei zur Musik. Ihr könnt laufen, hüpfen, tanzen, was auch immer ihr gerne tun möchtet. Bei lauter Musik geht das alles ganz schnell. Je leiser die Musik, um so langsamer bewegt ihr euch. Ganz leise Musik bedeutet Zeitlupe. Wenn es ganz still ist, bewegt ihr euch gar nicht mehr."

Variationen:

➢ Bei lauter Musik ganz groß machen und viel Raum einnehmen, bei leiser Musik ganz klein machen. Wenn die Musik stoppt, legen sich alle auf den Boden.

➢ Solange die Musik läuft, dürfen sich alle bewegen, wie sie gern möch-ten. Bei Musikstop stellen die Kinder Personen, Situationen oder Din-ge dar, die entweder Spannung oder Entspannung bedeuten.

Spannung: z. B. Bodybuilder, Angsthase, vor Schreck erstarren, gehetzter Manager, direkt vor einer Mathearbeit, Hase kurz vorm Sprung, Katze, die eine Maus gesehen hat, Flitzebogen, Brett aus Holz, aufgeblasene Luftmatratze

Entspannung: z. B. Katze in der Sonne, platter Autoreifen, Baloo der Bär, träger Elefant, schlafendes Baby

➢ Statt Musik vom Band, kann auch ein Tamburin langsam oder schnell geschlagen werden oder einige Kinder könnten ein Lied in unterschiedlicher Lautstärke singen.

Ziele	Methoden
Entspannung	Bewegte Entspannung
✓ Aufmerksamkeit und Konzentration	✓ Wechsel von An- und Entspannung
✓ Körperwahrnehmung	Berührung
Sensibilisierung der Sinne	✓ Konzentration auf den Körper
✓ Positives Selbstkonzept	Fokussierung der Wahrnehmung
✓ Soziale Kompetenz	Vorstellungsbilder

Autofahren

Alter: 4 – 12 Jahre

Teilnehmerzahl: beliebig

Zeitaufwand: 5 – 15 Minuten

Organisation: genügend Raum zur freien Bewegung

Material: –

Einsatz: Einstieg Entspannungs-stunde; Bewegungsstunde; Bewegte Pause

Spielanleitung:

„Stell dir vor, du bist ein Auto. Was für eins, das kannst du dir selbst aussuchen. Es kann auch ein Lastwagen, ein Traktor oder ein Motorrad sein, wenn du willst. Du kannst fahren, wo du möchtest. Du musst nur darauf achten, dass keine Unfälle mit anderen Fahrzeugen passieren, damit sich niemand weh tut.

Nun darf man ja nicht überall gleich schnell fahren. Ich werde euch die erlaubte Geschwindigkeit vorgeben: 0 km/h heißt Stehen bleiben, bei 10 km/h fahrt ihr ganz langsames Schritttempo, bei 20 km/h etwas schneller, bei 30 km/h noch schneller... und so weiter bis 100 km/h. Schneller geht es nicht."

Variationen:

➢ Für Kinder, die mehr Struktur und klarere Vorgaben benötigen, können vorher mit Matten, Teppichfliesen, Seilen oder Ständern Straßen markiert werden, auf denen die Autos entlangfahren. Manchmal sind auch Linien auf dem Boden vorhanden, die als Begrenzung genutzt werden können.

➢ Für Kinder, die noch keine Vorstellung von Geschwindigkeitsangaben haben, kann das Spiel vereinfacht werden, indem die Vorgaben auf „schnell", „langsam" und „Stopp" reduziert werden.

➢ Die Kinder verändern das Tempo nach einem Probedurchlauf selbst, indem sie zu einem beliebigen Zeitpunkt eine neue Geschwindigkeit in den Raum rufen, die dann von allen eingehalten wird, bis der nächste Ruf ertönt.

➢ Die Geschwindigkeit kann von jedem ohne Ansage verändert werden. Alle anderen passen ihr Tempo daran an.

➢ Das Spiel wird in eine Geschichte eingebettet. Die Fahrt beginnt zu Hause. Erst geht es durch ein Wohngebiet (Tempo 30), eine Spielstraße (Tempo 10), dann durch den Ort (Tempo 50), am Ortsausgang auf die Landstraße (Tempo 80) und dann auf die Autobahn (Tempo 100). Baustellen, rote Ampeln, kreuzende Tiere oder Kinder am Straßenrand können zur Verringerung der Geschwindigkeit oder zu plötzlichen Stopps führen.

Ziele	Methoden
Entspannung	Bewegte Entspannung
Aufmerksamkeit und Konzentration	✓ Wechsel von An- und Entspannung
✓ Körperwahrnehmung	✓ Berührung
Sensibilisierung der Sinne	✓ Konzentration auf den Körper
Positives Selbstkonzept	Fokussierung der Wahrnehmung
✓ Soziale Kompetenz	Vorstellungsbilder

Platter Autoreifen

Alter: 4 – 12 Jahre

Teilnehmerzahl: beliebig

Zeitaufwand: 10 – 20 Minuten

Organisation: genügend Raum zur freien Bewegung; Werkstätten durch Matten o.ä. markieren

Material: -

Einsatz: Einstieg Entspannungsstunde; Bewegungsstunde; Bewegte Pause

Spielanleitung:

Fangspiel: Die Hälfte der Kinder sind Autos, die andere Hälfte betreibt Autowerkstätten bzw. Tankstellen. Die „Autos" fahren durch den Raum, bis ihnen von einem kleinen Strolch (Spielleiter oder ein Kind) die Luft abgelassen wird (durch Abschlagen). Das „Auto" wird ohne Luft im Reifen immer langsamer und kleiner und rollt langsam zu einer Werkstatt, wo es liegen bleibt. Der „Automechaniker" pumpt die Reifen wieder auf (*Hände auf Hände sowie Hände auf Fußsohlen legen und mit leichten Pumpbewegungen drücken*). Außerdem wird noch aufgetankt (*Hand bzw. Schleuderhorn oder Schaumstoffstab am unteren Rücken ansetzen und vibrieren lassen*). Dann kann das Auto weiterfahren. Wechsel der Gruppen.

Zu beachten:

Die Kinder sollten sich beim Aufpumpen und Tanken Zeit lassen und darauf achten, dass die Versorgung als angenehm empfunden wird. Die Zahl der „Luftablasser" sollte der Zahl der Kinder angepasst werden.

Variationen:

➢ Die Autos mit plattem Reifen bleiben an Ort und Stelle liegen (langsam zusammensacken und auf den Rücken legen) und werden vom Werkstattwagen abgeschleppt (beide Fußgelenke fassen und vorsichtig über den Boden ziehen, auf eine Decke legen und abschleppen oder aus Rollbrettern ein Abschleppauto bauen).

➢ Das Aufpumpen kann auch unter Zuhilfenahme von Kleingeräten wie Sandsäckchen oder Pappdeckeln geschehen. Das ist dann sinnvoll, wenn direkter Körperkontakt vermieden werden soll.

➢ Neben Aufpumpen der Reifen sowie Tanken werden beliebige weitere Serviceleistungen wie Autowaschen (Kap. 4.5, S. 210), Schrauben kontrollieren etc. angeboten.

➢ In einer Eltern-Kind-Gruppe – vielleicht auch in manchen Kindergruppen – macht es Sinn, die einzelnen Autos jeweils einer Werkstatt zuzuordnen: Kinder fahren so immer zu ihren eigenen Eltern und umgekehrt.

➢ Im Rahmen von Spielhandlungen kann eine Autowerkstatt eingerichtet werden, die nach Bedarf aufgesucht wird. Das Fangspiel erübrigt sich in diesem Fall.

Ziele	Methoden
Entspannung Aufmerksamkeit und Konzentration ✓ Körperwahrnehmung Sensibilisierung der Sinne ✓ Positives Selbstkonzept ✓ Soziale Kompetenz	Bewegte Entspannung ✓ Wechsel von An- und Entspannung ✓ Berührung ✓ Konzentration auf den Körper Fokussierung der Wahrnehmung Vorstellungsbilder

Was kann ich dir Gutes tun?

Alter: ab ca. 6 Jahre

Teilnehmerzahl: beliebig

Zeitaufwand: 5 – 10 Minuten

Organisation: genügend Raum zur freien Bewegung

Material: Softball; evtl. Igelball zum Erlösen

Einsatz: Einstieg Entspannungsstunde; Bewegungsstunde; Eltern-Kind-Gruppe

Spielanleitung:

Abwurfspiel: Ein (oder mehrere) Abwerfer versuchen, die Kinder mit einem weichen Ball zu treffen. Wer getroffen ist, bleibt ganz still stehen (*legt sich auf den Boden, setzt sich hin, ...*). Befreit werden kann das Kind, indem ein anderes ihm etwas Gutes tut (*z. B. den Rücken oder die Füße massieren*). Damit die Kinder sich beim Erlösen Zeit lassen können, darf niemand abgeworfen werden, der gerade einen anderen erlöst.

Variationen:

➢ Bei älteren Kindern kann auf die Vorgabe der Erlösungsart verzichtet werden. Stattdessen sagen sie selbst, was sie gern haben. Das Kind, das erlöst, fragt dann: *„Was kann ich dir Gutes tun?"*

> Das Spiel eignet sich gut für Eltern-Kind-Gruppen. In diesem Fall wirft die Spielleiterin oder ein Eltern-Kind-Paar ab. Wer abgetroffen ist, darf nur von der eigenen Mutter / dem eigenen Vater bzw. umgekehrt erlöst werden.

> Wenn in einer Eltern-Kind-Gruppe Elternteil und Kind abgeworfen wurden, müssen sie gemeinsam laut den Spielleiter rufen, der einen von beiden befreit, damit auch für sie das Spiel weitergehen kann.

Ziele	Methoden
Entspannung	Bewegte Entspannung
Aufmerksamkeit und Konzentration	✓ Wechsel von An- und Entspannung
✓ Körperwahrnehmung	✓ Berührung
Sensibilisierung der Sinne	Konzentration auf den Körper
✓ Positives Selbstkonzept	Fokussierung der Wahrnehmung
✓ Soziale Kompetenz	Vorstellungsbilder

Schneeballschlacht

Alter: 4 – 12 Jahre

Teilnehmerzahl: beliebig

Zeitaufwand: 5 – 10 Minuten

Organisation: genügend Raum zur freien Bewegung; Versorgungsplatz mit Matte(n) o.ä. einrichten

Material: viele Softbälle oder Zeitungspapier

Einsatz: Einstieg Entspannungsstunde; Bewegungsstunde

Spielanleitung:

„Habt ihr Lust auf eine Schneeballschlacht? – Leider haben wir keinen echten Schnee, aber wir können weiche Bälle benutzen. Wer getroffen ist, ruht sich einen Moment auf der Matte aus und lässt die 'schmerzende' Stelle von jemand anderem mit dem Igelball massieren. Das tut so richtig gut. Sobald das Kind sich wieder 'fit' fühlt, mischt es wieder bei der Schneeballschlacht mit."

Zu beachten:

Das Abrollen mit dem Igelball sollte behutsam und nach den Bedürfnissen des massierten Kindes durchgeführt werden. Bei jüngeren Kindern und zum Einstieg übernimmt die Spielleiterin diese Aufgabe. Möglicherweise müssen je nach Kinderzahl mehrere Versorgungsstationen eingerichtet werden.

Variationen:

➢ Wenn es in einer Eltern-Kind-Gruppe um die Stärkung der Eltern-Kind-Beziehung geht, sollte nur das jeweilige Elternteil berechtigt sein, das eigene Kind wieder „fit" zu machen und umgekehrt.

➢ Nur ein oder zwei Kinder werfen mit Schneebällen. Die „freien" Kinder erlösen sich gegenseitig, indem sie sich wie beschrieben massieren.

➢ Statt Softbällen können auch zerknüllte Zeitungen als Schneebälle verwendet werden. Manche Kinder spüren dann allerdings nicht unbedingt, wenn sie getroffen wurden.

Ziele	Methoden
✓ Entspannung	✓ Bewegte Entspannung
✓ Aufmerksamkeit und Konzentration	✓ Wechsel von An- und Entspannung
✓ Körperwahrnehmung	Berührung
✓ Sensibilisierung der Sinne	✓ Konzentration auf den Körper
✓ Positives Selbstkonzept	✓ Fokussierung der Wahrnehmung
✓ Soziale Kompetenz	✓ Vorstellungsbilder

Dornröschenschlaf

Alter: ab 4 Jahre

Teilnehmerzahl: beliebig

Zeitaufwand: 10 – 20 Minuten

Organisation: evtl. Schlafmatten bereitlegen

Material: evtl. Musik

Einsatz: Entspannungs- und Bewegungsstunde; Ritual in Kindergarten oder Schule

Spielanleitung:

Der Spielleiter zeigt den Kindern einen Zauberstab (z. B. zusammenge-rollte Zeitung):

„Dieser Zauberstab hat Zauberkraft. Wenn ich einen von euch damit berühre, werdet ihr merken, dass ihr ganz, ganz müde und schläfrig werdet. Eure Beine werden so schwer, dass ihr euch hinlegen müsst. Eure Augen fallen zu und eure Arme und Beine werden ganz angenehm schwer. Euer Atem wird bei jedem Ein- und Ausatmen ruhiger und gleich-mäßiger und ihr fallt in einen tiefen wunderschönen Schlaf. Es gibt nur eine Möglichkeit, euch wieder zu wecken: Erst, wenn ihr euren Namen hört, werdet ihr langsam wieder wach, streckt und räkelt euch, steht vorsichtig auf und kommt so leise wie möglich zu mir."

Der Spielleiter ruft möglichst leise oder flüsternd z. B. ein Kind mehrmals mit *„Daniel, komm zu mir"*, bis das Kind aufgestanden und zu ihm gekommen ist.

Zu beachten:

Wenn alle Kinder liegen, wird die Aufmerksamkeit noch einmal auf körperliche Signale gelenkt und die Entspannung vertieft, indem Sätze wie *„deine Arme und Beine sind angenehm schwer"* wiederholt werden.

Manche Kinder brauchen länger, um zur Ruhe zu kommen. Deshalb wird das Kind, das am tiefsten schläft, als erstes wieder geweckt. Die wachen Kinder setzen sich neben den Spielleiter und dürfen jeweils entscheiden, wer als nächstes gerufen werden soll.

Es gibt Kinder, die Angst haben, dass sie beim Aufrufen vergessen werden oder ihren Namen nicht hören. Deshalb sollte zu Beginn des Spiels darauf hingewiesen werden, dass wirklich alle Kinder wieder geweckt werden, selbst wenn sie das Rufen ihres Namens nicht hören sollten. Spielen viele Kinder mit, können zwei Kinder gleichzeitig aufgerufen werden.

Variationen:

➢ Das Verzaubern der Kinder kann als Fangspiel durchgeführt werden.

➢ Nachdem alle Kinder „schlafen", kann die Entspannungswirkung durch Musik unterstützt werden.

➢ Die Kinder werden durch Kitzeln mit einer Feder, durch Streicheln oder durch ein Flüstern ins Ohr wieder geweckt.

Ziele	Methoden
✓ Entspannung	Bewegte Entspannung
Aufmerksamkeit und Konzentration	✓ Wechsel von An- und Entspannung
✓ Körperwahrnehmung	✓ Berührung
Sensibilisierung der Sinne	✓ Konzentration auf den Körper
✓ Positives Selbstkonzept	Fokussierung der Wahrnehmung
✓ Soziale Kompetenz	✓ Vorstellungsbilder

Schlafzauberer

Alter: 4 – 10 Jahre

Teilnehmerzahl: beliebig

Zeitaufwand: 10 – 15 Minuten

Organisation: genügend Raum zum Fangen; „Liegewiese" aus Matten oder Decken am Rand des Raumes

Material: evtl. Musik

Einsatz: Einstieg Entspannungsstunde; Abschluss Bewegungsstunde; Eltern-Kind-Gruppe

Spielanleitung:

„Stellt euch vor, ihr macht einen Familienausflug auf eine herrliche Wiese. Während eure Eltern auf der Picknickdecke sitzen und sich was erzählen, spielt ihr auf der Wiese fangen. Das Spiel heißt 'Schlafzauberer'. Einer von euch (oder die Spielleiterin) fängt alle Kinder. Wer gefangen und damit verzaubert ist, wird plötzlich ganz, ganz müde, gähnt, wird langsamer, Arme und Beine werden schwer und das Kind legt sich an den Rand der Wiese zum Schlafen. Wenn alle Kinder gefangen sind, bemerken die Eltern, dass es still geworden ist (immer verdächtig bei Kindern!) und schauen nach, was mit ihren Kindern los ist. Sie versuchen, sie ganz liebevoll zu wecken, und zwar durch Streicheln, Massieren, Klopfen, Küssen, vorsichtiges Anheben und Schütteln der Arme und Beine, etc."

Aber die Kinder lassen sich nicht wecken. So gehen die Erwachsenen irgendwann zum Schlafzauberer und fragen ihn, was sie tun sollen. Der verrät ihnen dann einen Weck-Trick. So werden die Kinder langsam wieder wach.

Die Tricks zum Wecken könnten sein:
* 3x sanft an einem Ohrläppchen zupfen
* beide Knie gleichzeitig streicheln
* die Fußsohle mit dem Handballen fest massieren
* ins Ohr flüstern „Ich hab dich lieb!"
* ...

Wenn der Trick auch nicht hilft, darf am Ende doch gekitzelt werden! Danach Wechsel der Gruppen.

Zu beachten:

Die Geschichte wird vorher erzählt und begleitend zum Spiel wiederholt. Die abgedruckte Version ist für den Einsatz in einer Eltern-Kind-Gruppe gedacht. In einer Kindergruppe kann sie entsprechend abgewandelt werden. Wichtig ist, dass die Weckversuche für die Schlafenden angenehm sind. Kitzeln ist verboten und es sollte möglichst wenig gesprochen werden. Sobald die Kinder „eingeschlafen" sind, kann leise ruhige Musik und verbale Begleitung die Entspannung unterstützen.

Variationen:

➢ Kindergruppe: Die Gruppe wird geteilt. Eine Hälfte spielt fangen, die andere picknickt. Alles andere s.o.. Danach Wechsel.

➢ Wenn die Gruppe weniger vertraut ist, eignet sich als Vorstufe das Dornröschenspiel (siehe S. 84).

➢ Als Spiel für zu Hause oder wenn ein ausschließlich ruhiges Spiel gewünscht ist, können die Kinder auch ohne Fangspiel mit einem Zauberstab oder einem Zauberspruch verzaubert werden und schlafen dann ein.

Ziele	Methoden
Entspannung	✓ Bewegte Entspannung
✓ Aufmerksamkeit und Konzentration	✓ Wechsel von An- und Entspannung
✓ Körperwahrnehmung	Berührung
✓ Sensibilisierung der Sinne	Konzentration auf den Körper
Positives Selbstkonzept	✓ Fokussierung der Wahrnehmung
Soziale Kompetenz	✓ Vorstellungsbilder

Schmetterlingstanz

Alter: 4 – 12 Jahre

Teilnehmerzahl: beliebig

Zeitaufwand: 5 – 10 Minuten

Organisation: genügend Raum zur freien Bewegung

Material: Chiffon- oder Seidentücher

Einsatz: Einstieg Entspannungs-stunde; Bewegungsstunde

Spielanleitung:

„Stellt euch vor, die Tücher sind bunte Schmetterlinge. Zur Musik könnt ihr die Schmetterlinge tanzen lassen, indem ihr sie in die Luft werft. Die Schmetterlinge werden müde, wenn die Musik leiser wird. Lasst sie dann langsam auf den Boden sinken und legt euch selbst auch daneben, um euch gemeinsam auszuruhen. Sobald ihr wieder Musik hört, tanzt ihr gemeinsam weiter."

Variationen:

➢ Den Schmetterling auf verschiedenen Körperteilen landen lassen.

➢ Statt laut und leise Wechsel zwischen schneller rhythmischer und langsamer ruhiger Musik.

➢ Zwei Kinder bzw. Elternteil und Kind haben gemeinsam ein Tuch als Schmetterling und werfen sich dieses gegenseitig zu.

Ziele	Methoden
Entspannung	Bewegte Entspannung
✓ Aufmerksamkeit und Konzentration	✓ Wechsel von An- und Entspannung
✓ Körperwahrnehmung	✓ Berührung
✓ Sensibilisierung der Sinne	Konzentration auf den Körper
✓ Positives Selbstkonzept	✓ Fokussierung der Wahrnehmung
✓ Soziale Kompetenz	Vorstellungsbilder

Fühle und laufe!

Alter: 6 – 10 Jahre

Teilnehmerzahl: beliebig

Zeitaufwand: 10 – 15 Minuten

Organisation: genügend Raum zur freien Bewegung; evtl. einfache Figuren auf einem Blatt Papier vormalen

Material: –

Einsatz: Bewegungsstunde; Lernförderung

Spielanleitung:

Die Kinder gehen zu zweit zusammen. Ein Partner malt dem anderen eine einfache Figur auf den Rücken, die dieser im Raum ablaufen soll (z. B. Schlangenlinie, Zickzack, ein Kreis, etc.). Nach circa drei Figuren Wechsel.

Zu beachten:

Es bleibt den Kindern überlassen, wie großräumig sie die Figuren laufen.

Variationen:

➢ Den malenden Kindern können gezeichnete Vorlagen als Hilfe dienen. Das ist insbesondere dann sinnvoll, wenn die Kinder ihre Fähigkeiten gegenseitig nicht einschätzen können.

➢ Bei Schulkindern können auch Buchstaben und Zahlen gemalt werden.

Ziele	Methoden
Entspannung	Bewegte Entspannung
✓ Aufmerksamkeit und Konzentration	✓ Wechsel von An- und Entspannung
Körperwahrnehmung	Berührung
✓ Sensibilisierung der Sinne	Konzentration auf den Körper
✓ Positives Selbstkonzept	✓ Fokussierung der Wahrnehmung
✓ Soziale Kompetenz	Vorstellungsbilder

Futterklau

Alter: 3 – 10 Jahre

Teilnehmerzahl: beliebig

Zeitaufwand: 5 – 15 Minuten

Organisation: genügend Raum zum Fangen; Raubtierschlafplatz mit Matten, Teppichfliesen o.ä. abgrenzen

Material: Sand- / Reissäcke o.ä. als Futter

Einsatz: Einstieg Entspannungsstunde; Bewegungsstunde

Spielanleitung:

Ein Löwe (Tiger, Leopard, ...) hat sich etwas zu Fressen erbeutet und legt sich damit auf seinen Platz. Irgendwann wird er müde und schläft ein. Ein Teil der Beute liegt noch unangetastet vor ihm. Ein paar andere Tiere entdecken die Beute und versuchen, sie dem schlafenden Löwen zu klauen. Da Löwen einen sehr leichten Schlaf haben, müssen sie sich ganz leise anschleichen, um ihn nicht zu wecken. Wenn der Löwe doch wach wird, versucht er die Tiere zu fangen, die sein Futter klauen wollten. Wer gefangen ist, hilft dem Löwen beim nächsten Mal mit.

Zu beachten:

Der Löwe und die anderen Tiere befinden sich an gegenüberliegenden Seiten des Raumes. Der Löwe liegt auf einer großen weichen Unterlage. Die anderen Kinder stehen hinter einer Linie oder in einem abgegrenzten Raum, in dem sie vom Löwen nicht gefangen werden können.
Es sollte genügend Futter (z. B. Sandsäckchen) vorhanden sein, damit jedes Tier ein eigenes Stück stehlen kann. Die Regel, bei jedem An-schleichversuch pro Kind immer nur maximal ein Stück Beute zu klauen, ermutigt auch die etwas Ängstlicheren, sich mit vorzuwagen. Das Futter liegt ca. 10-30 cm vom Kopf des schlafenden „Löwen" entfernt und darf nicht von ihm berührt werden.

Variationen:

➤ Wer gefangen wurde, tauscht die Rollen mit dem Löwen.

➤ Nur *die* Kinder werden auch zu Löwen, die mit einem Stück Futter erwischt werden. Dadurch wird der Löwe herausgefordert, mit Fangen zu warten, bis ein Stück Futter geklaut ist.

➤ Wer mit Futter in der Hand gefangen wird, muss das Futter zurückge-ben, bleibt aber weiterhin bei der Gruppe der stehlenden Tiere. Wenn alle Futterteile gestohlen wurden, wird ein neuer Löwe bestimmt.

➤ Der Spielleiter ist der Löwe. Dies ist zum einen bei jüngeren Kindern zu empfehlen als auch bei Kindern, die schlecht abwarten können. Wenn der Löwe zu schnell losläuft, wird es für die anderen schnell langweilig.

Ziele	Methoden
✓ Entspannung Aufmerksamkeit und Konzentration ✓ Körperwahrnehmung Sensibilisierung der Sinne ✓ Positives Selbstkonzept ✓ Soziale Kompetenz	Bewegte Entspannung ✓ Wechsel von An- und Entspannung Berührung ✓ Konzentration auf den Körper Fokussierung der Wahrnehmung Vorstellungsbilder

Luftmatratze

Alter: 7 – 14 Jahre

Teilnehmerzahl: ab 2

Zeitaufwand: 8 – 15 Minuten

Organisation: Partnerübung; für jede Person eine Matte oder Decke als Unterlage; auch im Sitzen auf einem Stuhl möglich

Material: –

Einsatz: Hauptteil Entspannungsstunde; Abschluss Bewegungsstunde; Schulunterricht

Spielanleitung:

Die Kinder gehen paarweise zusammen. Eines von ihnen legt sich auf den Rücken (Luftmatratze), das andere sitzt daneben:
„Stell dir vor, du bist eine unaufgeblasene Luftmatratze. Ganz locker, schlaff und entspannt liegst du auf der Unterlage. ... Da ist überhaupt keine Spannung in dir. ... Atme ruhig und gleichmäßig weiter ... Ganz schwer, locker und entspannt liegst du da. ... Dein Partner wird nun testen, ob wirklich alles ganz locker und entspannt ist wie bei einer unaufgeblasenen Luftmatratze."
An die Partner gerichtet:: „Bitte legt eure Hände erst auf die Ellbogen und danach auf die Knie und bewegt die Arme bzw. die Beine vorsichtig hin und her. Wenn die Hände und Füße sich dabei leicht und locker mitbewegen, ist eure Luftmatratze wirklich völlig entspannt. Auch den Kopf könnt ihr ganz vorsichtig ein wenig von einer Seite zur anderen bewegen.

Jetzt blast eure Luftmatratze auf. Dazu setzt ihr euren Zeigefinger an eine Stelle, die eurem Partner angenehm ist (z.B. auf den Oberschenkel, an den Arm: Partner fragen!!) und atmet mit pustenden Geräuschen etwa 10 Mal tief ein und aus. Dabei wird die Luftmatratze aufgeblasen. Sie wird immer steifer, härter, gespannter, ... bis sie ganz prall gefüllt ist.

Habt ihr das Gefühl, dass eure Luftmatratze hart genug ist, testet noch einmal wie vorhin. Jetzt dürfen sich Arme und Beine bei leichtem Druck kaum mehr bewegen. Alles ist ganz fest und gespannt. Vielleicht müsst ihr noch mal ein wenig nachpusten, wenn irgendwo noch Luft fehlt.

Zieht jetzt den Stöpsel wieder heraus, indem ihr den Zeigefinger mit einem Zischgeräusch schnell zurückzieht. Ihr könnt beobachten, wie die Luft aus der Luftmatratze entweicht und sie am Ende wieder völlig locker und entspannt am Boden liegt. Wenn ihr meint, dass alle Spannung weg ist, prüft dies noch einmal wie zu Beginn an Ellbogen- und Kniegelenken." Danach Partnerwechsel.

Zu beachten:

Bei dieser Übung ist es ganz wichtig, darauf zu achten, dass die Partner sorgsam und einfühlend miteinander umgehen. Loslassen ist nur möglich, wenn Vertrauen zum Partner besteht.

Die Übung stellt hohe Anforderung an die Körperwahrnehmungsfähigkeit und Körperkontrolle der Übenden. Der Partner kann dem Übenden wertfreie Rückmeldungen über Restspannungen im Körper geben. Manchmal ist es wichtig zu betonen, dass es sich hierbei um eine sehr schwierige Übung handelt, die von den wenigsten beim ersten Mal vollständig beherrscht wird.

Nach der Übung äußern die Kinder, welche Phase der An- und Entspannung sie am angenehmsten fanden.

Variationen:

➢ Die Übung kann auch im Sitzen auf Stühlen durchgeführt werden. Die Entspannungswirkung ist dann allerdings nicht ganz so intensiv.

➢ Weiterführende Übung: „Progressive Muskelentspannung" (S. 94)

Ziele	Methoden

✓ Entspannung
  Aufmerksamkeit und Konzentration
✓ Körperwahrnehmung
  Sensibilisierung der Sinne
✓ Positives Selbstkonzept
  Soziale Kompetenz
	✓ Bewegte Entspannung
	✓ Wechsel von An- und Entspannung
	  Berührung
	✓ Konzentration auf den Körper
	  Fokussierung der Wahrnehmung
	✓ Vorstellungsbilder

Progressive Muskelentspannung für Kinder

Alter: 9 – 14 Jahre

Teilnehmerzahl: beliebig

Zeitaufwand: 20 – 30 Minuten

Organisation: pro Person eine Matte oder Decke als Unterlage; auch im Sitzen auf einem Stuhl möglich

Material: –

Einsatz: Hauptteil Entspannungsstunde; Abschluss Bewegungsstunde; Schulunterricht (Sitzen)

Spielanleitung:

Nacheinander werden alle Muskelgruppen des Körpers angespannt und wieder gelockert. Bei den Extremitäten wird dabei zuerst die rechte, danach mit denselben Worten die linke Seite angesprochen.

„Lege dich ganz bequem auf den Rücken. ... Die Arme liegen neben dem Körper, die Beine sind lang ausgestreckt. ... Schließe deine Augen ... Mach es dir noch ein wenig bequemer. ... Konzentriere dich jetzt nur auf dich selbst und deinen Körper. ... Alle Geräusche, die du noch wahrnimmst, sind dir jetzt ganz egal. ... Achte auf deinen Atem, wie er ganz von selbst ein und aus geht, ... ruhig und gleichmäßig ein und aus ...

Rechter und linker Arm

Gehe mit deiner Aufmerksamkeit nun in deine rechte (linke) Hand und deinen rechten (linken) Arm. ... Stell dir vor, du greifst mit deiner rechten

(linken) Hand einen nassen Schwamm. ... Während du deine Hand und deinen Unterarm vom Boden abhebst, drückst du den Schwamm ganz langsam so aus, als ob du auf deiner rechten (linken) Schulter Wassertropfen verteilen wolltest. ... Drücke ganz fest zu, so dass jeder Tropfen Wasser aus dem Schwamm herausgedrückt wird. ... Halte die Spannung ... und ... öffne die Hand. Lass sie ganz entspannt auf die Unterlage sinken ... lass den Schwamm los. ... Du spürst, wie alle Spannung aus deinem Arm weicht. ... Ganz locker, angenehm schwer und entspannt liegt er nun auf der Unterlage. ... Wie fühlt sich dein Arm jetzt an? ... Kannst du Unterschiede zu vorher feststellen? ...
Wiederholung mit dem linken Arm

Gesäß

Stell dir nun vor, zwischen deinen Pobacken klemmt ein Geldstück. ... Dieses Geldstück versuchst du nun zu einer Briefmarke zusammenzupressen. ... Spann dabei den Po so fest an, wie du kannst ... halte ihn einen Moment so fest ... und dann .... lass das Geldstück wieder los ... lass alle Spannung aus deinem Gesäß weichen. ... Ganz entspannt liegst du auf der Unterlage. ... Genieße dieses Gefühl der Entspannung und angenehmen Schwere ...

Nacken / Schultern

Gehe mit deiner Aufmerksamkeit nun zu deinem Kopf. ... Stell dir vor, du hast ein Kissen unter deinem Kopf und jemand versucht, dir das Kissen vorsichtig und langsam unter dem Kopf wegzuziehen. ... Um dies zu verhindern, drückst du deinen Kopf auf das Kissen und hältst es mit deinem Kopf fest. ... Du drehst den Kopf dabei ein wenig ganz langsam nach links und rechts. ... Dann spürst und hörst du, dass niemand mehr an dem Kissen zieht und jemand aus dem Zimmer geht. ... Um zu sehen, wer es war, hebst du den Kopf an, ziehst das Kinn auf deine Brust ... und legst den Kopf dann wieder entspannt zurück auf die Unterlage. ...

Gesicht

Stell dir nun vor, du würdest etwas ganz Saures essen ... z. B. eine Zitrone ... Es ist so sauer, dass du das Gesicht verziehst, ... die Nase rümpfst, ... die Augen und auch die Lippen ganz stark zusammenpresst. ... Nachdem du das Stück geschluckt hast, trinkst du schnell etwas Lekkeres hinterher ... und dein Gesicht entspannt sich wieder ... Lass ganz los ... dein Gesicht wird wieder entspannt und glatt ... vollkommen locker und entspannt ...

Rechtes und linkes Bein

Gehe in Gedanken nun zu deinem rechten (linken) Bein und deinem rechten (linken) Fuß. ... Lass das Bein ganz gestreckt und ziehe deine Zehen in Richtung Nasenspitze, so weit es geht ... Halte die Spannung in deinem rechten (linken) Bein ... und ... lass nun wieder los. ... Alle Spannung weicht aus deinem Bein ... Es liegt ganz entspannt und locker auf der Unterlage ... angenehm schwer und entspannt. ... Beobachte, was in deinem Bein geschieht ... Vielleicht spürst du einen Unterschied zwischen deinem rechten und deinem linken Bein ... (Vielleicht fühlen sich Deine Beine nun anders an als vor dem Anspannen...). ... Wiederholung mit dem linken Bein

Ganzer Körper

... Gehe in Gedanken nun noch einmal durch deinen ganzen Körper und spüre, wie angenehm entspannt er sich anfühlt. ... Gehe zu deinen Armen ... zu den Schultern und dem Kopf ... den Rücken hinunter bis zum Gesäß ... und schließlich zu deinen Beinen. ... Genieße das angenehme Gefühl der Entspannung in deinem Körper. ...

Rücknahme

.... Komm nun langsam in deinem Tempo in diesen Raum zurück. ... Bewege deine Finger und Füße. ... Räkel und streck dich, als wärst du gerade aufgewacht. ... Atme etwas tiefer ein und aus ... gähn, wenn du magst ... und öffne deine Augen. ... Du bist wieder wach und fühlst dich entspannt und ausgeruht."

Zu beachten:

Es ist ratsam, das An- und Entspannen der Körperteile vor der Übung an einer Faust zu demonstrieren und die Kinder ausprobieren zu lassen. Wichtig ist der allmähliche Aufbau der Spannung. Die Spannung soll gut spürbar sein, darf aber nicht schmerzen oder Krämpfe verursachen.

Bei jüngeren Kindern kann man die helfenden Vorstellungsbilder auch vorher in der Realität durchspielen (z. B. einen Schwamm ausdrücken; ein Kissen mit dem Kopf festhalten).

Nach der Übung sollte Gelegenheit zum Ausdruck der Empfindungen gegeben werden: *Welche Phase der An- und Entspannung habt ihr als am angenehmsten erlebt? Habt ihr Unterschiede vor und nach dem Anspannen gespürt? War etwas schwierig oder unangenehm?*

Variationen:

➢ Vorübung: „Luftmatratze" (siehe S. 92)

➢ Es können auch nur Teilbereiche des Körpers beübt werden (z. B. nur die Arme oder Beine).

➢ Bei geübteren Kindern können jeweils die beiden Arme bzw. Beine gemeinsam angespannt werden.

➢ Die Übung kann auch im Sitzen auf Stühlen durchgeführt werden. Die Entspannungswirkung ist dann allerdings nicht ganz so intensiv. Einzelne Passagen müssten umformuliert oder ausgelassen werden (z. B. Nacken).

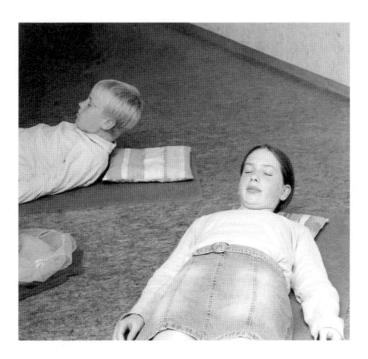

Atemspiele

Inhalt

4.2 Atemspiele

Der Atem steht in engem Zusammenhang mit unserer körperlichen und psychischen Verfassung. Redewendungen wie „Mir stockt der Atem", „tief Luft holen", „dem Ärger Luft machen", „endlich aufatmen können" sind Ausdruck dieses Zusammenhangs. Der Atem verändert sich mit dem Grad unserer An- bzw. Entspannung. Unter Stress ist der Atem in der Regel eher flach und auf den Brustraum beschränkt, während das ruhige und tiefe Atmen in den Bauchraum Zeichen eines entspannten Zustands sind. Über die Atmung kann auf die Befindlichkeit aktiv Einfluss genommen werden. Atemübungen, die die Bauchatmung fördern und das (verlängerte) Ausatmen betonen, tragen insgesamt zur Entspannung bei. Oft reicht es schon, die Aufmerksamkeit auf das gleichmäßige Ein und Aus des Atems zu richten, um eine beruhigende, zentrierende Wirkung zu erzielen. Dabei sollte eine bewusste Veränderung des Atems vermieden werden, wenn deutlich wird, dass ein Kind verkrampft und den natürlichen Atemrhythmus verliert. Die Beobachtung des Atems zu Beginn einer Entspannungsübung lenkt die Aufmerksamkeit auf den eigenen Körper und verstärkt die Sensibilität für innere Vorgänge.

Spezielle Atemtechniken werden u.a. auch in der Psychotherapie und in der Asthma-Behandlung eingesetzt. Deren Vermittlung muss aber ausgebildeten Therapeutinnen überlassen bleiben, da zum einen die Gefahr der Hyperventilation besteht, zum anderen können verdrängte Gefühle und Bilder aus der Vergangenheit aktualisiert werden, was von der Begleiterin einen kompetenten Umgang mit diesen Reaktionen erfordert.

Die Beobachtung und Bewusstmachung der Atemvorgänge sollte aber auch in der Entspannung mit Kindern ihren Platz haben, da sie einfache und leicht anwendbare Wege zur Beruhigung und Konzentration im Alltag darstellen.

Es gibt viele spielerische Möglichkeiten, den Atem bewusst zu spüren und dabei das Ausatmen zu betonen. Dazu gehören alle Spiele, die das Wegpusten von verschiedenen leichten Gegenständen wie Federn, Watte, Tischtennisbälle u. a. zum Inhalt haben (vgl. auch Köckenberger 1996). Außerdem können Laute beim Ausatmen oder Materialien, die das Heben und Senken der Bauchdecke sichtbarer machen, diesen Prozess unterstützen.

Literatur:

Köckenberger, Helmut (1996): „Sei doch endlich still!" – Entspannungsspiele und -geschichten für Kinder. Dortmund: borgmann publishing.

Vopel, K. (1998): Kinder ohne Stress III. Reise mit dem Atem. Iskopress

Ziele	Methoden
Entspannung	✓ Bewegte Entspannung
✓ Aufmerksamkeit und Konzentration	Wechsel von An- und Entspannung
✓ Körperwahrnehmung	Berührung
Sensibilisierung der Sinne	✓ Konzentration auf den Körper
✓ Positives Selbstkonzept	Fokussierung der Wahrnehmung
Soziale Kompetenz	✓ Vorstellungsbilder

Boden anmalen

Alter: ab ca. 7 Jahre

Teilnehmerzahl: beliebig

Zeitaufwand: 5 – 10 Minuten

Organisation: –

Material: –

Einsatz: Entspannungsstunde; Schule

Spielanleitung:

„Stellt euch vor, ihr wollt den ganzen Boden in diesem Raum mit euren Füßen bunt anmalen. Wenn ihr mit euren beiden Füßen fest auf dem Boden steht und einatmet, saugen sich eure Füße und der ganze Körper mit Farbe voll. Wenn ihr ausatmet, malt ihr den Boden mit der Farbe an, indem ihr eure Füße langsam vorwärts schiebt wie beim Schlittschuhlaufen. Dann bleibt ihr wieder stehen und atmet Farbe ein ... und wieder aus ... und malt dabei den Boden an. Ein... und aufsaugen ... und aus .... und anmalen. ... Bei jedem Einatmen stellt ihr euch die Farbe vor, die ihr aufnehmt und dann wieder abgebt.“

Zu beachten:

Das Spiel erfordert etwas Übung. Deshalb sollte den Kindern genügend Zeit gelassen werden, ihren eigenen Rhythmus zu finden. Entspannungsmusik kann die beruhigende Wirkung unterstützen.

Ziele	Methoden
✓ Entspannung	Bewegte Entspannung
✓ Aufmerksamkeit und Konzentration	Wechsel von An- und Entspannung
✓ Körperwahrnehmung	Berührung
Sensibilisierung der Sinne	✓ Konzentration auf den Körper
Positives Selbstkonzept	Fokussierung der Wahrnehmung
Soziale Kompetenz	✓ Vorstellungsbilder

Fahrstuhl

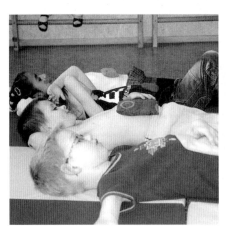

Alter: ab ca. 6 Jahre

Teilnehmerzahl: beliebig

Zeitaufwand: 5 – 10 Minuten

Organisation: Kinder liegen in Rückenlage auf einer weichen Unterlage

Material: 1 Sand- / Reissäckchen oder Kuscheltier pro Kind

Einsatz: Entspannungsstunde

Spielanleitung:

„Legt euch auf den Rücken und setzt den Sandsack (das Kuscheltier) so auf euren Bauch, dass er nicht herunterfallen kann, wenn ihr atmet. ... Macht es euch ganz bequem, eure Arme liegen neben eurem Körper, eure Beine sind lang ausgestreckt. ... Ihr könnt die Augen schließen, wenn ihr mögt. ... Stell dir vor, dein Bauch ist ein Fahrstuhl, mit dem der Sandsack (dein Kuscheltier) vom Keller bis ins Dachgeschoss und wieder zurück fahren kann. Beim Einatmen geht es nach oben, beim Ausatmen nach unten. Atme ganz ruhig und gleichmäßig. ...
Wenn das Fahrstuhlfahren ohne Anstrengung gut klappt, kannst du einmal probieren, wie es ist, wenn du einen Moment im Keller verweilst. Aber bitte nicht die Luft anhalten!"

Zu beachten:

Besonders jüngere Kinder strengen sich bei der bewussten Bauchatmung häufig unnötigerweise an und verlieren ihren natürlichen Atemrhythmus. Dann kann es hilfreich sein, den Atem erst einmal nur beobachten zu lassen, ohne ihn zu verändern. Dabei kann das Sandsäckchen mal auf die Brust und mal auf den Bauch gelegt werden.

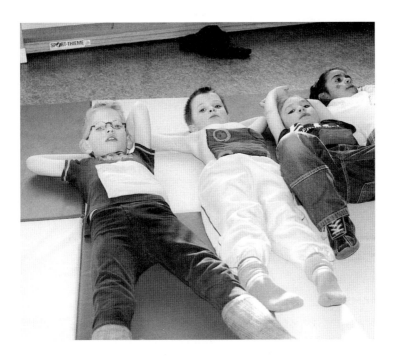

Ziele	Methoden
Entspannung	Bewegte Entspannung
✓ Aufmerksamkeit und Konzentration	Wechsel von An- und Entspannung
✓ Körperwahrnehmung	Berührung
Sensibilisierung der Sinne	✓ Konzentration auf den Körper
✓ Positives Selbstkonzept	Fokussierung der Wahrnehmung
✓ Soziale Kompetenz	Vorstellungsbilder

„Hast du Töne?"

Alter: ab ca. 4 Jahre

Teilnehmerzahl: beliebig

Zeitaufwand: 5 – 10 Minuten

Organisation: im Kreis stehend, sitzend oder paarweise

Material: –

Einsatz: Entspannungsstunde, Musikunterricht, Schwimmbad

Spielanleitung:

„Heute möchte ich mit euch ein Atem-Stimm-Konzert veranstalten. Jeder von euch überlegt sich einen Ton (a, e, i, o, u, ä, ö, ü). Der Laut erklingt immer dann, wenn ihr ausatmet. Versucht ihn so lange wie möglich zu halten. Atmet durch die Nase ein und durch den Mund wieder aus."

Variationen:

➢ Die ganze Gruppe einigt sich auf einen Ton, der von allen gesungen wird.

➢ Die Kinder versuchen, beim Ausatmen ein ganzes Lied zu singen.

➢ Das Tönen und Singen kann auch unter Wasser ausprobiert werden. Es ist besonders lustig, wenn ein Kind dem anderen unter Wasser etwas vorsingt.

Ziele	Methoden
✓ Entspannung	Bewegte Entspannung
✓ Aufmerksamkeit und Konzentration	Wechsel von An- und Entspannung
✓ Körperwahrnehmung	Berührung
Sensibilisierung der Sinne	✓ Konzentration auf den Körper
✓ Positives Selbstkonzept	✓ Fokussierung der Wahrnehmung
Soziale Kompetenz	✓ Vorstellungsbilder

Fantasiereise: „Wellen atmen"

Alter: ab ca. 6 Jahre

Teilnehmerzahl: beliebig

Zeitaufwand: 3 - 10 Minuten

Organisation: auf dem Rücken liegend oder im Sitzen

Material: –

Einsatz: Entspannungsstunde; vor einer konzentrierten Tätigkeit

„Setze oder lege dich bequem hin. ... Schließe deine Augen. ... Stell dir vor, du bist am Meer. Vielleicht kennst du diese Küste, warst schon einmal dort, ... vielleicht gibt es sie auch nur in deiner Fantasie. ... Du bist gern hier, ... fühlst dich rundum wohl an diesem Ort.

Wellen laufen in gleichmäßigem Rhythmus den Strand hinauf und wieder hinunter. ... Eine Welle nach der anderen rollt über das Ufer heran ... und zieht sich dann wieder zurück ins Meer. ... Die nächste Welle überspült die vorherige. ... Wieder und wieder. ... Du lauschst dem kraftvollen Auf und Ab der Wellen.

Achte auf deinen Atem, wie er ganz von selbst ein und aus fließt. ... Jeder Atemzug gleicht dem Kommen und Gehen einer Welle. ... Ein ... und aus. Mit jedem Einatmen nimmst du die Kraft des Meeres in dich auf. ... Lass den Atem strömen, ... ruhig und gleichmäßig wie die Wellen des Meeres"

(Zeit lassen zur Beobachtung des Atems; evtl. begleitende Musik oder Wellenrauschen)

Ziele	Methoden
Entspannung	Bewegte Entspannung
Aufmerksamkeit und Konzentration	✓ Wechsel von An- und Entspannung
✓ Körperwahrnehmung	Berührung
✓ Sensibilisierung der Sinne	✓ Konzentration auf den Körper
✓ Positives Selbstkonzept	Fokussierung der Wahrnehmung
✓ Soziale Kompetenz	Vorstellungsbilder

Drachenfangen

Alter: ab ca. 5 Jahre

Teilnehmerzahl: beliebig

Zeitaufwand: 10 – 15 Minuten

Organisation: genügend Raum zum Fangen; Erholungsplatz mit Matten vorbereiten

Material: evtl. Handpuppe oder Kuscheltier „Drache"; Sandsäckchen

Einsatz: Entspannungs- oder Bewegungsstunde

Spielanleitung:

„Dieser kleine Drache (Handpuppe) wird gleich versuchen, einen von euch zu fangen. Wer gefangen wurde, wird selbst zum Drachen. Der vorherige Drache ist vom Laufen so erschöpft, dass er sich einen Moment ausruht (auf eine Matte legen). Dazu legt sich das Kind ein Sandsäckchen auf den Bauch, damit es besser erkennen kann, wann der Atem wieder ruhig und gleichmäßig ein und aus geht. Das ist ein gutes Zeichen für Erholung. Danach spielt es wieder mit und läuft wie alle anderen vorm Drachen davon."

Zu beachten:

Haben die Kinder noch wenig Erfahrung mit Atemübungen, sollten sie das „Sandsäckchenatmen" vorher ausprobieren. *Wie geht mein Atem, wenn ich entspannt bin? Was passiert, wenn ich vorher eine Weile auf der Stelle gelaufen bin?* (siehe auch „Stresstest": Kapitel 3.1.1, S. 50; „Fahrstuhl": S. 102)

Variationen:

➢ Die Kinder (bzw. Eltern und Kind) gehen als Paare zusammen und fassen sich an den Händen. Wenn das Drachenpaar ein anderes Paar gefangen hat, werden die Rollen getauscht und die ursprünglichen Drachen gehen zum Atmen in die Erholungsecke.

➢ Statt eines Drachens lässt sich selbstverständlich jede andere Handpuppe nutzen. Auch ohne diese ist das Spiel natürlich möglich.

Sinnesspiele zur Entspannung und Konzentration

Inhalt

4.3 Sinnesspiele zur Entspannung und Konzentration

Unsere Sinne bringen uns in Verbindung mit der Welt und dem Geschehen um uns herum. Gleichzeitig ermöglichen sie uns, im Kontakt mit uns selbst zu sein. Dabei ist es nicht das Auge, das sieht und nicht das Ohr, das hört, sondern immer der ganze Mensch (vgl. Zimmer 1995, 58). Die Aufnahme und Verarbeitung von Sinnesreizen ist immer auch mit Gefühlen, Gedanken, Erinnerungen und Erwartungen verbunden. Was wir aus der Flut von Reizen, die tagtäglich auf uns einströmen, wahrnehmen, ist von Person zu Person unterschiedlich. Und auch, wenn zwei Personen ihre Aufmerksamkeit auf das Gleiche richten, unterscheiden sich die damit verknüpften Empfindungen.

Wahrnehmung erfordert die Fähigkeit, sich über einen längeren Zeitraum auf eine Sache zu konzentrieren, wichtige von unwichtigen Reizen zu unterscheiden sowie die Informationen aus verschiedenen Sinneskanälen zu einem sinnvollen Ganzen zu integrieren. Viele Kinder sind damit angesichts der Fülle von Informationen, manchmal auch aufgrund von Wahrnehmungsbeeinträchtigungen, überfordert.

Die hier vorgestellten Sinnesspiele bewirken eine Fokussierung der Wahrnehmung und ermöglichen ein intensives Erleben alltäglicher Gegebenheiten. Durch die Schärfung der Sinne und die Ausschaltung störender Reize wird das Selbstverständliche zum Besonderen. Es geht nicht darum, einzelne Sinne zu trainieren, sondern die Sensibilität der Wahrnehmung zu erhöhen, um so offen zu werden für neue Entdeckungen in der Umwelt, an anderen und in uns selbst.

Die Fokussierung der Wahrnehmung geht auch mit einem Stilleerleben einher, weshalb diese Art von Sinnesspielen häufig auch als Stilleübungen bezeichnet und im Zusammenhang mit Entspannung aufgeführt wird. Die Stille ist dabei nicht von außen angeordnet, sondern kommt von innen heraus. Maria Montessori hat schon vor etwa einhundert Jahren auf die Bedeutung von Stilleerlebnissen für Kinder hingewiesen und die Schulung der Sinne durch intensive Beschäftigung mit ausgewählten Materialien betont. Wenn Kinder sich motiviert einer Sache zuwenden, entspricht die dabei erzeugte Ruhe ihrem Bedürfnis, Handlungen konzentriert, bedächtig und wiederholt auszuführen und dadurch einen eigenen Rhythmus zu finden (vgl. Montessori 1995, 124f).

Die Konzentration auf die Wahrnehmungen eines Sinneskanals (z. B. nur hören, nur fühlen) durch die Ausschaltung anderer (z. B. durch Verbinden der Augen) bewirkt eine Intensivierung der Wahrnehmung. Dennoch muss das Sinneserlebnis für das Kind in einem sinnvollen Zusammenhang stehen. Genau hinhören nur um des Hörens willen reicht nicht aus. Die Motivation des Kindes ergibt sich aus dem Thema oder dem Ziel des Spiels. Die Verbindung mit positiven Emotionen und einem Gefühl von Sinnhaftigkeit ist Voraussetzung für Lernen auch in diesem Bereich.

Die Ideen für Sinnesspiele oder Stilleübungen sind unerschöpflich. Wegen ihres geringen Aufwandes und ihrer zeitlichen Flexibilität lassen sich kleine Sinnesspiele leicht in den Tagesablauf integrieren. Manchmal reicht es schon, die Aufmerksamkeit der Kinder bewusst auf interessante Dinge des Alltags zu lenken und ihnen Zeit zur konzentrierten Betrachtung zu geben. Häufig liegt es auch an uns Erwachsenen, Kindern Zeit für selbstgewählte Stilleerlebnisse einzuräumen. So zum Beispiel, wenn ein Kind bedächtig und versunken in einer Teigschüssel rührt, die Hände unter den Strahl des Wasserhahns hält, verträumt die tanzenden Sonnenstrahlen auf der Wand beobachtet oder geduldig den Weg einer Schnecke verfolgt.

Im folgenden werden exemplarisch einige Beispiele aus dem visuellen (sehen), dem auditiven (hören), dem taktilen (fühlen) sowie dem vestibulären (schaukeln und wiegen) Sinnesbereich vorgestellt.

Literatur:

Montessori, M. (1995): Kinder sind anders. 10. Auflage. Stuttgart: Klett-Cotta.

Preuschoff, G. (1996): Kinder zur Stille führen. Meditative Spiele, Geschichten und Übungen. Freiburg: Herder

Zimmer, Renate (1995): Handbuch der Sinneswahrnehmung. Freiburg i. Br.: Herder.

Sehen

Ziele	Methoden
Entspannung	✓ Bewegte Entspannung
✓ Aufmerksamkeit und Konzentration	Wechsel von An- und Entspannung
Körperwahrnehmung	Berührung
✓ Sensibilisierung der Sinne	Konzentration auf den Körper
✓ Positives Selbstkonzept	✓ Fokussierung der Wahrnehmung
✓ Soziale Kompetenz	Vorstellungsbilder

Klatschball – Ruhige Kugel

Alter: ab 4 Jahre

Teilnehmerzahl: ab 3

Zeitaufwand: ca. 5 Minuten

Organisation: Gruppenspiel: Kinder sitzen im Kreis, so dass jeder jeden sehen kann

Material: –; bei „Ruhige Kugel" einen möglichst großen Ball

Einsatz: Einstieg für Bewegungs-, Entspannungs-, Schulstunden; bei Ermüdung zwischendurch

Spielanleitung:

„Ich stelle mir vor, ich habe hier in meinen Händen einen Ball. Den werfe ich einem von euch zu, indem ich Blickkontakt aufnehme und dann in die Hände klatsche. Das Kind, das den Ball fängt, nimmt ihn mit ausgestreckten Armen lautlos entgegen. So wandert der Ball von einem Kind zum anderen."

Zu beachten:

Falls die Gruppe groß ist, kann der Hinweis gegeben werden, die Arme vor dem Körper zu verschränken, sobald ein Kind den Ball zu einem anderen geworfen hat. So kommen alle Kinder zum Zug.

Variationen:

➢ „Ruhige Kugel": Ein imaginärer oder ein echter möglichst großer Ball (z. B. ein Sitzball) wird lautlos von einem Kind zum anderen gerollt. Ruhig Musik kann die langsamen Bewegungen und die entspannende Wirkung unterstützen.

➢ Andere imaginäre Gegenstände werden pantomimisch von einem Kind zum anderen weitergegeben: z. B. eine Rose, ein rohes Ei, ein klebriges Kaugummi, ein Marienkäfer.

Ziele	Methoden
Entspannung	✓ Bewegte Entspannung
✓ Aufmerksamkeit und Konzentration	Wechsel von An- und Entspannung
Körperwahrnehmung	Berührung
✓ Sensibilisierung der Sinne	Konzentration auf den Körper
✓ Positives Selbstkonzept	✓ Fokussierung der Wahrnehmung
✓ Soziale Kompetenz	Vorstellungsbilder

Bring mir Licht!

Alter: ab 4 Jahre

Teilnehmerzahl: 4 – 12

Zeitaufwand: je nach Teilnehmerzahl 5 – 15 Minuten

Organisation: Kinder sitzen im Kreis; möglichst den Raum abdunkeln

Material: für jedes Kind ein brennendes Teelicht oder eine dicke stehende Kerze

Einsatz: Einstieg in Entspannungsstunde; Ritual zu Beginn einer Gruppenaktion (z. B. im Stuhlkreis); Übergang von Aktivität zu Ruhe

Spielanleitung: (angelehnt an „Mein rechter, rechter Platz ist frei!")

Die Kinder sitzen im Kreis auf dem Boden oder auf Stühlen. Der Raum ist möglichst abgedunkelt. Jedes Kind hat vor sich ein brennendes Teelicht stehen. Der Spielleiter hat als einziger kein Licht. Er sagt: *Oh, bei mir ist es so dunkel!* Sie sucht sich ein Kind aus – z. B. Nina – und sagt: *Nina, bitte bring mir Licht!* Nina steht auf, nimmt ihr Teelicht vorsichtig auf und bringt es zum Spielleiter. Dann setzt sie sich wieder auf ihren Platz. Jetzt ist Nina an der Reihe, ein anderes Kind zu bitten, ihr Licht zu bringen, usw.

Zu beachten:

In der Regel kommen die Kinder durch das Betrachten der Kerzen und durch die Struktur des Spiels zur Ruhe. Wenn die Aufmerksamkeit während des Spiels nachlässt, sollte lieber zu einem anderen Zeitpunkt weitergespielt werden. Die Kinder sollten zu Beginn auf den sicheren Umgang mit Feuer und Kerzen hingewiesen werden. Der Spielleiter muss selbst entscheiden, ob er den Kindern das Tragen von Teelichtern zutraut.

Variationen:

➤ Statt der Kreisform suchen sich die Kinder einen bequemen Platz im Raum, wo es ihnen gefällt. Die Kinder müssen sich aber noch gut sehen und hören können.

➤ Wer am Ende ohne Licht übrig bleibt, holt die anderen an ihrem Platz ab, so dass ein Lichterzug entsteht. Nach einem Gang durch den Raum (oder die Einrichtung) kehren die Kinder wieder zum Ausgangspunkt zurück. Auch ein Raumwechsel lässt sich so auf besondere Art gestalten. Das anführende Kind achtet darauf, dass es sein Tempo den Kerzenträgern anpasst.

Ziele	Methoden
Entspannung	Bewegte Entspannung
✓ Aufmerksamkeit und Konzentration	Wechsel von An- und Entspannung
Körperwahrnehmung	Berührung
✓ Sensibilisierung der Sinne	Konzentration auf den Körper
✓ Positives Selbstkonzept	✓ Fokussierung der Wahrnehmung
Soziale Kompetenz	Vorstellungsbilder

Zauber-Memory

Alter: ab 4 Jahre

Teilnehmerzahl: beliebig

Zeitaufwand: 5 – 15 Minuten

Organisation: Partner- oder Gruppenspiel; Materialien vorher bereitlegen oder von den Kindern sammeln lassen; Spielort: draußen oder drinnen.

Material: Naturmaterialien wie Zapfen, Stöcke, Steine, Pflanzen, etc. oder Alltagsgegenstände; Tücher

Einsatz: Waldspaziergang; Teil einer Entspannungsstunde; Schulunterricht; Eltern-Kind-Angebot

Spielanleitung (als Partnerspiel)**:**

„Geht zu zweit zusammen. Jeder von euch sucht 5 – 10 verschiedene Gegenstände zusammen und legt sie unter ein Tuch. Euer Partner darf die Gegenstände vorher möglichst nicht sehen. Dann lüftet einer von euch für kurze Zeit sein Tuch und zeigt dem anderen die Gegenstände. Mit einem 'Simsalabim' entfernt ihr einen Gegenstand. Das Tuch wird nochmals gelüftet und euer Partner muss erraten, welcher Gegenstand fehlt. Das könnt ihr so oft wiederholen, wie ihr mögt. Danach ist Partnerwechsel."

Zu beachten:

Die Anzahl der Gegenstände kann je nach den kognitiven Voraussetzungen der Kinder variiert werden. Mehr als sieben Gegenstände kann sich auch ein Erwachsener kaum merken. Das Spiel ist einfacher, wenn die Gegenstände gut bekannt und sehr verschieden sind. Schwieriger wird es bei ähnlichen Gegenständen (z. B. Blätter, Stifte, verschiedene Bälle). Es sollte beim Raten kein Leistungsdruck entstehen. Das heißt, es wird weder gezählt noch verglichen. Wenn jemand falsch rät, versucht er es einfach noch einmal und entscheidet selbst, wann er sich den Gegenstand vom Partner zeigen lässt.

Das Spiel kann auch ohne Tuch gespielt werden. Dann schließt der Partner einfach die Augen, während ein Gegenstand verschwindet.

Variationen:

➢ Der Wechsel zum Memory des Partners kann nach jedem Rateversuch vollzogen werden oder erst, wenn alle Gegenstände nach und nach verschwunden sind.

➢ „Naturmemory": Die Naturmaterialien werden vorher von den Kindern gesucht.

➢ Statt die verschwundenen Gegenstände zu nennen, werden diese aufgemalt.

➢ Aus Naturmaterialien, Bauklötzen, Legos oder Playmobil kann eine Miniaturlandschaft, eine Figur, ein Haus oder eine andere Spielsituation gestaltet werden. Ein Detail dieses Stillebens wird dann verändert. Der Partner muss erraten, was sich verändert hat.

➢ Die Aufgabe kann auch lauten, sich die Gegenstände beim kurzen Lüften des Tuchs gut einzuprägen und dann identische Gegenstände zu sammeln. Danach werden die Sammlungen verglichen.

➢ Das Spiel kann natürlich auch in der Gruppe gespielt werden. Der Anleiter oder ein ausgewähltes Kind präsentieren in diesem Fall allen anderen die Gegenstände. Damit alle Gelegenheit zum Raten haben, können sie ihre Lösung aufschreiben oder aufmalen. Danach erfolgt die Auflösung.

➢ „Denkmal": Ein Partner stellt sich in einer selbstgewählten Pose als Denkmal auf. Der andere prägt sich das Denkmal ein. Dann verändert das Denkmal ein Detail, das vom anderen erraten werden muss (nach einer Idee von Beudels et al. 2001, 264).

Ziele	Methoden
Entspannung	Bewegte Entspannung
✓ Aufmerksamkeit und Konzentration	Wechsel von An- und Entspannung
Körperwahrnehmung	Berührung
✓ Sensibilisierung der Sinne	Konzentration auf den Körper
Positives Selbstkonzept	✓ Fokussierung der Wahrnehmung
Soziale Kompetenz	Vorstellungsbilder

Taschenlampenspiele

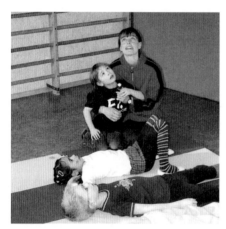

Alter: ab 4 Jahre

Teilnehmerzahl: beliebig

Zeitaufwand: 5 – 15 Minuten

Organisation: Raum abdunkeln; Kinder liegen auf dem Rücken oder sitzen

Material: 1 oder 2 Taschenlampen

Einsatz: Entspannungsstunde; Abschluss Bewegungsstunde; Schule; Kindergarten

Spielanleitung:

Der Anleiter lässt das Taschenlampenlicht langsam durch den Raum wandern. Ab und zu hält er an einem Punkt an. Geben die Kinder den verabredeten Ton von sich, wandert die Taschenlampe wieder weiter.

„Legt oder setzt euch bequem an einen ungestörten Platz, von dem aus ihr möglichst den ganzen Raum – auch die Decke – im Blick habt. Ich werde es jetzt etwas dunkler machen (Licht aus oder Vorhänge zuziehen). Im Dunkeln werdet ihr einen leuchtenden wandernden Punkt entdecken. Es könnte ein Stern, ein Flugzeug am Nachthimmel oder vielleicht auch ein Ufo sein, das dort seine Runden dreht. Beobachtet den Leuchtpunkt ganz genau. Immer, wenn er an einem Punkt stehen bleibt, lasst ein enttäuschtes 'Oooh' erklingen. Vielleicht könnt ihr ihn so wieder in Bewegung setzen. Probiert es einfach aus."

Zu beachten:

Die Taschenlampe sollte einen möglichst engen Lichtstrahl werfen. Zeigegeräte, die einen kleinen roten Punkt werfen, eignen sich ebenfalls. Es reicht, wenn der Raum leicht abgedunkelt ist, auch wenn die Spannung natürlich mit dem Grad der Dunkelheit steigt.

Variationen:

➢ Wenn die Kinder während des Spiels reden oder andere als den verabredeten Ton von sich geben, ruht der Lichtstrahl am gleichen Fleck.

➢ Der Lichtstrahl kann Formen beschreiben, z. B. Kreise, Schlangenlinien, aber auch Buchstaben und Zahlen. Mit den Kindern wird eine bestimmte Form festgelegt, bei der ein bewunderndes „Aaaah" ertönt. Der Schwierigkeitsgrad lässt sich steigern, wenn unterschiedliche Formen unterschiedliche Töne hervorrufen.

➢ Das Spiel lässt sich auch als Ratequiz spielen. Die Taschenlampe beschreibt dabei bestimmte Formen an der Wand (Kreise, Buchstaben, Zahlen), welche erraten werden sollen. Die Kinder könnten die erkannten Formen auch auf ein vorher bereitgelegtes Blatt Papier malen oder schreiben. Dann wird das Rätsel erst am Ende des Spiels aufgelöst.

➢ Mit zwei Taschenlampen lassen sich regelrechte Szenen darstellen. So kann ein Lichtstrahl den anderen jagen. Die beiden können synchron durch den Raum fliegen. Die Kinder könnten es mit einem „Hmmmm" kommentieren, wenn sich die beiden Punkte treffen.

➢ Jedes Kind bekommt eine Taschenlampe, mit der es selbst Formen an die Wände malen kann.

Alle beschriebenen *Variationen* lassen sich auch gut als Partnerübung spielen, wenn sich jeweils zwei Kinder eine Taschenlampe teilen.

Ziele	Methoden
Entspannung ✓ Aufmerksamkeit und Konzentration Körperwahrnehmung ✓ Sensibilisierung der Sinne ✓ Positives Selbstkonzept ✓ Soziale Kompetenz	✓ Bewegte Entspannung Wechsel von An- und Entspannung Berührung Konzentration auf den Körper ✓ Fokussierung der Wahrnehmung Vorstellungsbilder

Fotograf

Alter: 6 – 14 Jahre

Teilnehmerzahl: beliebig

Zeitaufwand: 5 – 15 Minuten

Organisation: Partnerübung in Bewegung für draußen oder drinnen

Material: –

Einsatz: Entspannungs-, Schul- oder Bewegungsstunde; Ausflüge; Eltern-Kind-Angebot

Spielanleitung:

„ Stellt euch vor, ihr befindet euch an einem schönen Ort und möchtet ein paar Fotos zur Erinnerung machen. Leider habt ihr keinen Fotoapparat dabei, so müsst ihr euch selbst in einen Fotoapparat verwandeln.

Geht zu zweit zusammen. Einer von euch ist der Fotoapparat, der andere ist der Fotograf. Der Fotograf geht mit der Kamera durch den Raum (*an den Schultern führen*). Dabei ist die Linse des Fotoapparats geschlossen (*Augen zu*). Es ist eine sehr kostbare Kamera, darum geht ganz sorgsam und vorsichtig damit um. Immer wenn euch etwas gefällt und ihr ein Foto machen wollt, richtet die Kamera auf das, was ihr fotografieren wollt (*Kopf vorsichtig in die richtige Richtung drehen*) und drückt dann auf den Auslöser (*behutsam mit der flachen Hand kurz auf den Kopf drücken*). Vorsicht, dass nichts verwackelt!. In diesem Moment öffnet sich die Linse für einen kurzen Moment (*Augen auf*) und speichert das Bild auf dem Film (*Augen wieder zu*). Achtet darauf, dass ihr die Linse nicht zu lange geöffnet lasst, damit das Bild nicht überbelichtet wird. Jeder Fotograf

macht 2 – 3 Fotos (*bei älteren Kindern und Erwachsenen bis zu 5*). Dann kommt an den Ausgangspunkt zurück und spult den Film zurück (*mit der geschlossenen Faust neben dem Kopf kreisende Bewegungen und dazu ein Geräusch machen*). Ihr habt schon ganz vergessen, was ihr eigentlich fotografiert habt. Lasst es euch vom 'Fotoapparat' erzählen oder zeigen. Danach ist Partnerwechsel."
(nach einer Idee von Beudels et al. 2001, 157)

Zu beachten:

Das Spiel sollte vom Anleiter vorher mit einem Kind demonstriert und erklärt werden. Bei dieser Übung ist es ganz wichtig, darauf zu achten, dass die Partner sorgsam miteinander umgehen. Sich mit geschlossenen Augen führen zu lassen, erfordert Vertrauen. Im Einzelfall kann der Anleiter sich als Partner anbieten. Auch die Erlaubnis zu blinzeln kann für manche Kinder hilfreich sein (*Versucht einmal, die Augen nur aufzumachen, wenn ihr ein Foto macht. Wenn ihr zwischendurch blinzeln müsst, ist das aber auch o.k.*). Alle gefährlichen Geräte sollten vorher aus dem Weg geräumt werden.

Die Partner sollten sich hinterher Rückmeldung geben, ob sie sich als Fotoapparat sicher gefühlt haben und was sie sich gegebenenfalls anders gewünscht hätten (z. B. langsamer gehen, fester anfassen).

Variationen:

➢ Das Spiel eignet sich gut, um es draußen zu spielen, sei es auf dem Schulhof, im Garten oder im Wald.

➢ „Video": Falls die Kinder unsicher sind oder die sozialen Kompetenzen in der Gruppe noch nicht so gefestigt sind, kann das Aufnehmen eines Films mit der Videokamera eine Alternative sein. Dabei ist die Kamera die ganze Zeit eingeschaltet (Augen auf) oder es werden längere Sequenzen aufgenommen.

➢ Bei älteren Kindern können die Fotos unter dem Motto „Bilder, die Kraft und Ruhe geben" fotografiert werden. Die „Fotoapparate" suchen sich hinterher eine der Fotografien aus und gehen noch einmal allein und mit geöffneten Augen an diesen Ort. Dort prägen sie sich das Bild gut ein. Das vorgestellte „Kraft- und Ruhebild" kann später nach Bedarf wieder aktiviert werden.

➢ Einbettung in Spielhandlungen: Der Fotograf ist im Rahmen psychomotorischer Spielstunden z. B. bei einer Stadtführung, einer Safari oder bei einem Springreitturnier dabei. In diesem Fall spielt nur ein Teil der Gruppe Fotograf und Kamera, die anderen sind z. B. Einwohner der Stadt, Urwaldtiere oder springende Pferde.

Hören

Ziele	Methoden
✓ Entspannung	Bewegte Entspannung
✓ Aufmerksamkeit und Konzentration	Wechsel von An- und Entspannung
Körperwahrnehmung	Berührung
✓ Sensibilisierung der Sinne	Konzentration auf den Körper
✓ Positives Selbstkonzept	✓ Fokussierung der Wahrnehmung
Soziale Kompetenz	Vorstellungsbilder

Geräuschelandkarte

Alter: ab 6 Jahre

Teilnehmerzahl: beliebig

Zeitaufwand: 10 – 25 Minuten

Organisation: eignet sich gut in der Natur, aber auch in Räumen möglich

Material: pro Kind eine Pappkarte (DINA5 oder DINA6) und ein Stift; evtl. Sitzkissen

Einsatz: Naturspaziergang; Entspannungsstunde; Schulunterricht; Indianerspiele

Spielanleitung:

„Ihr habt sicherlich schon einmal eine Landkarte gesehen und wisst, wozu man die braucht, oder? – Wir wollen heute eine ganz besondere selbst erstellen. Auf unserer Landkarte kann man erkennen, welche Geräusche es in dieser Gegend gibt. Malt dazu in die Mitte eurer Pappkarte ein kleines Kreuz. Das seid ihr selbst. Sucht euch gleich einen Platz, wo es euch gefällt und wo ihr ungestört seid – das heißt mindestens zehn große Schritte vom nächsten Kind entfernt. Setzt euch dort bequem hin und lauscht ganz in Ruhe allen Geräuschen um euch herum. Besser geht das mit geschlossenen Augen. Wenn ihr ein Geräusch erkannt habt, malt oder schreibt es auf eure Geräuschelandkarte – und zwar etwa in der Richtung und Entfernung, wie ihr es wahrnehmt. Wenn zum Beispiel ein

Auto auf der Straße hinter euch fährt, zeichnet ihr das Auto auf der Pappkarte unter dem Kreuz ein. Je näher es sich anhört, umso dichter tragt ihr es am Kreuz ein. Ich bin gespannt, wie viele verschiedene Geräusche wir hören können. Wenn ihr den Indianerruf hört, kommt wieder hierher zurück."

Nach dem Spiel tauschen sich die Kinder über ihre Eindrücke aus. Dazu nennen die Kinder der Reihe nach jeweils ein Geräusch und zeigen es auf ihrer Landkarte (freiwillig!). Die anderen Kinder sagen, ob sie das Geräusch auch gehört haben. Dabei ergeben sich Unterschiede je nach Sitzplatz, auditiven Fähigkeiten und Wahrnehmungsstil der Kinder. Die Bedeutung von Konzentration sowie die Subjektivität der Wahrnehmung wird deutlich und kann im Gespräch thematisiert werden.

Zu beachten:

Gerade bei jüngeren Kindern sollte darauf geachtet werden, dass sie in Hör- und eventuell auch in Sichtweite bleiben. Der Anleiter hilft einzelnen Kindern bei Bedarf. Die Zeit zum Lauschen beträgt etwa zwischen 3 und 10 Minuten, je nachdem, wie lange die Kinder aufmerksam und mit Freude bei der Sache sind. Für manche Kinder ist es wichtig zu betonen, dass es nicht um die Qualität des Gemalten oder Geschriebenen geht. Jeder sollte nur selbst hinterher noch seine eigenen Aufzeichnungen entziffern können.

Variationen:

➤ Die Kinder erstellen paarweise eine Geräuschelandkarte.

➤ Das Spiel wird in eine Indianergeschichte eingebettet. Indianer sind besonders gute Lauscher und hören auf alles, was sie in der Natur wahrnehmen. Das hilft ihnen, sich zu orientieren und mit der Natur als Lebensraum vertraut zu werden.

➤ Wenn in einem Raum gespielt wird, können auch künstlich Geräusche von unterschiedlichen Stellen im Raum aus erzeugt werden (z. B. verschiedene Musikinstrumente, Alltagsgegenstände. Die Kinder schließen dabei für kurze Zeit die Augen, lauschen dem Geräusch und zeichnen es dann in ihre Karte ein.

➤ Die Kinder schließen die Augen. Der Anleiter tippt ein Kind an, das dann ein Geräusch oder einen Ton von sich gibt. Die Kinder zeichnen das Geräusch in ihre Karte ein. Das Spiel lässt sich auch mit verschiedenen Instrumenten spielen, die an die Kinder verteilt werden.

Ziele	Methoden
Entspannung	Bewegte Entspannung
✓ Aufmerksamkeit und Konzentration	✓ Wechsel von An- und Entspannung
Körperwahrnehmung	Berührung
✓ Sensibilisierung der Sinne	Konzentration auf den Körper
Positives Selbstkonzept	✓ Fokussierung der Wahrnehmung
✓ Soziale Kompetenz	Vorstellungsbilder

Geräusche-Memory

Alter: ab 4 Jahre

Teilnehmerzahl: ab 7

Zeitaufwand: 5 – 15 Minuten je nach Teilnehmerzahl

Organisation: im Liegen, Sitzen oder auch Stehen möglich; evtl. Raum mit weichen Unterlagen vorbereiten

Material: –

Einsatz: Bewegungs- oder Entspannungsstunde; Kindergarten; Schule

Spielanleitung:

„Ihr habt sicherlich alle schon einmal Memory gespielt, oder? Ziel dabei ist es, gleiche Paare zu finden. Bei dem Memory, das ich mit euch spielen möchte, seid ihr selbst die Spielkarten. Es geht nicht um Bildpaare, sondern um zwei gleiche Töne. Einer (bei gerader Teilnehmerzahl zwei) von euch geht vor die Tür. Die anderen bilden Paare und überlegen sich jeweils einen Ton oder ein Geräusch (z. B. Händeklatschen, Schnipsen, ein O oder A oder ein ganzes Wort). Dann verteilt euch 'gut gemischt' im Raum und macht es euch ganz bequem (sitzen oder liegen). Schließt die Augen. Das Kind, das draußen gewartet hat, kommt jetzt herein und versucht, die Paare wiederzufinden. Dazu streicht es pro Spielzug immer zwei Kindern mit den Händen über den Rücken. Diese beiden zeigen nacheinander ihr Geräusch und legen (bzw. setzen) sich wieder hin.

Wenn ein Paar gefunden wurde, kann es vom Rand aus zuschauen, bis alle Paare gefunden wurden."

Zu beachten:

Ruhige instrumentale Musik kann die entspannende Wirkung unterstützen. Die Geräusche müssen aber gut hörbar bleiben.

Variationen:

➢ Statt den „Spielkarten" über den Rücken zu streichen, denkt sich das ratende Kind andere Signale aus (z. B. berühren mit einem Zauberstab, Massage mit einem Igelball).

➢ „Bewegungs-Memory": Statt Geräuschen verabreden die Paare einfache Bewegungen.

Ziele	Methoden
✓ Entspannung	Bewegte Entspannung
✓ Aufmerksamkeit und Konzentration	Wechsel von An- und Entspannung
Körperwahrnehmung	Berührung
✓ Sensibilisierung der Sinne	Konzentration auf den Körper
✓ Positives Selbstkonzept	✓ Fokussierung der Wahrnehmung
Soziale Kompetenz	Vorstellungsbilder

Lausch-Quiz

Alter: ab 4 Jahre

Teilnehmerzahl: ab 2

Zeitaufwand: 5 – 15 Minuten

Organisation: Partner- oder Gruppenspiel; ggf. Materialien vorher bereitlegen

Material: großes Tuch; alles, was Geräusche macht: z. B. Musikinstrumente, Alltagsgegenstände wie Kugelschreiber, Streichholz, Papier, Blechdose, etc.; auch ohne Material möglich

Einsatz: Teil einer Entspannungsstunde; Schule oder Kindergarten; Eltern-Kind-Angebot

Spielanleitung:

„Zwischen die Partner (oder Gruppen) wird ein Schwungtuch oder z. B. ein Bettlaken gehalten oder aufgehängt, so dass sich beide gegenseitig nicht sehen können. Ein Partner macht mit verschiedenen Gegenständen Geräusche. Der andere Partner rät, womit die Geräusche erzeugt worden sind."

Geschichte:

Stellt euch vor, ihr seid zu Hause in eurem Zimmer beschäftigt. Leider werdet ihr ständig abgelenkt, weil aus dem Nebenzimmer eigenartige

Geräusche kommen. Da ihr eure Tätigkeit nicht unterbrechen wollt, um nachzusehen, versucht ihr zu erraten, was die oder der da nebenan so treibt.

Zu beachten:

Einfacher ist das Spiel, wenn die Gegenstände vorher gezeigt werden, noch einfacher, wenn die Geräusche dazu einmal demonstriert werden. Wichtig ist, dass kein Leistungsdruck entsteht, die geratenen Gegenstände also nicht gezählt oder bewertet werden. Das Spiel kann auch ohne Tuch gespielt werden. Dann schließt der Partner einfach die Augen oder dreht sich um, während ein Geräusch erklingt.

Variationen:

➢ Es werden Geräusche mit dem Körper erzeugt: z. B. Schnipsen, Klatschen, Schnalzen.

➢ Beide Partner haben Instrumente oder Gegenstände auf ihrer Seite und wechseln sich mit dem Erzeugen von Geräuschen und dem Lauschen ab. Bei gleichen Instrumenten auf jeder Seite oder bei Körpergeräuschen kann die Gegenseite auch mit dem gleichen Laut antworten.

➢ Wenn das Spiel mit zwei Gruppen gespielt wird, wechseln sich die Mitglieder einer Gruppe mit dem Erzeugen des Geräusches ab. Alle Mitglieder der anderen Gruppe dürfen raten.

➢ Gruppenspiel: Die Stimmen der anderen Gruppe sollen erkannt werden. Einer aus der Gruppe sagt ein vorher verabredetes Wort (z. B. „Larifari") oder macht einen Ton („Oh", „Ah"). Die andere Gruppe rät, wen sie gehört hat. Die Geschichte dazu könnte sein: *Stellt euch vor, ihr müsst in eurem Zimmer noch etwas erledigen (z. B. Hausaufgaben oder Aufräumen) und nebenan ist Besuch da (startet eine Party). Ihr versucht herauszuhören, wer gerade spricht.*

Ziele	Methoden
Entspannung	Bewegte Entspannung
✓ Aufmerksamkeit und Konzentration	Wechsel von An- und Entspannung
Körperwahrnehmung	Berührung
✓ Sensibilisierung der Sinne	Konzentration auf den Körper
✓ Positives Selbstkonzept	✓ Fokussierung der Wahrnehmung
✓ Soziale Kompetenz	Vorstellungsbilder

Kassettenrekorder

Alter: ab 7 Jahre

Teilnehmerzahl: ab 2

Zeitaufwand: 5 – 10 Minuten

Organisation: Partnerspiel;
Spielort: draußen oder drinnen

Material: Schleuderhorn; evtl.
Gegenstände, die Geräusche
machen

Einsatz: Spaziergang; Teil einer
Entspannungsstunde; Schulunterricht; Eltern-Kind-Angebot

Spielanleitung:

Ein Partner hat die Augen geschlossen und hält sich die eine Seite des Schleuderhorns an sein Ohr. Er ist der Kassettenrekorder. Der andere führt ihn durch den Raum oder die Natur und hält das andere Ende des Schleuderhorns an verschiedene geräuschvolle Stellen (*z.B. ein rau-schender Bach, ein zu Boden fallender Stein, zwei Hölzer, die aufeinan-der schlagen*). Das Kind kann auch selbst Geräusche erzeugen (*z.B. auf den Boden stampfen, an die Tür klopfen*). Das „Kassettenrekorder-Kind" erzählt hinterher, was es alles aufgenommen hat.

Geschichte:

„Stellt euch vor, ihr seid im Urlaub und wollt eurem besten Freund /eurer besten Freundin ein besonderes Andenken mit nach Hause nehmen. So beschließt ihr, ein Hörspiel von allen Geräuschen um euch herum aufzunehmen. Da ihr kein Aufnahmegerät dabei habt, verwandelt ihr euch einfach selbst in eines."

Zu beachten:

Wie bei allen Spielen, bei denen ein Partner blind geführt wird, muss besonders darauf geachtet werden, dass die Partner sorgsam miteinander umgehen. Der Hinweis, dass der „Kassettenrekorder" sehr wertvoll ist und auf keinen Fall beschädigt werden darf, ist hier hilfreich. Wer von den Kindern meint, dass er die Augen besser zuhalten kann, wenn sie verbunden werden, kann dies freiwillig tun. Blinzeln oder kurzes Augen öffnen sollte aber erlaubt sein.

Variationen:

➢ Es werden zusätzlich Geräusche mit dem Körper erzeugt: z. B. Schnipsen, Klatschen, Schnalzen.

➢ Beide Partner haben Instrumente oder Gegenstände auf ihrer Seite und wechseln sich mit dem Erzeugen von Geräuschen und dem Lauschen ab.

➢ Wenn das Spiel mit zwei Gruppen gespielt wird, wechseln sich die Mitglieder einer Gruppe mit dem Geräusch erzeugen ab. Alle anderen Mitglieder der anderen Gruppe dürfen raten.

➢ Gruppenspiel ohne Material: Es geht nicht darum, Geräusche, sondern Stimmen zu erkennen. Einer aus der Gruppe sagt ein vorher verabredetes Wort (z. B. Larifari) oder macht einen Ton (Oh, Ah). Die andere Gruppe muss raten, wen sie gehört hat. Die Geschichte dazu könnte sein: *Stellt euch vor, ihr müsst in eurem Zimmer noch etwas erledigen (z. B. Hausaufgaben oder Aufräumen) und nebenan ist Besuch da (startet eine Party). Ihr versucht herauszuhören, wer gerade spricht.*

Fühlen

Ziele	Methoden
Entspannung	Bewegte Entspannung
✓ Aufmerksamkeit und Konzentration	✓ Wechsel von An- und Entspannung
✓ Körperwahrnehmung	✓ Berührung
✓ Sensibilisierung der Sinne	✓ Konzentration auf den Körper
✓ Positives Selbstkonzept	✓ Fokussierung der Wahrnehmung
✓ Soziale Kompetenz	Vorstellungsbilder

Das kleine Tschüss

Alter: ab 4 Jahre

Teilnehmerzahl: beliebig

Zeitaufwand: ca. 1 – 3 Minuten

Organisation: Kinder sitzen, stehen oder liegen im Kreis mit Handfassung

Material: –

Einsatz: Abschluss einer Stunde

Spielanleitung:

„Fasst euch an den Händen. Ich werde gleich das 'kleine Tschüss' auf die Reise schicken, indem ich meinem rechten oder linken Nachbarn (Namen nennen!) die Hand drücke. Wenn ihr merkt, dass eure Hand gedrückt worden ist, gebt das 'kleine Tschüss' mit der anderen Hand an euren Nachbarn weiter. Ist es wieder bei mir angekommen, sage ich euch Bescheid. Wenn ihr wollt, könnt ihr die Augen schließen, dann ist das Spiel noch spannender."

Der Anleiter beendet die Runde mit dem Satz: *„Das kleine Tschüss ist angekommen."*

Zu beachten:

Das „kleine Tschüss" eignet sich gut als Ritual zum Stundenabschluss. Der Anleiter sollte die Augen geöffnet halten und beobachten, wo das „kleine Tschüss" sich gerade befindet, damit er gegebenenfalls weiterhelfen kann, falls es irgendwo hängen bleibt. Bei einer „routinierten" Gruppe ist dies natürlich nicht notwendig.

Variationen:

➢ Bevor das „kleine Tschüss" losgeschickt wird, lässt der Anleiter die Stunde Revue passieren.

➢ Am Stundenanfang kann auf die gleiche Weise „Das kleine Hallo" verschickt werden.

➢ „Stille Post": Statt eines Händedrucks wird dem Nachbarn etwas Nettes ins Ohr geflüstert. Das kann einfach ein Hallo oder Tschüss sein, es kann auch ein freundlicher Satz wie z. B. *„Schön, dass du da bist!"* sein.

Ziele	Methoden
Entspannung	✓ Bewegte Entspannung
✓ Aufmerksamkeit und Konzentration	Wechsel von An- und Entspannung
✓ Körperwahrnehmung	✓ Berührung
✓ Sensibilisierung der Sinne	✓ Konzentration auf den Körper
✓ Positives Selbstkonzept	✓ Fokussierung der Wahrnehmung
✓ Soziale Kompetenz	Vorstellungsbilder

Fühlstraße

Alter: ab 4 Jahre

Teilnehmerzahl: beliebig

Zeitaufwand: 10 – 20 Minuten

Organisation: Fühlstraße vorbereiten oder mit den Kindern gemeinsam gestalten; Schuhe und Strümpfe ausziehen; Partnerspiel

Material: begehbare Materialien mit unterschiedlichen Oberflächen wie z. B. Teppichfliesen, Tücher, Sand-/Reissäcke, flache Steine, Blätter, Papier, Seilchen, Schaumstoff, Matten, Watte, Rasierschaum, ...

Einsatz: Teil einer Entspannungs- oder Bewegungsstunde; Integration in Spielabläufe; Kindergarten, Schule; Eltern-Kind-Gruppe

Spielanleitung:

Aus verschiedenen Materialien wird im Raum ein ca. 3 – 6 Meter langer Pfad gelegt. Die Kinder gehen paarweise zusammen. Ein Kind hat die Augen geschlossen (auf Wunsch auch verbunden) und lässt sich vom Partner barfuß über die Fühlstraße führen. Danach berichtet das Kind, wie es die Fühlstraße erlebt hat, was besonders angenehm und was eher unangenehm war. Danach Partnerwechsel.

Geschichte:

„Stellt euch vor, ihr habt im Sommer beim Spielen die Zeit vergessen und müsst den Weg nach Hause im Dunkeln und noch dazu barfuß zurücklegen. Ihr kennt den Weg zwar gut, habt vorher aber noch nie wahrgenommen, dass der Boden sich so gut anfühlt. So ist der Nachhauseweg ein echtes Erlebnis für euch und ihr berichtet zu Hause davon, was ihr unter euren Füßen gespürt habt."

Variationen:

➢ Wenn die Kinder sich sicher fühlen und das Begehen der Fühlstraße keine Gefahren birgt, können die Kinder es auch allein probieren.

➢ Die Fühlstraße wird vom Anleiter vorbereitet. Die Kinder gehen darüber, ohne dass sie sie vorher gesehen haben. Anschließend berichten die Kinder über ihre Eindrücke. Sie können auch raten, was sie unter ihren Füßen gespürt haben.

➢ Jüngere oder ängstliche Kinder können die Fühlstraße erst einmal mit geöffneten Augen begehen und dann einen „blinden" Versuch starten.

➢ Die Fühlstraße wird von den Kindern vorbereitet. Es ist sinnvoll, die Gruppe in diesem Fall zu teilen: eine Gruppe gestaltet die Straße, die andere geht darüber.

➢ Eine Fühlstraße lässt sich gut in Spielhandlungen wie Dschungel, Waldspaziergang, Stadt, Raumfahrt etc. integrieren.

➢ Fühlstraßen können auch draußen mit verschiedenen Naturmaterialien gestaltet werden. Die dauerhafte Anlegung eines Fühlpfades bereichert die Außengestaltung einer Einrichtung.

Ziele	Methoden
Entspannung	Bewegte Entspannung
✓ Aufmerksamkeit und Konzentration	Wechsel von An- und Entspannung
Körperwahrnehmung	✓ Berührung
✓ Sensibilisierung der Sinne	Konzentration auf den Körper
✓ Positives Selbstkonzept	✓ Fokussierung der Wahrnehmung
Soziale Kompetenz	Vorstellungsbilder

Tastkiste

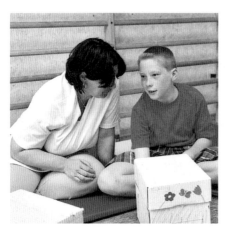

Alter: ab 4 Jahre

Teilnehmerzahl: beliebig

Zeitaufwand: 5 – 15 Minuten je nach Anzahl und Art der Tastkisten und Gegenstände

Organisation: Tastkiste(n) oder Tastsäcke mit Gegenständen gefüllt bereitlegen

Material: Karton mit handgroßer Öffnung oder Kissenbezug; Gegenstände zum Ertasten (z. B. Haushaltswaren, Bälle, Stifte, Spielzeug, Kuscheltiere, Naturmaterialien)

Einsatz: Entspannungsstunde; Integration in Spielabläufe; Kindergarten, Schule; Eltern-Kind-Gruppe

Spielanleitung:

Eine oder mehrere Tastkisten werden mit verschiedenen Gegenständen gefüllt. Als Tastkiste eignet sich ein Schuhkarton oder ein anderer Karton mit Deckel, in den vorne ein Loch zum Hineingreifen geschnitten wird. Aufgabe ist es, herauszufinden, was sich in der Kiste befindet.

Geschichte:

„Stellt euch vor, es ist stockdunkel im Zimmer und ihr seid auf der Suche nach einem Spielzeug, das ihr vermisst. So tastet ihr euch durch die Gegenstände, die so in eurem Zimmer herumliegen. Dabei versucht ihr zu erraten, was ihr alles zwischen die Finger bekommt."

Variationen:

➢ Statt einer Kiste kann auch ein Kissenbezug oder eine Stofftasche mit Gegenständen zum Ertasten gefüllt werden, die dann entweder von außen oder durch Hineingreifen ertastet werden.

➢ Die Kinder schließen die Augen, während die Gegenstände ihnen nacheinander zum Ertasten gereicht werden.

➢ Partnerspiel: Ein Partner füllt die Kiste, der andere rät. Danach ist Wechsel.

➢ „Schatzsuche": Ein bestimmter Gegenstand soll gefunden werden. Dieser kann vorher benannt oder nur grob beschrieben werden. Z. B.: *„Der Schatz fühlt sich kalt, glatt und hart an. Er hat eine runde Form."* oder *„Der Schatz ist weich, kuschelig und kleiner als eine Maus."* Der Schatz wird hierzu mit verschiedenen anderen Gegenständen in die Tastkiste oder aber in eine von mehreren Tastkisten mit jeweils nur einem Gegenstand gelegt. Alternativ: Ostereiersuche

➢ Die Kinder malen oder schreiben die ertasteten Gegenstände auf. Wenn alle fertig sind, wird das Geheimnis der Kiste gelüftet.

Ziele	Methoden
✓ Entspannung	Bewegte Entspannung
✓ Aufmerksamkeit und Konzentration	Wechsel von An- und Entspannung
✓ Körperwahrnehmung	✓ Berührung
✓ Sensibilisierung der Sinne	✓ Konzentration auf den Körper
✓ Positives Selbstkonzept	✓ Fokussierung der Wahrnehmung
✓ Soziale Kompetenz	Vorstellungsbilder

Tattoo

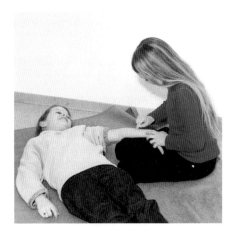

Alter: 6 – 14 Jahre

Teilnehmerzahl: beliebig

Zeitaufwand: 5 – 15 Minuten pro Kind

Organisation: Partnerübung; für jede Person eine Matte oder Decke als Unterlage; auch im Sitzen möglich

Material: –; als Variation evtl. Pinsel, im Sommer auch Wasser

Einsatz: Entspannungsstunde; Abschluss einer Bewegungsstunde; Kunstunterricht; Integration in Spielabläufe; Eltern-Kind-Gruppe

Spielanleitung:

„Geht paarweise zusammen. Einer von euch legt sich ganz bequem auf den Bauch oder den Rücken. Der andere ist ein Künstler: Er bemalt Körper. Diese Körper-Tattoos können ganz unterschiedlich aussehen. Dabei gibt es kein richtig und kein falsch. Malt einfach, was euch in den Sinn kommt. Es könnten z. B. einfache Formen wie Kreise, Striche, Schlangenlinien sein, es könnte auch ein Bild sein, ganz wie ihr wollt. Ihr könnt mit dem Finger, mit der ganzen Faust oder mit der flachen Hand malen. Hauptsache, demjenigen, der bemalt wird, geht es gut dabei. Fragt vorher, wohin ihr euer Kunstwerk malen sollt – z. B. nur auf den Arm oder auf den ganzen Körper – , und erkundigt euch zwischendurch immer wieder, ob das Malen eurem Partner gut tut."

Zu beachten:

Wenn es warm genug ist und wenn die Partner es mögen, kann auch auf der nackten Haut gemalt werden.
Bei jüngeren oder unschlüssigen Kindern ist es besser, die Malmöglichkeiten etwas einzuschränken, was die Themen und die Körperstellen anbetrifft. Eine Aufgabe könnte z. B. sein: *Malt auf dem Rücken eures Partners ein Tattoo, das nur aus kleinen und großen Kreisen besteht. Ihr könnt die Kreise auch ausmalen, wenn ihr mögt.*

Variationen:

➢ Es können auch Themen aus der Erlebniswelt der Kinder als Anregung dienen. So können dem Partner per Körpermalerei besondere Kleidungsstücke aufgemalt werden wie z. B. das Fußballtrikot der Lieblingsmannschaft, ein Sträflingsanzug, ein Dschungel-Outfit mit naturfarbenen Tupfern, ein Clownskostüm (nach einer Idee von Beins & Cox 2001, S. 248).

➢ Das „Tattoo" wird als Quiz gespielt. Der liegende Partner rät, was gemalt wird. Bekannt ist diese Variante mit geometrischen Formen, Buchstaben und Zahlen als Hand- oder Rückenmalerei (vgl. u.a. Beudels et al 2001, S. 110). Die Bilder sollten allerdings eher einfach sein.

Ziele	Methoden
✓ Entspannung	Bewegte Entspannung
Aufmerksamkeit und Konzentration	Wechsel von An- und Entspannung
✓ Körperwahrnehmung	✓ Berührung
✓ Sensibilisierung der Sinne	✓ Konzentration auf den Körper
✓ Positives Selbstkonzept	✓ Fokussierung der Wahrnehmung
✓ Soziale Kompetenz	Vorstellungsbilder

Entspannungs-Salon

Alter: ab 4 Jahre

Teilnehmerzahl: beliebig

Zeitaufwand: 5 – 15 Minuten pro Kind

Organisation: Partnerübung; für jede Person eine Matte oder Decke als Unterlage; auch im Sitzen möglich

Material: alles, was sich auf der Haut gut anfühlt: z. B. Pinsel, Feder, Tücher, Malerrollen, flache Steine, verschiedene Bälle, Massagegeräte, Kuscheltiere, ...

Einsatz: Entspannungs- oder Bewegungsstunde; Integration in Spielabläufe; Kindergarten, Schule; Eltern-Kind-Gruppe

Spielanleitung:

Die Kinder gehen paarweise zusammen. Ein Partner macht es sich im Liegen oder Sitzen bequem. Es werden verschiedene Materialien bereitgelegt, mit denen der andere Partner über den Körper streicht. Das liegende Kind kann sich nach einem Probedurchlauf Materialien auswählen und Körperstellen benennen, die berührt werden sollen.

Geschichte:

„Ihr habt vielleicht schon einmal von einem Schönheitssalon gehört. Dort kann man sich mit Massagen, Gesichtspackungen und allerlei anderen Dingen verwöhnen lassen und soll dann (angeblich) hinterher besser aussehen. Das habt ihr natürlich nicht nötig. Aber gegen ein bisschen Verwöhnen habt ihr sicherlich nichts einzuwenden, oder? Wir eröffnen hier heute einen Entspannungs-Salon. Da dürft ihr es euch im Liegen (oder im Sitzen) ganz bequem machen, die Augen schließen und einfach nur genießen. Probiert die verschiedenen Materialien aus und seht mal, was sich auf der Haut besonders gut anfühlt."

Zu beachten:

Wichtig ist, darauf hinzuweisen, dass alles, was im Entspannungs-Salon gemacht wird, dem „Kunden" angenehm sein muss. Die „Verwöhnenden" sollten immer mal wieder nachfragen, ob das tatsächlich so ist. Die liegenden Kinder werden ermutigt, Bedürfnisse zu äußern. Wenn die Kinder sich noch schwer tun, einfühlsam mit dem Partner umzugehen, kann die Rolle des Saloninhabers auch vom Anleiter übernommen werden. Später kann er Gehilfen einstellen und die Aufgabe schließlich ganz an die Kinder abgeben.

Variationen:

➢ Das Spiel wird als Fühlquiz durchgeführt. Der berührte Partner schließt die Augen und errät, womit er gerade gestreichelt oder massiert wird.

➢ Ein Entspannungs-Salon passt gut zu einem ganzheitlichen Spielthema wie „Wir bauen eine Stadt".

Ziele	Methoden
Entspannung	Bewegte Entspannung
Aufmerksamkeit und Konzentration	✓ Wechsel von An- und Entspannung
✓ Körperwahrnehmung	Berührung
✓ Sensibilisierung der Sinne	✓ Konzentration auf den Körper
✓ Positives Selbstkonzept	✓ Fokussierung der Wahrnehmung
✓ Soziale Kompetenz	Vorstellungsbilder

Windmaschine

Alter: 4 – 12 Jahre

Teilnehmerzahl: ca. 5 – 15 pro Schwungtuch

Zeitaufwand: 5 – 20 Minuten

Organisation: Einige Kinder liegen auf dem Rücken unter dem Schwungtuch (evtl. auf weicher Unterlage), die anderen halten das Tuch über die Kinder

Material: Schwungtuch, Fallschirm oder großes Bettlaken

Einsatz: Abschluss einer Bewegungsstunde oder Beginn einer Entspannungsstunde; Übergang von Aktivität zu Ruhe

Spielanleitung:

Einige Kinder machen es sich unter dem Schwungtuch im Liegen auf dem Rücken bequem. Die anderen Kinder halten das Tuch und stellen eine Windmaschine dar. Die Kinder unter dem Tuch können die Windmaschine an- und ausschalten, indem sie verschiedene vorher abgesprochene Signale geben. Dabei ist es wichtig, dass die Signale eindeutig sind. Sobald zwei verschiedene oder unklare Signale gegeben werden, stoppt die Windmaschine sofort wegen „technischer Probleme". Wenn die Windmaschine angeschaltet ist, bewegen die Kinder, die das Tuch halten, es so auf und ab, dass die Liegenden darunter den Wind spüren können.

Die Windmaschine schaltet sich z. B. an, wenn:

- ein lautes langgezogenes „aaa" („ooo", „iii", o.ä.) ertönt und schaltet sich sofort aus, wenn der Ton ausbleibt oder widersprüchliche Signale zu hören sind.
- die Kinder unter dem Tuch mit den Füßen trampeln.
- die Kinder unter dem Tuch gemeinsam ein Lied singen.
- es unter dem Tuch ganz still ist und nur Windgeräusche zu hören sind.
- ...

Zu beachten:

Es bedarf genauen Hinhörens und einer guten auditiven Differenzierungsfähigkeit für die Windmaschinen-Kinder, um die verschiedenen Signale herauszuhören und die Maschine gegebenenfalls zu stoppen. Eventuell muss der Spielleiter hier helfen. Für die Kinder unter dem Tuch bedeutet es eine soziale Herausforderung, sich abzustimmen und eindeutige Signale zu senden. Durch eine Variation der Regeln lässt sich dieses Spiel gut an die Fähigkeiten und Bedürfnisse der Kinder anpassen.

Variationen:

➢ Bei älteren Kindern kann der Schwierigkeitsgrad gesteigert werden, indem die Windmaschine verschieden stark eingestellt wird. So könnte es z. B. drei verschiedene Windformen geben: „ganz seichter Wind", „mittlere Windstärke", „Sturmstärke". Für alle drei Formen können sich die Kinder Signale ausdenken (z. B. verschiedene Laute wie a, o, u; Bewegungen, die Geräusche verursachen wie Stampfen, Klatschen, Stille; Tierlaute; Lieder singen).

Schaukeln und Wiegen

Ziele	Methoden
✓ Entspannung Aufmerksamkeit und Konzentration ✓ Körperwahrnehmung Sensibilisierung der Sinne Positives Selbstkonzept Soziale Kompetenz	✓ Bewegte Entspannung Wechsel von An- und Entspannung Berührung Konzentration auf den Körper Fokussierung der Wahrnehmung Vorstellungsbilder

Hängematte

Alter: ab 0 Jahre

Teilnehmerzahl: 1 – 3

Zeitaufwand: beliebig

Organisation: Haken zum Aufhängen der Hängematte oder Sprossen zum Anbinden

Material: Hängematte; alternativ: Laken oder Decke

Einsatz: z. B. im Kindergarten als feste Einrichtung; Bewegungs- oder Entspannungsstunde; Integration in Spielabläufe

Spielanleitung:

Die Hängematte wird nach Bedarf von den Kindern benutzt. Am besten ist es, wenn sie den Kindern als feste Einrichtung zur Verfügung steht. Je nachdem, ob sie zum wilden Schaukeln oder zum sanften Wiegen benutzt wird, bewirkt sie eher eine Aktivierung oder eine Beruhigung. Die Enge des Tuches vermittelt ein Gefühl von Gehaltenwerden und Geborgenheit. Das leichte Schaukeln erinnert an das Getragenwerden eines Embryos im Mutterleib.

Im Rahmen von Spielabläufen wird die Hängematte zum Flugzeug, zum Boot, zur Piratenschaukel, zum gemütlichen Baumhaus, zum Ufo, zur Affenschaukel etc. Ihre vielseitige Nutzbarkeit und der fließende Übergang von der Aktivität zum Ruheerleben macht sie auch für Kinder interessant, die gezielte Entspannungsangebote eher ablehnen.

Zu beachten:

Schaukelt ein Kind das andere an, bestimmt das Kind in der Hängematte die Intensität. Es darf dort nicht von den anderen gestört werden, wenn es sich entspannen will. Die Hängematte kann allein oder zu zweit von den Kindern genutzt werden.

Variationen:

➢ Statt einer Hängematte kann auch ein großes Tuch (Bettlaken oder Decke) verwendet werden, das mit Knoten an festen Haken, Balken oder Sprossen befestigt wird. Das Tuch kann auch an einer oder zwei Seiten von Helfern gehalten und geschaukelt werden (siehe auch „Das Geschenk": S. 153).

Ziele	Methoden
✓ Entspannung	✓ Bewegte Entspannung
✓ Aufmerksamkeit und Konzentration	Wechsel von An- und Entspannung
✓ Körperwahrnehmung	Berührung
Sensibilisierung der Sinne	✓ Konzentration auf den Körper
✓ Positives Selbstkonzept	Fokussierung der Wahrnehmung
✓ Soziale Kompetenz	✓ Vorstellungsbilder

Schlafwagen

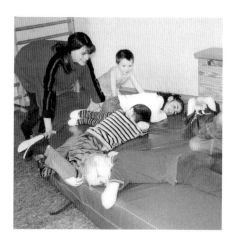

Alter: ab 4 Jahre

Teilnehmerzahl: max. 20

Zeitaufwand: ca. 10 Minuten

Organisation: Weichboden auf mind. 6 Rollbretter legen

Material: Weichbodenmatte; 6 – 9 Rollbretter

Einsatz: Anfang oder Abschluss einer Entspannungs- oder Bewegungsstunde; Integration in Spielabläufe; Eltern-Kind-Gruppe

Spielanleitung:

„In Zügen, die über Nacht fahren, gibt es in der Regel Schlafwagenabteile. Damit die Reisenden gut schlafen können, muss es im Abteil ganz leise sein. Meist fährt ein Schaffner mit, der darauf achtet, dass niemand durch Lärm gestört wird. Leider ist der Schaffner heute krank geworden und der Zugführer muss selbst darauf achten, dass es im Schlafwagen mucksmäuschenstill ist. Wenn er etwas hört, hält er den Zug an, um nach dem Rechten zu sehen. Ist wieder Ruhe eingekehrt, geht die Fahrt weiter.

Macht es euch jetzt in der gemütlichen Koje bequem. Schließt die Augen. Ihr könnt euch im Schlafwagen einfach nur ein bisschen ausruhen oder schlafen, das bleibt euch überlassen. Wichtig ist nur, dass es ganz leise ist, damit der Zug fahren kann."

144

Zu beachten:

Der Schlafwagen wird gebaut, indem eine Weichbodenmatte auf mindestens 6 Rollbretter gelegt wird. Es sollten nur so viele Kinder auf der Matte liegen, dass jedes Kind ausreichend Platz zum Entspannen hat.

Variationen:

➢ Für nur ein Kind reichen auch ein oder zwei Rollbretter mit einer Matte oder Teppichfliesen darauf.

Ziele	Methoden

✓ Entspannung
   Aufmerksamkeit und Konzentration
✓ Körperwahrnehmung
✓ Sensibilisierung der Sinne
   Positives Selbstkonzept
✓ Soziale Kompetenz
	✓ Bewegte Entspannung
	✓ Wechsel von An- und Entspannung
	   Berührung
	✓ Konzentration auf den Körper
	   Fokussierung der Wahrnehmung
	✓ Vorstellungsbilder

Piratenschiff

Alter: ab 4 Jahre

Teilnehmerzahl: beliebig

Zeitaufwand: ca. 10 – 20 Minuten

Organisation: Weichboden auf mind. 6 Rollbretter oder viele Medizinbälle legen; 2-3 Kinder auf der Matte, die anderen außen herum verteilt

Material: Weichbodenmatte; Rollbretter oder Medizinbälle; alternativ: Hängematte

Einsatz: Teil einer Entspannungs- oder Bewegungsstunde; Integration in Spielabläufe

Spielanleitung:

Zwei bis drei Kinder stehen auf der Weichbodenmatte, die anderen sitzen außen herum verteilt.

„Stellt euch vor, ihr seid Piraten und mit eurem Schiff auf allen Weltmeeren unterwegs. Tagsüber gibt es an Deck einiges zu tun und so lauft ihr geschäftig hin und her.

⇨ Die Matte wird in leicht schwankende Bewegungen versetzt. Die Kinder auf der Matte bewegen sich, wie sie mögen.

Der Wind wird stärker und die Wellen höher. So haben es die Piraten schwer, sich auf den Beinen zu halten.

⇨ Die Matte wird stärker hin und her bewegt, während die Kinder auf der Matte versuchen, aufrecht stehen zu bleiben.

Für die Piraten ist es sehr anstrengend, sich trotz der Wellen an Deck zu halten. Einige von ihnen sind vielleicht schon umgefallen. Von den anderen wird einer nach dem anderen müde und lässt sich erschöpft auf den Boden sinken.

⇨ Die „Piraten" legen sich auf die Matte.

Der Sturm ebbt ab und die immer flacher werdenden Wellen lassen das Schiff nur noch leicht hin und her schwanken.

Die Piraten sind sehr müde. Das sanfte Schaukeln macht sie noch schläfriger. Ihre Augen fallen zu. Die Sonne hat mittlerweile die Wolken vertrieben. Die Piraten spüren die wärmenden Strahlen auf ihrem Körper. Sie hören die Wellen rauschen, ... die Möwen schreien. ... Sie genießen es, sich an Deck auszuruhen und spüren dabei neue Kraft in sich wachsen. ... Nach einer Weile wachen die Piraten auf, ... strecken und räkeln sich, ... atmen tief ein und aus, ... öffnen die Augen ... und stehen auf. Sie fühlen sich entspannt und ausgeruht. ... Jetzt kann das Piratenleben munter weitergehen!

Kommt ihr nun auch in eurem Tempo zurück in diesen Raum. .... Bewegt eure Finger und Füße. ... Streckt und räkelt euch. ... Atmet einmal tief ein und aus. ... Öffnet eure Augen."

Zu beachten:

Nachdem die Kinder sich hingelegt haben, kann ruhige Musik oder Meeresrauschen die Entspannungswirkung unterstützen. Die Intensität der Wellen richtet sich nach den Bedürfnissen der Kinder auf der Matte. Beim Sturm sollten sie so stark sein, dass die Kinder gerade noch stehen können.

Variationen:

➢ Alternativ kann eine Hängematte mit eingelegter Matte als Piratenschiff dienen.

Ziele	Methoden
✓ Entspannung Aufmerksamkeit und Konzentration ✓ Körperwahrnehmung ✓ Sensibilisierung der Sinne ✓ Positives Selbstkonzept Soziale Kompetenz	✓ Bewegte Entspannung Wechsel von An- und Entspannung Berührung ✓ Konzentration auf den Körper Fokussierung der Wahrnehmung ✓ Vorstellungsbilder

Luftmatratzenkapitän

Alter: ab 3 Jahre

Teilnehmerzahl: max. 20

Zeitaufwand: ca. 10 – 15 Minuten

Organisation: Weichboden auf mind. 6 Rollbretter oder viele Medizinbälle legen

Material: Weichbodenmatte; Rollbretter oder Medizinbälle

Einsatz: Entspannungs- oder Bewegungsstunde; Integration in Spielabläufe; Eltern-Kind-Gruppe

Spielanleitung:

„Seid ihr schon einmal mit einer Luftmatratze auf dem Wasser geschwommen? Wenn nicht, habt ihr heute Gelegenheit dazu. Einige von euch legen sich auf die Matte und machen es sich ganz bequem. Die anderen verteilen sich um die Matte und versetzen sie in leicht schwankende Bewegungen. Die Matte wird immer im gleichen Rhythmus hin und her bewegt. Macht es euch auf der Matte noch ein wenig bequemer. Ihr könnt auf dem Bauch oder auf dem Rücken liegen, so, wie es auf einer Luftmatratze auch möglich ist. Schließt die Augen, wenn ihr mögt, dann spürt ihr das angenehme Schaukeln noch besser."

Geschichte:

„Stell dir vor, du schwimmst mit deiner Luftmatratze auf dem klaren Wasser eines Sees oder den seichten Wellen des Meeres. Die Luftmatratze trägt dich ganz sicher auf dem Wasser. Von allen Luftmatratzen, die du bisher gesehen hast, ist deine sicherlich die bequemste und stabilste. Wie der Kapitän eines Luxusdampfers bist auch du stolz und zufrieden, auf so angenehme Art über das Wasser zu gleiten. Du fühlst dich rundum wohl und entspannt. ... Die Sonne scheint und wärmt deine Haut. ... Ein leichter warmer Wind streicht über deine Stirn. ... Du hörst die plätschernden Wellen gleichmäßig und ruhig gegen die Luftmatratze schlagen. Auch dein Atem geht ruhig und gleichmäßig ein ... und aus. ...wie die Wellen ... ein ... und aus. ... Du bist der Kapitän deiner Luftmatratze und bestimmst, wohin die Reise geht. ... So kannst du entlang des Ufers paddeln und das Bild der Landschaft auf dich wirken lassen. Oder du fährst weiter hinaus und genießt den Blick über das glitzernde Wasser. ... Am Himmel ziehen friedlich ein paar kleine weiße Wölkchen. ... Du lässt dich treiben auf deiner Luftmatratze, ... genießt das sanfte Schaukeln im warmen Sonnenlicht. ... Langsam näherst du dich wieder dem Platz, an dem du gestartet bist...

Komm nun langsam, in deinem Tempo, zurück in diesen Raum. .... Bewege deine Finger und Füße. ... Streck und räkele dich, als wärst du gerade aufgewacht. ... Atme einmal tief ein und aus. ... Öffne deine Augen. ... Streck dich noch einmal richtig, bis du wieder ganz wach und hier bei uns bist."

Zu beachten:

Es sollten nur so viele Kinder auf der Matte liegen, dass jedes Kind ausreichend Platz zum Entspannen hat. Ruhige Musik oder Meeresrauschen kann die Entspannungswirkung unterstützen.

Variationen:

➢ Alternative zur Luftmatratze: z. B. Boot oder Floß.

➢ Statt des Weichbodens kann auch eine kleinere Matte auf weniger Rollbretter gelegt werden. Wenn nur ein Kind auf der Luftmatratze liegt, eignet sich auch ein Kastendeckel mit Medizinbällen darunter.

Entspannungsspiele mit Sandsäckchen und Pappdeckeln

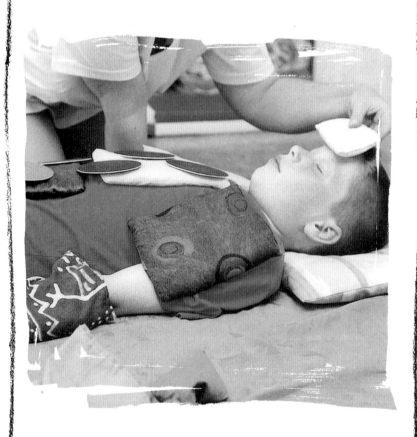

Inhalt

4.4 Entspannungsspiele mit Sandsäckchen und Pappdeckeln

Wenn wir Trost suchen oder uns von einer Situation überfordert fühlen, hilft oft eine Umarmung oder die liebevolle Berührung einer vertrauten Person. Berührungen können Halt und Geborgenheit vermitteln. Dabei gibt nicht nur die Anwesenheit des anderen Sicherheit, sondern auch das Spüren des eigenen Körpers. Wir vergewissern uns unserer selbst durch Eigenberührung. Schon Embryos im Mutterleib saugen an ihrer Hand. Im Säuglings- und Kleinkindalter hat das Lutschen am Daumen eine tröstende und beruhigende Wirkung. Noch bei Erwachsenen fällt auf, dass sie sich die Hände, die Stirn oder auch den Bauch reiben, wenn sie unter Anspannung stehen. Der Einsatz von Sandsäckchen und Pappdeckeln lenkt die Wahrnehmung auf den eigenen Körper und vermittelt gleichzeitig ein Gefühl von Kontakt und Gehaltenwerden.

Wichtig ist, dass die Materialien nur dort aufgelegt werden, wo es als angenehm empfunden wird. Besonders taktil eher untersensible Kinder genießen es, wenn man ihnen möglichst schwere Materialien als intensive, eindeutige Reize auf den Körper legt. Für eher überempfindliche Kinder dagegen reicht oft schon der Reiz eines Pappdeckels oder eines leichten Sandsäckchens. Aufgrund der unterschiedlichen Berührungsempfindlichkeiten ist es dringend notwendig, sich bei der Auswahl und der Menge der Materialien nach den Wünschen des Kindes zu richten, auch wenn dies häufig dem eigenen Berührungs- (und Schmerz-) empfinden widerspricht. Der gleichzeitige Einsatz beider Materialien fördert die bewusste Wahrnehmung taktiler Reize unterschiedlicher Intensität.

Es hat sich gezeigt, dass das Spüren von Sandsäckchen auf dem Körper nicht nur eine entspannende Wirkung hat, sondern auch die Konzentration verbessert. So haben Kinder erzählt, dass ihnen die Hausaufgaben leichter gefallen sind, wenn sie sich je ein Sandsäckchen auf die Oberschenkel gelegt haben. Dies könnte eine Anregung für Lehrer sein, die aufmerksamkeitsschwachen Schülern eine konstruktive Hilfe anbieten wollen.

Sand-, Reis- und Bohnensäckchen werden über den Sport- und Therapiefachhandel angeboten. Sie können aber auch leicht selbst genäht werden. Wichtig ist dabei ein dichter Stoff und sauberer nicht zu feiner Sand. Auch Reis, Nudeln oder Bohnen eignen sich als Füllmaterial. Allerdings lassen sich diese Eigenkreationen im Gegensatz zu den im Fachhandel angebotenen nicht waschen. Pappdeckel können in der Regel günstig oder kostenlos über Getränkehersteller oder Brauereien bezogen werden.

Ziele	Methoden
✓ Entspannung	Bewegte Entspannung
Aufmerksamkeit und Konzentration	Wechsel von An- und Entspannung
✓ Körperwahrnehmung	✓ Berührung
Sensibilisierung der Sinne	Konzentration auf den Körper
✓ Positives Selbstkonzept	Fokussierung der Wahrnehmung
✓ Soziale Kompetenz	Vorstellungsbilder

Das Geschenk

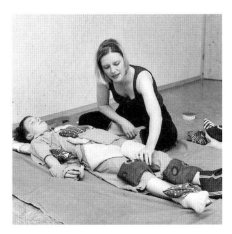

Alter: 4 – 10 Jahre

Teilnehmerzahl: beliebig

Zeitaufwand: 10 – 20 Minuten

Organisation: Partnerübung; für jedes Kind eine weiche Unterlage zum Hinlegen; Material vorher bereitlegen

Material: Sandsäckchen, Pappdeckel, Tücher (nur ein oder verschiedenes Material)

Einsatz: Hauptteil einer Entspannungsstunde; Integration in Spielabläufe zum Thema „Familie"; Geburtstag, Weihnachten, o.ä.; Eltern-Kind-Gruppe

Spielanleitung:

„Stell dir vor, du willst einem guten Freund, einer Freundin oder jemandem aus deiner Familie etwas schenken. Es soll etwas ganz Besonderes sein, weil du die Person so gerne magst. Aber dir fällt einfach nichts ein. Du grübelst und grübelst, bis dir der Kopf raucht. So fällt dir sowieso nichts ein. Also beschließt du, erst einmal spielen zu gehen, etwas Schönes zu tun. Plötzlich, mitten im Spiel, als es dir gerade so richtig gut geht, hast du eine Idee – eine sogenannte Blitzidee. Du denkst: 'Ich schenke mich einfach selber, und zwar für einen Tag! Das wird eine Überraschung!' Du bist ganz aufgeregt, läufst nach Hause und erzählst deiner Mutter von deinem Vorhaben. Die findet die Idee auch gut. Du bittest sie, dich als Geschenk zu verpacken. Aber abgesehen davon, dass ihr gar kein Geschenkpapier mehr im Haus habt, würde sich Papier auch nicht so gut eignen. Alles, was ihr zum Verpacken habt, sind ein paar Sandsäckchen, einige Pappdeckel und Tücher. Daraus zaubert deine Mutter eine tolle bunte Geschenkverpackung.

Die Geschichte möchte ich jetzt mit euch spielen. Dazu legt einer von euch sich bequem auf den Rücken, die Arme neben den Körper, die Beine lang ausgestreckt. Beim Einpacken benutzt erst die schweren Sandsäckchen, dann die Pappdeckel und zum Schluss eventuell noch Tücher. Geht beim Einpacken ganz sorgsam mit den kostbaren Geschenken um. Fragt einfach nach, wenn ihr nicht sicher seid, ob etwas angenehm ist oder nicht (z. B. am Kopf)."

Die Partner haben Zeit, den anderen nach ihren Vorstellungen einzupakken.

„Wenn alle fertig sind, fragt die 'Geschenke' noch einmal, ob ihr noch irgend etwas umlegen oder verändern sollt. Außerdem erkundigt euch, für wen das Geschenk gedacht ist. ... Dann kommt zu mir. Ich werde euch mit einem Zauberspruch in die Personen verwandeln, die die Geschenke erhalten. Wenn die Beschenkten diese Pakete sehen, sind sie ganz überrascht und erfreut, weil sie noch nie so ein großes Geschenk bekommen haben. Sie packen es aus, freuen sich ganz riesig und ihr verbringt einen wunderbaren Tag zusammen."

Die Kinder kommen zur Anleiterin und diese fragt jedes Kind einzeln, für wen das Geschenk bestimmt ist. Mit einem „Hokus Pokus Fidibus" verwandelt sie jedes Kind. Danach werden die Geschenke auf die Art ausgepackt, wie die Beschenkten es tun würden.

Zu beachten:

Die Pappdeckel sollten mit leichtem Druck aufgelegt werden, damit sie spürbar werden. Wichtig ist, dass die Empfindungen und Bedürfnisse des eingepackten Kindes berücksichtigt werden. Immer wieder nachfragen und rückversichern! Bei jüngeren und ablenkbaren Kindern ist es besser, nur ein Material verwenden und eventuell später bei Wiederholung zu erweitern. Grundsätzlich eignen sich alle Materialien, die beim Auflegen ein angenehmes Gefühl hervorrufen und nicht sofort herunterfallen (z. B. auch Zeitungen, Teppichfliesen, flache Steine).

Variationen:

➢ Die Verpackung wird von den eingepackten Kindern aktiv zerrissen.

➢ In einer Eltern-Kind-Gruppe – oder wenn genügend Erwachsene anwesend sind – kann die Geschichte folgendermaßen ergänzt werden:

„Der- oder diejenige, für die das Geschenk gedacht ist, wohnt auf der anderen Seite von einem großen See (oder in Amerika). So muss das eingepackte Geschenk mit dem Boot auf die andere Seite gebracht werden. (Dazu legen sich die Kinder schon ganz zu Beginn in die Mitte einer Decke.) Die eingepackten Geschenke werden mit der Decke leicht angehoben und hin und her geschaukelt. Dabei werden eventuell Sinneseindrücke wie rauschende Wellen, warme Sonnenstrahlen, schreiende Möwen, über die Haut streichender Wind, ... erwähnt. Irgendwann legt das Boot im Hafen an (Decke mit dem Kind vorsichtig absetzen). Dort steht auch schon der Freund / die Freundin am Kai und erwartet dieses ungewöhnliche Paket. Das Auspacken geht wie oben beschrieben.“

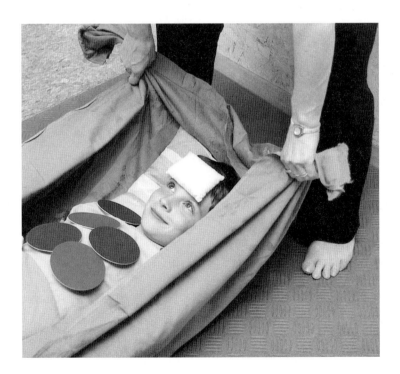

Ziele	Methoden
Entspannung	✓ Bewegte Entspannung
Aufmerksamkeit und Konzentration	✓ Wechsel von An- und Entspannung
✓ Körperwahrnehmung	✓ Berührung
✓ Sensibilisierung der Sinne	✓ Konzentration auf den Körper
✓ Positives Selbstkonzept	Fokussierung der Wahrnehmung
✓ Soziale Kompetenz	✓ Vorstellungsbilder

Der Baum und die Tiere

Alter: 6 – 10 Jahre

Teilnehmerzahl: beliebig

Zeitaufwand: 5 – 10 Minuten

Organisation: Partnerübung; genügend Raum, um im Stehen die Arme auszubreiten

Material: z. B. Sand- oder Reissäckchen, Pappdeckel, Tücher

Einsatz: Entspannungs- und Bewegungsstunde; Integration in Spielabläufe: z. B. Bewegungsgeschichte zum Thema Wald, Tiere, etc.

Spielanleitung:

Ein Kind nimmt die Rolle eines Baumes ein und wird von dem anderen mit Gegenständen belegt, die Tiere darstellen sollen, welche sich auf den Ästen des Baumes niederlassen.

„Stellt euch vor, einer von euch beiden ist ein alter starker Baum mit weit ausladenden Ästen.

Stell dich bequem hin und schließ die Augen. Stell dir den Baum genau vor. Wo steht dieser Baum? ... Vielleicht auf einem Hügel ... oder mitten im Wald umgeben von anderen Bäumen ... vielleicht auf einer Wiese .... oder an einem See. Der Baum steht dort, wo es dir gefällt. ... Der Baum ist fest verwurzelt, kein noch so starker Sturm kann ihm etwas anhaben. Wie sieht dein starker, großer Baum aus? ...

Die Tiere aus der Umgebung lieben diesen Baum. Er bietet ihnen Schutz und Geborgenheit. So kommen sie oft, um ihn zu besuchen und sich auf seinen starken Ästen sowie in der Krone niederzulassen und etwas aus- zuruhen. *(Die Partner legen nach und nach Gegenstände auf die ausge- breiteten Arme und Schultern (Äste) und auf Wunsch auch auf den Kopf des Kindes.)* Zuerst kommt ein Spatz geflogen und setzt sich auf einen Ast. Der Spatz ist so leicht, dass der Baum das Gewicht kaum spürt *(z.B. Pappdeckel auflegen).* Ihm folgen noch ein paar weitere kleine Singvögel. Sie trällern ihr Lied und fühlen sich ganz wohl auf dem Baum. Da kommt ein Eich- hörnchen angeflitzt. Es ist auf der Suche nach Nahrung. Es klettert flink den starken Stamm des Baumes hinauf und setzt sich mit einem ergatter- ten Tannenzapfen auf einen Ast und beginnt zu nagen *(Sand- oder Reis- sack am Körper entlang streifen und auf einem Arm oder der Schulter ablegen).* Nach und nach kommen immer mehr Tiere. Sie setzen sich alle auf die Äste des großen Baumes. Der Baum merkt, wie ihm die Arme immer schwerer werden, aber er lässt sie nicht herabsinken, weil er nicht möchte, dass seine Freunde, die Tiere, herunterfallen. Irgendwann aber ist es dem Baum zu viel. So bittet er seinen kleinen Menschenfreund, die Tiere wieder herunterzulocken *(Alle Gegenstände werden wieder herun- tergenommen).* Der Baum lässt für eine Weile seine Äste hängen, um sich auszuruhen. Sie fühlen sich ganz schwer und entspannt an. Viel- leicht kribbelt es auch ein wenig an den Spitzen *(Arme auslockern, tief ein- und ausatmen)."* Danach Wechsel.

Zu beachten:

Die Geschichte wird begleitend zur Handlung erzählt. Wichtig ist, dass nur so viele Gegenstände auf die Arme des „Baumkindes" gelegt werden, wie es ihm angenehm ist. Immer wieder nachfragen! Viele Kinder tragen gern schwere Gewichte, weil sie ihren Körper dabei gut spüren und es ihnen das Gefühl von Kraft gibt. Die Baummeditation zu Beginn kann bei jüngeren Kindern abgekürzt, bei älteren noch intensiviert werden. Das Auslockern der Arme wird bei älteren Kindern auf Wunsch durch den Partner unterstützt.

Variationen:

➢ Das Spiel wird in Halbgruppen gespielt. Eine Gruppe steht als Bäume im Wald. Die andere verteilt Gegenstände aus einer Kiste als Tiere auf den Bäumen. Danach Wechsel.

➢ Die „Baumkinder" dürfen sich selbst aussuchen, welche Tiere wo lan- den sollen.

Ziele	Methoden
✓ Entspannung	Bewegte Entspannung
Aufmerksamkeit und Konzentration	Wechsel von An- und Entspannung
✓ Körperwahrnehmung	✓ Berührung
✓ Sensibilisierung der Sinne	✓ Konzentration auf den Körper
✓ Positives Selbstkonzept	Fokussierung der Wahrnehmung
✓ Soziale Kompetenz	Vorstellungsbilder

Trostpflaster

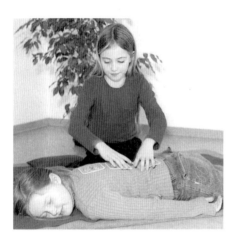

Alter: ab 6 Jahre

Teilnehmerzahl: beliebig

Zeitaufwand: 5 – 15 Minuten

Organisation: Partnerübung oder Gruppenübung; für jedes Kind eine weiche Unterlage

Material: Sandsäckchen, evtl. Pappdeckel

Einsatz: Entspannungsstunde; Abschluss Bewegungsstunde; Schule; Eltern-Kind-Gruppe

Spielanleitung:

„Wisst ihr, was ein Trostpflaster ist und wozu man es braucht? – Ja, genau. Es ist etwas, das einen tröstet, wenn es einem gerade nicht so gut geht, man z. B. traurig ist oder sich allein fühlt. Heute wollen wir eine ganz besondere Form von Trostpflastern ausprobieren und sehen, ob sie gut tun.

Geht zu zweit zusammen. Einer von euch legt sich auf den Bauch und macht es sich ganz bequem. Der andere nimmt sich drei Sandsäckchen und fünf Pappdeckel (Anzahl ist variabel, sollte aber vorgegeben werden). Das sind die Trostpflaster. Legt erst die Säcke und später die Pappdeckel ganz langsam einen nach dem anderen auf den Körper eures Partners – und zwar an Stellen, von denen ihr meint, dass es eurem Partner gut tut. ...

Habt ihr alle Trostpflaster verteilt, testet noch einmal, ob sie wirklich richtig liegen. Dazu drückt ihr eins nach dem anderen vorsichtig an. Wenn sie gut liegen, muss das ruhende Kind gar nichts tun. Wenn ein Trostpflaster umgelegt werden soll, dann wackelt ihr (die Liegenden) einfach mit einem Finger, um eurem Partner zu zeigen, dass er es noch einmal an einer anderen Stelle versuchen soll. Vergesst nicht, die neue Stelle auch zu prüfen. Wenn alle Trostpflaster sich gut anfühlen, genießt die entspannende, wohltuende Wirkung noch eine Weile. Ihr anderen (die Sitzenden) beobachtet dabei einfach mal den Atem eures Partners, nehmt wahr, wie sich der Rücken leicht hebt und senkt. Wenn ihr wollt, könnt ihr ausprobieren, ob ihr ohne Anstrengung im gleichen Rhythmus mitatmen könnt. ... (etwa 1-3 Minuten mit begleitender Entspannungsmusik ruhen).

Jetzt entfernt ihr ein Trostpflaster nach dem anderen wieder (als erstes die leichten Pappdeckel).

Sobald ihr keine Trostpflaster mehr auf eurem Körper spürt, kommt zurück in diesen Raum. ... Räkelt und streckt euch, atmet tief ein und aus, öffnet die Augen ... und kommt wach, ausgeruht und 'getröstet' wieder hier an.“

Zu beachten:

Es ist wichtig, darauf zu achten, dass die Säckchen behutsam aufgelegt werden. Die Liegenden werden zu Beginn ermuntert, sich zu äußern, wenn ihnen irgend etwas unangenehm sein sollte.

Variationen:

➢ Die Anleiterin übernimmt die Aufgabe, ca. 2 – 4 Teile pro Kind auf deren Körper zu legen (und zwar erst nur eins bei allen, dann das zweite etc.). Nach einigen Minuten werden sie wieder abgenommen. Die Kinder öffnen die Augen erst dann wieder, wenn sie keine Entspannungssäckchen oder Pappdeckel mehr spüren. Danach Rückfrage an die Kinder, was sie als angenehm bzw. unangenehm empfunden haben (Körperstellen, Schwere). Bei einer größeren Gruppe können einzelne Kinder der Anleiterin helfen. Dieses Entspannungsritual eignet sich z. B. als Konzentrationshilfe in der Schule.

Ziele	Methoden
✓ Entspannung	Bewegte Entspannung
Aufmerksamkeit und Konzentration	Wechsel von An- und Entspannung
✓ Körperwahrnehmung	✓ Berührung
✓ Sensibilisierung der Sinne	Konzentration auf den Körper
Positives Selbstkonzept	Fokussierung der Wahrnehmung
✓ Soziale Kompetenz	Vorstellungsbilder

Tisch decken

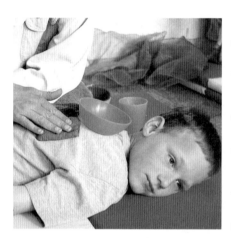

Alter: 4 – 10 Jahre

Teilnehmerzahl: beliebig

Zeitaufwand: 7 – 12 Minuten

Organisation: Partnerübung; für jedes Kind eine weiche Unterlage

Material: Sandsäckchen, Pappdeckel; evtl. Teller, Becher, etc.

Einsatz: Entspannungsstunde; Abschluss Bewegungsstunde; Integration in Spielabläufe (z. B. „Familie"); Eltern-Kind-Gruppe

Spielanleitung:

„Sucht euch einen Partner. Einer von euch legt sich auf den Bauch und macht es sich ganz bequem. Der andere spielt 'Tisch decken' auf dem Rücken des liegenden Kindes.

Du hast den ganzen Nachmittag auf dem Esstisch gepuzzelt (*mit den Händen auf dem Rücken das Spiel imitieren*). Dabei warst du so in dein Spiel vertieft, dass du gar nicht gemerkt hast, wie die Zeit verging. So bist du überrascht, als deine Mutter aus der Küche ruft: 'Es gibt gleich Abendessen. Bitte räum deine Spielsachen weg und decke den Tisch.' Du spürst schon deinen Magen knurren. So schiebst du mit deinen Armen die Puzzleteile zusammen (*die Unterarme auflegen und Richtung Mitte schieben*) und lässt sie in die Spielkiste fallen. Dann nimmst du dir einen Lappen und wischst den Tisch damit ab (*mit der flachen Hand in kreisenden Bewegungen über den Rücken streichen*). Mit einem Handtuch trocknest du den Tisch ab (*mit der flachen Hand in großzügigen Bewegungen über den Rücken streichen*). Jetzt wird der Tisch gedeckt. Als Teller und Gläser kannst du die Sandsäckchen benützen, für Käse, Wurst und alles, was du sonst noch brauchst, die Pappdeckel. Sprecht euch ruhig ab, was alles auf den Tisch kommen soll (*Tisch mit den Sandsäckchen und Pappdeckeln belegen*). Steht alles auf dem Tisch, fängst du an zu essen. Dazu nimmst du dir nacheinander die Zutaten, die du benötigst, stellst sie kurz auf deinen Teller (*mit etwas Druck auf dem Sandsack vibrieren lassen*) und dann wieder zurück an ihren Platz. ... Wenn du fertig bist mit Essen, räumst du den Tisch wieder ab. Das war ein toller Abendschmaus, da ist der Tisch natürlich nicht sauber geblieben. Du nimmst dir wieder den Lappen und wischst den Tisch damit ab (*siehe oben*). Dann trocknest du ihn noch ab (*siehe oben*). Allmählich wirst du müde. Du freust dich schon auf dein gemütliches Bett."

Zu beachten:

Die Geschichte wird begleitend zur Handlung erzählt. Dem „Esstisch" muss es beim Decken und Essen gut gehen. Wichtig ist, dass die Bedürfnisse durch die Menge, die Art und den Ort der aufgelegten Gegenstände berücksichtigt werden.

Variationen:

➢ Es können natürlich auch andere Gegenstände zum Tischdecken verwendet werden, z. B. Puppengeschirr oder echtes Geschirr. Die Sandsäckchen haben allerdings den Vorteil, dass sie durch ihre Schwere eine gute Zentrierung und Konzentration auf den Körper bewirken, die zu Ruhe und Entspannung führen. Es sollte möglichst Material eingesetzt werden, das eindeutige und nicht zu vielfältige Reize vermittelt.

Ziele	Methoden
✓ Entspannung	Bewegte Entspannung
Aufmerksamkeit und Konzentration	Wechsel von An- und Entspannung
✓ Körperwahrnehmung	✓ Berührung
Sensibilisierung der Sinne	✓ Konzentration auf den Körper
✓ Positives Selbstkonzept	Fokussierung der Wahrnehmung
✓ Soziale Kompetenz	Vorstellungsbilder

Wunden verarzten

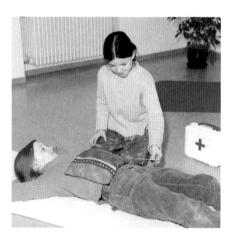

Alter: 4 – 11 Jahre

Teilnehmerzahl: beliebig

Zeitaufwand: 5 – 10 Minuten

Organisation: Partnerübung; für jedes Kind eine weiche Unterlage

Material: Sandsäckchen, Pappdeckel, Teppichfliesen, o. ä.

Einsatz: Integration in Spielabläufe (z. B. „Krankenhaus", „Arzt"); Entspannungsstunde; Abschluss Bewegungsstunde; Eltern-Kind-Gruppe

Spielanleitung:

„Geht paarweise zusammen. Stellt euch vor, einer von euch ist beim Spielen gefallen und hat sich leicht verletzt. Der andere verarztet jetzt eure Wunden. Ihr könnt euch dazu ganz bequem auf den Bauch oder auf den Rücken legen, je nach dem, wo ihr verletzt seid. ...
Erzählt eurem Partner, wo es euch überall weh tut und ihr ein Pflaster *(Pappdeckel)*, Verband *(Sand- oder Reissäcke)* und vielleicht auch einen Gips *(mehrere Sandsäckchen oder z. B. mit Tüchern abdecken bzw. umwickeln)* benötigt. Wie dick der Verband sein soll *(ein oder mehrere Sandsäckchen)* bestimmt ihr selbst. Gebt dem 'Arzt' genaue Anweisung, wo er euch wie verarzten soll, damit es euch bald besser geht. ...
Danach ruht ihr euch noch eine Weile aus, damit die Wunden schnell verheilen können. Dazu könnt ihr die Augen schließen und euch etwas ganz Schönes vorstellen *(Entspannungsmusik als Begleitung)*. ...

Am Ende sind die Wunden verheilt und die Verbände werden wieder abgenommen *(Pappdeckel, Sandsäcke und Tücher nach und nach behutsam abheben)."*

Zu beachten:

Wichtig ist, dass der „Verwundete" selbst bestimmt, wo und wie er verarztet werden will, damit seine Bedürfnisse Berücksichtigung finden. Wenn es den Kindern noch schwer fällt, achtsam miteinander umzugehen, kann auch die Leiterin die Aufgabe des Arztes übernehmen, bis die Kinder ihr helfen oder die Rolle selbst spielen wollen. Situationen des „Verletztseins" oder „Krankseins" ergeben sich häufig im Rahmen von Spielhandlungen, die die Kinder selbst erfinden. Da das Thema je nach Vorerfahrung auch negative Assoziationen wecken kann, ist Freiwilligkeit und ein behutsamer Umgang hier besonders bedeutsam.

Variationen:

➢ Bei jüngeren Kindern, die mit der ganz freien Gestaltung noch überfordert sind, kann sowohl das angebotene Material als auch der verletzte Körperbereich eingegrenzt werden. Zum Beispiel: „Stell dir vor, du bist gefallen und hast dir die Arme aufgeschürft. Dein Freund *(deine Mutter o. a.)* klebt dir ein Pflaster auf die Wunde" *(Sandsack auflegen)*. Wenn es Eingrenzungen dieser Art gibt, vereinfacht dies zwar die Übung. Es muss aber auf jeden Fall nachgefragt werden, ob das „Pflaster" sich an der bestimmten Stelle gut anfühlt.

➢ „Trostpflaster": siehe S. 158

Ziele	Methoden
✓ Entspannung	Bewegte Entspannung
Aufmerksamkeit und Konzentration	Wechsel von An- und Entspannung
✓ Körperwahrnehmung	✓ Berührung
Sensibilisierung der Sinne	✓ Konzentration auf den Körper
Positives Selbstkonzept	Fokussierung der Wahrnehmung
✓ Soziale Kompetenz	Vorstellungsbilder

Hochwasser

Alter: 4 – 12 Jahre

Teilnehmerzahl: beliebig

Zeitaufwand: 5 – 15 Minuten

Organisation: Partnerübung; für jedes Kind eine weiche Unterlage

Material: möglichst schwere Sandsäckchen

Einsatz: Entspannungsstunde; Abschluss Bewegungsstunde; Integration in Schulstunde; Eltern-Kind-Gruppe

Spielanleitung:

„Stellt euch vor, es hat tagelang ganz, ganz viel geregnet. Die Flüsse sind so voll mit Wasser, dass sie an manchen Stellen über die Ufer treten. Natürlich haben die Menschen aus früheren Hochwassern gelernt und Dämme aufgeschüttet, damit das Wasser nicht bis zu den Häusern reicht. Und dennoch: Manche glauben, es könnte über den Damm schwappen oder ihn so aufweichen, dass es Löcher gibt. Was meint ihr, was die Leute tun können, um das zu verhindern? – Ja, genau, sie holen ganz viele Sandsäcke und schichten sie oben auf dem Damm auf. Und dort, wo der Damm weich geworden ist, packen sie auch Sandsäcke hin. So gelingt es ihnen dieses Mal glücklicherweise, dass kein Wasser in den Ort fließt. Am Ende kommt die Sonne wieder heraus, der Wasserspiegel sinkt und alle freuen sich, dass es gut ausgegangen ist.
Die Geschichte möchte ich heute mit euch spielen. Geht zu zweit zusammen. Einer von euch ist der Damm und legt sich ganz bequem auf den

Bauch oder auf den Rücken, so, wie ihr es lieber mögt. Der andere legt einen Sandsack nach dem anderen auf euren Rücken oder Bauch. Das ist die Dammkrone. Wenn ihr meint, dass es genug sind, sagt eurem Partner, dass er aufhören soll. Wenn ihr noch Sandsäckchen übrig habt, könnt ihr diese auf die aufgeweichten Stellen am Damm legen. Sprecht miteinander ab, wo noch Säckchen hingelegt werden sollen. Wichtig ist, dass sie sich ganz gut anfühlen. Manche mögen es besonders schwer, andere eher leicht. Wenn ihr euch nicht sicher seid, fragt nach, ob es so in Ordnung ist, wie ihr es macht.

Ist der Damm gesichert, bleibt er so lange zugedeckt, bis die Sonne wieder scheint und das Wasser zurückgeht (*einige Minuten Entspannungsmusik einspielen*). Die anderen beobachten dabei ganz genau die Sandsäckchen und achten darauf, dass keiner herunterfällt oder irgendwo ein neues Loch entsteht. Dann kommt endlich die Sonne wieder heraus, das Wasser beginnt zu sinken (*Hände aneinander reiben und flach auf den Rücken bzw. Bauch legen*). Die Sandsäckchen können einer nach dem anderen wieder abgeräumt werden. Die Sonne trocknet den Damm (*Hände noch einmal aneinander reiben, bis sie ganz warm sind und einen Moment auf dem Rücken oder dem Bauch des liegenden Kindes ruhen lassen*). Alle sind froh, dass der Damm gehalten hat und danken denjenigen, die die Sandsäckchen aufgeschichtet haben. Sie haben wirklich tolle Arbeit geleistet."

Zu beachten:

Es ist wichtig, dass die Kinder beim Auflegen der Säckchen behutsam vorgehen und sich immer wieder von ihrem Partner Rückmeldung holen, wie viele und an welche Stellen die Sandsäckchen gestapelt werden sollen.

Am besten eignen sich schwere Sandsäckchen (500g – 2kg). Besonders taktil untersensible Kinder genießen dieses Spiel sehr.

Variationen:

➤ Wenn es den Kindern schwer fällt, Bedürfnisse und Wünsche verbal zu äußern, kann es hilfreich sein, die undichten Deichstellen vorher in ein Körperumrissbild einzeichnen zu lassen, damit der Partner weiß, wo er Sandsäckchen hinlegen soll. Änderungswünsche während der Übung sind natürlich erlaubt.

➤ Alternativ zum Thema „Hochwasser" können folgende Themen auf ähnliche Weise umgesetzt werden: Löcher in einem Socken stopfen; Wasserrohrbruch; Fahrradschlauch oder poröse Luftmatratze flicken; Gartenschlauch reparieren.

Ziele	Methoden
Entspannung	Bewegte Entspannung
Aufmerksamkeit und Konzentration	✓ Wechsel von An- und Entspannung
✓ Körperwahrnehmung	✓ Berührung
Sensibilisierung der Sinne	Konzentration auf den Körper
Positives Selbstkonzept	Fokussierung der Wahrnehmung
✓ Soziale Kompetenz	Vorstellungsbilder

Weihnachtsbaum schmücken

Alter: 5 – 10 Jahre

Teilnehmerzahl: beliebig

Zeitaufwand: 5 – 10 Minuten

Organisation: Partnerübung; genügend Raum, um im Stehen die Arme auszubreiten; Gegenstände zum Schmücken bereitlegen

Material: z. B. Sand- oder Reissäckchen, Pappdeckel, Weihnachtsschmuck: alles, was auf ausgebreiteten Armen liegen bleibt bzw. angehängt werden kann

Einsatz: Vorweihnachtszeit

Spielanleitung:

„Geht paarweise zusammen. Stellt euch vor, einer von euch beiden ist ein Weihnachtsbaum, der jetzt geschmückt werden soll. Dazu breitet er die Arme aus. Ihr dürft alle Gegenstände benutzen, die ich euch bereit gelegt habe. Fragt euren Partner, ob er lieber mit leichten oder schweren Gegenständen geschmückt werden möchte.

Das Kind in der Rolle des Weihnachtsbaums bestimmt selbst, wann Weihnachten vorbei ist und der Schmuck wieder abgenommen werden soll. Danach lockert die Arme richtig aus. Euer Partner kann euch dabei helfen, indem er das Hand- und Ellenbogengelenk umfasst und den Arm ganz leicht schüttelt."

Zu beachten:

Die Geschichte wird vorher erzählt. Wichtig ist, dass nur so viele Gegenstände auf den Weihnachtsbaum gelegt werden, wie es dem Kind angenehm ist. Immer wieder nachfragen lassen! Viele Kinder tragen gern schwere Gewichte, weil sie ihren Körper dabei gut spüren und es ihnen das Gefühl von „kräftig sein" vermittelt. Das Ausschütteln am Ende nur bei älteren Kindern vom Partner unterstützen lassen, da hierfür viel Einfühlungsvermögen und Bewegungskontrolle notwendig ist.

Variationen:

➤ Das Baumschmücken kann auch nur mit einem einzigen Material durchgeführt werden (z. B. nur Sandsäckchen, Pappdeckel oder Tücher).

➤ Der Weihnachtsbaum schüttelt sich am Ende, um den Schmuck abzuwerfen.

➤ Am geschmückten Weihnachtsbaum wird gemeinsam ein Weihnachtslied gesungen. Erst danach abschmücken.

➤ Wenn das Spiel auf einer Weihnachtsfeier oder zu Weihnachten gespielt wird, kann der Weihnachtsschmuck auch aus echtem Baumschmuck und Geschenken bestehen.

Kindgemäße Massagen

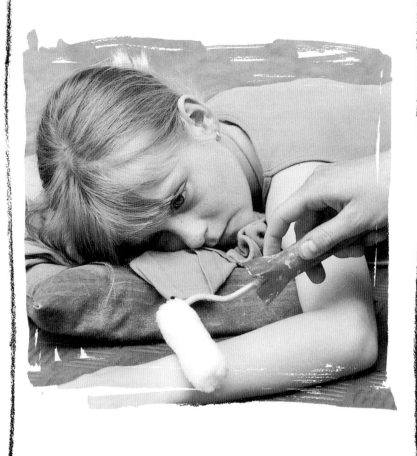

Inhalt

Igelballmassagen mit „Pieksi"

Spielerische Massagen

4.5 Kindgemäße Massagen

Massagen sind eine wohltuende Form des Körperkontakts, über die ein Gefühl von Angenommensein, Geborgenheit und Sicherheit vermittelt wird. Berührungen, die durch ihre Art Zuneigung vermitteln, stärken das Selbstbewusstsein und die Wertschätzung für den eigenen Körper. Sie tragen somit zum Aufbau eines positiven Selbstkonzepts und einer gesunden sozial-emotionalen Entwicklung bei. Die ersten Formen von Selbst- und Sozialerfahrungen sind Körpererfahrungen. Berührungen lassen die eigenen Körpergrenzen spürbar werden, was zur Unterscheidung von Ich und Umwelt unabdingbar ist.

Die Haut bildet das größte und ausgedehnteste Sinnesorgan des menschlichen Körpers. Schon ein Embryo im Mutterleib kann etwa ab der 8. Schwangerschaftswoche über Tast-, Temperatur- und Schmerzrezeptoren Berührungsreize wahrnehmen. Die frühe Ausbildung dieses Sinnesbereiches entspricht der Bedeutung, die Körperkontakt auch später für die physische und psychische Entwicklung besitzt. In vielen Untersuchungen ist nachgewiesen worden, dass die taktile Stimulation, die beispielsweise ein Neugeborenes während der Geburt durch die Uteruskontraktion erhält, die eigenständige Funktion der lebenswichtigen Organe des Kindes anregt. Folgende Entwicklungsparameter werden durch Körperkontakt beeinflusst (vgl. Anders & Weddemar2001, 54ff.):

Organische Parameter:

➤ Entwicklung des Gehirns
➤ Ausbildung und Verbesserung der Sinnesfunktionen der Haut
➤ Anregung der Funktionsfähigkeit lebenswichtiger Organsysteme (Atmung, urogenitales und gastrointestinales System)
➤ Stärkung des Immunsystems
➤ gesteigerte Körpergröße und bessere Gewichtszunahme
➤ bessere Mineralisierung der Knochen

Psychische Parameter:

➤ Verbesserung der kognitiven Leistungen des Gehirns
➤ bessere Kontaktaufnahme mit anderen Kindern
➤ adäquate Verhaltensweisen

Die meisten Untersuchungen zur Bedeutung von Berührungen beziehen sich auf die Geburt und auf das frühe Säuglingsalter. Teilweise wird sogar von kritischen Perioden für taktile Stimulation gesprochen – das sind insbesondere die ersten Lebenstage und die Zeit vor dem Abstillen –, die für eine gesunde Entwicklung beachtet werden müssen (vgl. Montagu, zit. nach Anders & Weddemar, 73). Aber auch danach stellt das Berührtwerden ein fundamentales Bedürfnis dar, das bei Nichtbefriedigung im extremsten Fall zum Tod führen kann.

Andersherum kann Körperkontakt und Berührung bei Krankheit nicht nur Trost und ein Gefühl von Geborgenheit vermitteln, sondern wird auch gezielt als Heilmethode eingesetzt (z. B. Akupressur, Massagen zur Linderung bestimmter Beschwerden).

Für die gesunde physische und psychische Entwicklung sind insbesondere solche Formen des Körperkontakts wichtig, die beim einzelnen angenehme Empfindungen und Gefühle auslösen wie z. B. Streicheln und zartes Berühren. Ein Mangel an positivem Körperkontakt sowie negative Formen der Berührung, die mit Ablehnung und Aggressivität verbunden sind, führen dagegen beim Kind zu Unsicherheit, Misstrauen und Angst (Eine Übersicht hierzu geben Anders & Weddemar 2001, 143ff.). Auch wenn die Behandlung von körperlich oder sexuell misshandelten Kindern ausgebildeten Therapeuten vorbehalten bleiben muss, ist die Auseinandersetzung mit dem Thema Missbrauch im pädagogischen Bereich notwendig, da sich statistisch gesehen in jeder Gruppe auch Kinder mit Gewalterfahrungen befinden. Diesen Kindern fällt es besonders schwer, Grenzen zu setzen und Nein zu sagen, was das Risiko birgt, dass sie die als unangenehm empfundenen Berührungen ertragen und damit alte Wunden wieder aufgerissen werden.

Um dem vorzubeugen und einen rücksichtsvollen und einfühlsamen Umgang der Kinder untereinander zu fördern, ist es von höchster Bedeutung, dass alles, was der Massierende tut, auf die Bedürfnisse des massierten Kindes abgestimmt wird. Ein vorheriger Austausch über die Art der Massage (beteiligte Körperpartien, Druckintensität, Tempo) gehören ebenso dazu wie das Nachfragen zwischendurch, wenn der Massierende unsicher ist, ob das, was er gerade tut, dem Massierten angenehm ist. Außerdem ist es ganz wichtig, die massierten Kinder ausdrücklich aufzufordern, sofort Bescheid zu geben, wenn eine Form der Berührung ihnen nicht gut tut, schmerzt, kitzelt oder einfach nur unangenehm ist:

„Jeder Mensch ist anders, mag unterschiedliche Dinge. So ist das auch bei Berührungen und Massagen. Manche wollen ganz sanft und zart berührt werden, andere brauchen starken Druck, um sich wohl zu fühlen. Manche mögen am liebsten an den Armen und am Kopf gekrault und gestreichelt werden, andere lieben es, wenn man ihnen den Rücken massiert. Diese Unterschiede sind ganz normal. Da ihr nicht hellsehen könnt, müsst ihr euren Partner fragen und ausprobieren, was er gern mag. Manchmal kann man das schon am Gesichtsausdruck erkennen. Wenn ihr nicht sicher seid, fragt aber lieber noch einmal nach!"

171

Als Faustregel gilt: Die Massage darf nicht weh tun und nicht kitzeln! An den Füßen und am Kopf ist besondere Achtsamkeit geboten, da Kinder hier häufig sehr empfindlich reagieren. Der Rücken eignet sich dagegen gut als Einstieg zum Massieren. Das Auslassen, beziehungsweise nur leichte Berühren der Wirbelsäule sollte allerdings vorher angesprochen und demonstriert werden. Bei besonders kitzeligen und berührungsempfindlichen Kindern kann es helfen, über eine Massageform mit flachen Händen und etwas mehr Druck einen eindeutigeren Reiz zu setzen, der von diesen Kindern häufig als angenehmer empfunden wird. Auch wenn die Massageanleitung gerade etwas anderes vorschreibt: Das Empfinden des Kindes ist leitend. So lässt sich „Regen" zum Beispiel statt mit den Fingerspitzen auch mit flachen Händen auf dem Rücken imitieren.

Selten lehnen Kinder trotz der Beachtung individueller Bedürfnisse Körperkontakt generell ab. Dies sollte respektiert werden.

Und zu guter letzt: Auch die Massierenden sollten sich bei der Massage wohl fühlen. Dazu gehört eine entspannte Sitzposition, vielleicht ein Kissen oder eine Matte unter den Knien und die Bereitschaft, den Partner zu berühren. Hier muss eine mögliche Ablehnung ebenfalls ernst genommen werden.

Anders als bei der klassischen oder der energetischen Massage steht bei den folgenden Massagegeschichten der spielerische erlebnisorientierte Charakter im Vordergrund. Es gibt kein richtig und falsch. Hauptsache, die kindlichen Bedürfnisse nach liebevoller Berührung werden berücksichtigt. Erfahrungsgemäß führen die Massagen bei Kindern zu tiefer Ruhe und Entspannung und dem Wunsch nach mehr.

Literatur:

Anders, W. & Weddemar, S. (2001): Häute scho(e)n berührt? Körperkontakt in Entwicklung und Erziehung. Dortmund: borgmann publishing.

Friedrichs, S. & Friebel, V. (1998): Ruhig und entspannt. Körperübungen, Entspannungstechniken, Meditation und Fantasiereisen für Kinder. Reinbek bei Hamburg: Rowohlt, 36 – 58.

Klein, M. (2001): Schmetterling und Katzenpfoten. Sanfte Massagen für Babys und Kinder. 3. Aufl. Münster: Ökotopia Verlag.

Igelballmassagen
mit
„Pieksi"

Ziele	Methoden
✓ Entspannung	Bewegte Entspannung
Aufmerksamkeit und Konzentration	Wechsel von An- und Entspannung
✓ Körperwahrnehmung	✓ Berührung
Sensibilisierung der Sinne	Konzentration auf den Körper
✓ Positives Selbstkonzept	Fokussierung der Wahrnehmung
✓ Soziale Kompetenz	✓ Vorstellungsbilder

Igelballmassagen mit „Pieksi"

Alter: ca. 4 – 12 Jahre

Teilnehmerzahl: beliebig

Zeitaufwand: 10 – 15 Minuten

Organisation: : Partnerübung; für jede Person eine weiche Unterlage; abgewandelt auch im Sitzen möglich

Material: pro Paar ein Igel- oder Noppenball; alternativ: Tennisball; 3-beiniger „Kleiner Freund"

Einsatz: Entspannungs- oder Bewegungsstunde; Eltern-Kind-Gruppe

Allgemeine Hinweise zu Igelballmassagen:

Sanfte und liebevolle Berührungen sind etwas sehr Intimes, wofür Vertrauen und Offenheit dem Partner gegenüber Voraussetzung sind. Wenn sich die Partner in der Massage nicht gut kennen oder aus anderen Gründen ein direkter Körperkontakt (noch) nicht möglich ist, empfiehlt es sich, ein Medium bei der Massage einzusetzen, das auch ohne direkten Körperkontakt eine taktile Stimulation und eine einfühlsame Hinwendung zum Körper des Partners ermöglicht. Hierzu bietet sich der Noppen- oder Igelball an. Aber auch massageerfahrene und miteinander vertraute Kinder wünschen sich immer wieder den Igelball als angenehme Massage-Variante.

Der Ball wird langsam mit leichtem Druck über den Körper des Partners gerollt und bewirkt auf körperlicher Ebene eine muskuläre Entspannung und parallel auch ein Loslassen sowie ein wohliges Gefühl von Ruhe und Entspannung auf psychischer Ebene. Die besondere Massagewirkung wird durch die Noppen des Balls hervorgerufen, die eine intensive taktile Stimulation ermöglichen.

Geschichten:

Die folgenden Geschichten handeln von Pieksi, dem kleinen Igel. Pieksi ist eigentlich ein Igel wie alle anderen auch. Nur, dass seine Stacheln ein bisschen zu weich geraten sind. Damit kann der kleine Igel wirklich niemandem etwas zu Leide tun. Und außerdem ist Pieksi viel neugieriger und unternehmungslustiger als andere Igel. So trifft man ihn selten in seiner Höhle an. Meist ist er unterwegs und sieht sich die Welt an.

Die Geschichten von Pieksi beginnen alle am frühen Morgen, wenn es gerade hell draußen wird, und der kleine Igel in seinem Bett erwacht. Nach einem ereignisreichen Tag kehrt er am Abend in seine Höhle zurück, legt sich ins Bett und schläft ein.

Zu Beginn der Massagen ruht der Igelball immer in der Mitte der Fußsohle. Hier ist das Zuhause des Igels und sein gemütliches Bett. Von dort wird der Ball entsprechend der Geschichte über den ganzen Körper und am Ende wieder zurück zur Fußsohle geführt. Falls die Massagen im Sitzen durchgeführt werden, kann der Anfangspunkt verlegt und die Geschichte dementsprechend abgekürzt werden.

Zu beachten:

Die Anleiterin sollte die Massagegeschichten möglichst begleitend zum Erzählen bei einem Kind demonstrieren. Instrumentale Entspannungsmusik unterstützt die Wirkung der Massage.

Am Ende der Geschichte ist immer die Rücknahme der Entspannung notwendig (vgl. Kap. 3.3, S. 63).

Taktil übersensible und kitzelige Kinder reagieren auf die Massage mit dem Igelball häufig mit vermehrter Anspannung und Lachen oder auch mit Abwehr. Manchmal hilft ein etwas festerer Druck. Führt dies nicht zum Erfolg, ist alternativ zum Noppenball der Einsatz eines Tennisballs zu empfehlen, der wesentlich eindeutigere Reize vermittelt. Auch die Benutzung eines Gymnastikballs ist denkbar. Wenn Kinder nur an einer bestimmten Stelle kitzelig sind – so zum Beispiel an den Füßen oder in der Kniekehle – kann die Geschichte dementsprechend abgewandelt werden oder der Handballen zeitweise den Igelball ersetzen. Wichtig ist, dass vor Beginn der Geschichte der ganze Körper einmal mit dem Ball abgerollt wird, um herauszufinden, wie stark der Druck sein soll und ob es Kitzelstellen gibt, die gemieden werden sollten.

Pieksi auf dem Hügel

Der kleine Igel „Pieksi" liegt in seinem kuscheligen Bett und schläft noch tief und fest (*Igelball ruht mit leichtem Druck in der Mitte der Fußsohle*). Ganz wohlig warm ist es dort. Er atmet ruhig und gleichmäßig. Ganz von allein geht sein Atem ein und aus. Seine Arme und Beine sind angenehm schwer. ... Draußen wird es langsam hell. Der erste Sonnenstrahl fällt durchs Fenster, genau in das Gesicht des kleinen Igels. Pieksi wird allmählich wach. Er räkelt sich, rollt sich hin und her (*Ball fest auf der Fußsohle kreisen lassen*), reibt seine Augen, gähnt einmal genüsslich und krabbelt dann aus seinem Bett heraus. Er tapst zum Fenster, klettert oben auf die Fensterbank (*Ferse*) und schaut hinaus.

Heute ist wirklich ein wunderschöner Tag. So beschließt Pieksi, einen Ausflug auf den Hügel zu machen. Vor freudiger Aufregung vergisst er sogar zu frühstücken. Aber vielleicht gibt es ja unterwegs etwas. Er stapft langsam los, erst geht es ein Stück bergauf (*Wade*), dann über den Bach (Kniekehle). Er überlegt, ob er heute hinüberspringen oder hindurchwaten möchte (*je nach Empfindlichkeit kann der Igel den Bach überspringen oder mit den Pfoten hindurchwaten: vorher ausprobieren!*). Jetzt geht es langsam weiter bergan (*den Oberschenkel hoch bis zum Gesäß*) bis zur ersten Bergkuppe. Von hier oben hat man wirklich einen herrlichen Ausblick. Pieksi wandert umher (*den Ball auf dem Gesäß kreisen lassen)* und schaut über die Wiesen und Wälder. In der Ferne sieht er ein paar Kühe grasen. Wenn er ganz still ist, kann er vielleicht sogar die Kuhglocken läuten hören (*kurze Pause*).

Noch ist der kleine Igel nicht am Ziel angekommen. Er muss noch diesen steilen Berg hinauf, den er am besten in Zickzack-Kurven bewältigt (*in engen Zickzack-Linien den Rücken hinaufrollen*). Pieksi genießt die zauberhafte Stimmung auf diesem grünen Wiesenhang. Vögel zwitschern und bunte Schmetterlinge begleiten seinen Weg. Der Igel kommt ganz fröhlich und vergnügt oben auf dem Hügel an (*zwischen den Schulterblättern*). Er freut sich so sehr über diesen herrlichen Tag, dass er erst einmal ein kleines Tänzchen mit den Schmetterlingen macht, rechts herum – und links herum – und noch einmal rechts – und noch einmal links (*den Igelball zwischen den Schulterblättern kreisen lassen*).

Plötzlich bemerkt Pieksi ein Grummeln in der Magengegend. Er hat vom vielen Wandern und Tanzen einen Bärenhunger bekommen. Schließlich hat er auch noch nicht gefrühstückt. So macht er sich auf die Suche nach etwas zu Fressen. Er wandert den schmalen Pfad hinunter (*an einem Arm entlang bis zur Hand*) und tatsächlich findet er am Ende etwas ganz Schmackhaftes: „Hm, das schmeckt guut! So ein richtiges Igelleckermahl!". Er frisst und frisst (*auf dem Handrücken oder in der Handfläche den Ball in kleinen Bewegungen hin- und herrollen*), bis er wohlig satt ist. Dann macht er sich auf den Weg zurück auf den Hügel (*den Arm wieder hinaufrollen bis auf den oberen Rücken*). Er ist zwar satt, aber unglaublich durstig. Kaltes Wasser wäre jetzt genau das Richtige. Der Igel erinnert sich an eine Quelle und einen Bach am Ende des anderen schmalen Pfades. Dort läuft er hinunter (*den anderen Arm entlang rollen*) und erreicht tatsächlich eine klare frische Wasserquelle. Der Igel trinkt und trinkt, bis er genug hat (*Ball auf der Hand hin- und herbewegen und den Arm wieder hinauf rollen*). Zurück auf dem Hügel macht er noch ein Tänzchen – rechts herum – und links herum – bis er ganz erschöpft ist. Er hat gar nicht gemerkt, dass es schon langsam dämmrig wird und die Sonne tiefer steht. Jetzt wird es höchste Zeit für den Heimweg. Es geht erst den Zickzack-Weg hinunter ... bis auf den kleinen Hügel (Gesäß). Hier legt Pieksi noch eine Pause ein, spaziert gemächlich hin und her (*den Ball langsam hin und her wandern* lassen) und schaut über die goldene Abendlandschaft. Die Sonne steht wie ein roter Feuerball am Himmel und versinkt langsam am Horizont. „Wie schön es hier ist", denkt der kleine Igel. Zwei Wege liegen nun vor ihm (*beide* Beine) und er überlegt, welchen er nehmen soll. Er entscheidet sich für den, den er heute morgen nicht gegangen ist (*das Bein hinunterrollen*). Denn Abwechslung tut auch Igeln gut. Am Ziel angekommen, schlüpft er in seine Höhle (Fußsohle), legt sich ins Bett, räkelt und streckt sich (*Ball mit Druck auf der Fußsohle* bewegen) und will gerade einschlafen, als er mit seiner feinen Nase in die Kissen schnüffelt und merkt: „Das ist ja gar nicht mein Bett, das ist ja gar nicht meine Höhle! Ich bin bei meinem Freund von nebenan gelandet." Mit einem „Igelkatzensprung" (*den Ball auf die andere Fußsohle legen*) ist Pieksi in seiner eigenen Höhle, fällt müde und glücklich in sein eigenes kuschelig weiches Bett, räkelt sich (*Ball leicht bewegen*) und träumt noch ein wenig von diesem wunderschönen Tag auf dem Hügel (*Ball noch einen Moment auf der Fußsohle ruhen lassen*).

Pieksi am See

Der kleine Igel „Pieksi" liegt in seinem kuscheligen Bett und schläft noch tief und fest (*Igelball ruht mit leichtem Druck in der Mitte der Fußsohle*). Ganz wohlig warm ist es dort. Er atmet ruhig und gleichmäßig. Ganz von allein geht sein Atem ein und aus. Seine Arme und Beine sind angenehm schwer. ... Draußen wird es langsam hell. Der erste Sonnenstrahl fällt durchs Fenster, genau in das Gesicht des kleinen Igels. Pieksi wird allmählich wach. Er räkelt sich, rollt sich hin und her (*Ball fest auf der Fußsohle kreisen lassen*), reibt seine Augen, gähnt einmal genüsslich und krabbelt dann aus seinem Bett heraus. Er tapst zum Fenster, klettert oben auf die Fensterbank (*Ferse*) und schaut hinaus.

Wie es aussieht, wird das heute ein herrlich sonniger Tag. Die Luft ist klar, der Himmel blau und es ist schon so früh am Morgen recht warm. Der kleine Igel weiß sofort, was er heute tun möchte: In der Nähe gibt es einen See. Das ist einer der Lieblingsplätze von Pieksi, weil es dort einerseits viel zu entdecken gibt und man sich andererseits ganz in Ruhe entspannen kann.

So macht er sich gleich auf den Weg, packt die Sonnenbrille ein und los geht's. Den kleinen Abhang vor seiner Höhle hinunter, dann ein wenig bergauf, bis der kleine Igel an einen Bach kommt (*vor der Kniekehle anhalten*). Er überlegt einen Moment, ob er hindurchspazieren oder einfach mit einem riesigen Satz hinüberspringen soll (*je nach Kitzelempfinden das eine oder das andere*). Dann geht es noch ein Stück bergan über eine kleine Kuppe (*Gesäß*). Von hier oben kann Pieksi den See schon gut sehen *(auf dem Gesäß mit dem Ball umherrollen)*, seine türkisblaue Farbe, die teils wiesigen, teils baumbestandenen Ufer. Und auf dem See erkennt Pieksi ein paar bunte Punkte. Ob das wohl Boote, Surfer oder Badekappen sind?

Pieksi geht noch die letzten Schritte bis zum See und macht sich dann auf zu einem ersten Erkundungsrundgang (*mit dem Igelball einen großen Kreis auf dem Rücken beschreiben*). An seinem Lieblingsplatz, oben am anderen Ende des Sees (*zwischen den Schulterblättern*), lässt er sich nieder, setzt seine Sonnenbrille auf und spürt die Wärme der Sonnenstrahlen auf seinem ganzen Körper. Er lässt den Blick über den See schweifen und beobachtet eine Ente, die ihre Runden dreht (*Ball zwischen den Schulterblättern ruhen lassen und mit der anderen Hand oder dem Finger in Kurven über den Rücken wandern*). Nachdem sich der Igel eine Weile ausgeruht hat, bricht er zu einer zweiten Runde um den See auf, um sich dann wieder niederzulassen. Mitten auf dem See schwimmt ein knallrotes Gummiboot, das auf den Wellen hin und her wippt (*Ball ruhen lassen und mit dem Handballen auf dem Rücken hin- und herstreichen*). Ah, jetzt ist Pieksi klar, was er als bunte Punkte aus der Ferne gesehen hat. Bei genauerem Hinschauen entdeckt er immer mehr Boote: grüne, gelbe, blaue, orange ..., die auf dem Wasser schaukeln und dabei nur langsam vorankommen (*mit dem Handballen an verschiedenen Stellen des Rückens Schaukeln imitieren*).

Die angenehme Wärme am See hat den Igel durstig gemacht. Da er besonders gern ganz klares, sauberes Wasser trinkt, spaziert er einen Bach entlang, der in den See mündet (*ein Arm*), immer weiter bis zur Quelle, wo das Wasser aus einer Felsspalte sprudelt (*Hand*). Pieksi trinkt von dem frischen Wasser (*Ball auf der Hand kreisen lassen*). „Hmm, das tut gut an so einem warmen Tag!" Nachdem er seinen Durst gelöscht hat, wandert der kleine Igel zurück zu seinem Lieblingsplatz (*Schulterblätter*). Er ist, wie ihr wisst, ein neugieriger kleiner Igel und so reizt es ihn sehr, zu erkunden, wo wohl der Bach hinführt, der auf der anderen Seite aus dem See hinausfließt. So läuft er gespannt los (*den anderen Arm hinunter*), immer weiter am rauschenden Bach entlang, bis es nicht mehr weiter geht (*Hand*). An dieser Stelle stürzt das Wasser einen spritzenden und sprudelnden Wasserfall hinunter. Pieksi bleibt eine Weile auf dem Felsvorsprung stehen und beobachtet fasziniert die tosenden Wassermassen, ehe er sich auf den Rückweg macht. Zurück an seinem Lieblingsplatz dreht der Igel noch eine letzte Runde um den See im Abendlicht, ehe er sich wieder auf den Heimweg macht. ... Auf dem kleinen Hügel (*Gesäß*) überlegt der Igel, welchen Weg er gekommen ist und denkt: „Ich glaube, ich nehme auf dem Heimweg den anderen Pfad, weil Abwechslung auch kleinen Igeln ganz gut tut" (*das Bein hinunterlaufen*). An dem Bach entscheidet sich der Igel entweder dafür, hindurchzuwaten oder er springt mit einem Riesensatz auf die andere Seite. Bald ist Pieksi zu Hause angekommen. Müde kuschelt er sich ins gemütliche Bett und wäre beinahe eingeschlafen, als er noch einmal in die Kissen schnüffelt und merkt: „Hm, hier riecht es ja so eigenartig. Das ist ja gar nicht mein Bett und meine Hütte. Hier wohnt ja mein Freund von nebenan." Mit einem „Igelkatzensprung" (*mit dem Ball auf die andere Fußsohle* wechseln) ist Pieksi in seiner eigenen Hütte und legt sich in sein eigenes Bett. Herrlich bequem ist es hier. Er räkelt sich hin und her (*Ball auf der Fußsohle mit Druck hin und her rollen*), bleibt dann ganz ruhig liegen, schläft ein und träumt von diesem wunderbar sonnigen Tag am See (*Ball noch einen Moment auf der Fußsohle ruhen lassen*).

Pieksi im Regen

Der kleine Igel „Pieksi" liegt in seinem kuscheligen Bett und schläft noch tief und fest (*Igelball ruht mit leichtem Druck in der Mitte der Fußsohle*). Ganz wohlig warm ist es dort. Er atmet ruhig und gleichmäßig. Ganz von allein geht sein Atem ein und aus. Seine Arme und Beine sind angenehm schwer. ... Draußen wird es langsam hell. Der erste Sonnenstrahl fällt durchs Fenster, genau in das Gesicht des kleinen Igels. Pieksi lässt sich noch ein bisschen Zeit zum Wachwerden (*Ball auf der Fußsohle kreisen lassen*). Er räkelt und streckt sich, gähnt mit weit geöffnetem Maul und spürt nun nach und nach seine Füße, ... seine Beine, ... seinen Rücken, ... seinen Bauch, ... seine Arme und Hände ... und auch sein Gesicht. ...

Er krabbelt aus dem Bett und klettert auf die Fensterbank (*Ferse*) – wie jeden Morgen –, um zu sehen, was der Tag ihm bringt. Grau ist es draußen und Regentropfen fallen gleichmäßig in die Pfütze vor dem Fenster. Pieksi beobachtet eine Weile die Ringe, die von jedem neuen Tropfen ausgehen. Irgendwie will in Pieksi heute keine gute Laune aufkommen. Er ist müde und hat zu gar nichts Lust. Am liebsten würde er gleich wieder ins Bett krabbeln.

Der Hunger aber treibt ihn dann doch nach draußen in den Regen. Er öffnet missmutig die Tür, geht ein paar Schritte und kämpft sich dann in Schlangenlinien um die Pfützen herum, damit er keine nassen Füße bekommt. Mit wachsamen Augen tapst er weiter und weiter auf der Suche nach etwas Brauchbarem zum Frühstück (*über das Bein, den Po, das andere Bein, den Rücken hinauf, die Arme entlang und wieder zurück zum Po),* aber er entdeckt einfach nichts, was ihm schmecken könnte. Mittlerweile ist der kleine Igel tropfnass vom Regen. Er schüttelt sich – *Brrrrrrr –* und die Tropfen fliegen nach allen Seiten (*den Ball abwechselnd auf beiden Pohälften oder auf dem unteren Rücken schnell hin- und herbewegen).* Pieksi denkt sich: „Wenn ich sowieso schon pudelnass bin, dann kann ich auch geradewegs durch die Pfützen stapfen." Er geht ein Stückchen den Pfad zu seinem Zuhause entlang (*das Bein vom Po aus hinunterrollen)* und spürt das warme weiche Regenwasser an seinen Pfoten. „Das tut ja richtig gut", denkt der Igel. Er bekommt immer mehr Spaß am Plantschen. „Die nächste Pfütze nehm` ich mit Anlauf", sagt sich Pieksi, rennt los (*den Ball ein kleines Stück etwas schneller rollen)* und springt mitten in die Pfütze hinein *(den Ball an einer Stelle mit Druck anpressen),* läuft wieder an .... und Sprung und gleich noch einmal. Pieksi kann gar nicht genug bekommen von diesem herrlichen Spiel. Das Wasser spritzt bei jedem Sprung etwas höher, klar, Übung macht den Meister! (*mit dem Ball über den ganzen Körper wandern und im Wechsel rollen und andrücken).* Nach einer Weile ist der kleine Igel erschöpft. Er macht sich auf den Heimweg und spürt jetzt auch ganz deutlich seinen Magen knurren. Gefrühstückt hat er ja immer noch nicht. Kurz vor seinem Haus angekommen, entdeckt Pieksi etwas Leckeres zu fressen. Da ist ja ganz viel, und dort auch. Pieksi frisst und frisst (*die Wade massieren)* und fragt sich: „Warum habe ich das heute morgen nicht gesehen? – Bestimmt lag es an meiner schlechten Laune. Da sieht man nur schwarz, hat mir mal jemand erzählt. Hm, da ist vielleicht was dran."

Satt, müde und zufrieden schlüpft Pieksi in seine warme trockene Hütte, ruht sich eine Weile auf seinem kuscheligen Bett aus (*Fußsohle),* ehe er neue Pläne schmiedet.

Pieksi besucht Hase „Langohr"

Der kleine Igel „Pieksi" liegt in seinem kuscheligen Bett und schläft noch tief und fest (*Igelball ruht mit leichtem Druck in der Mitte der Fußsohle*). Ganz wohlig warm ist es dort. Er atmet ruhig und gleichmäßig. Ganz von allein geht sein Atem ein und aus. Seine Arme und Beine sind angenehm schwer. ... Draußen wird es langsam hell. Der erste Sonnenstrahl fällt durchs Fenster, genau in das Gesicht des kleinen Igels. Pieksi wird allmählich wach. Er räkelt sich, rollt sich hin und her (*Ball fest auf der Fußsohle kreisen lassen*), reibt seine Augen, gähnt einmal genüsslich und krabbelt dann aus seinem Bett heraus. Er tapst zum Fenster, klettert oben auf die Fensterbank (*Ferse*) und schaut hinaus.

Während er so über die Landschaft blickt, überlegt er, was er heute tun möchte. Ein Hase hoppelt vorbei (*mit der freien Faust imitieren*) und Pieksi fällt sofort etwas ein: „Ich werden meinen Freund, den Hasen 'Langohr' besuchen!" Der wohnt oben auf dem Hügel. Die beiden haben sich schon lange nicht mehr gesehen. So spaziert er los, den kleinen Abhang vor seinem Haus hinunter, dann ein wenig bergauf, bis er an einen Bach kommt (*vor der Kniekehle anhalten*). Der kleine Igel überlegt einen Moment, ob er hindurchlaufen oder einfach mit einem riesigen Satz hinüberspringen soll (*je nach Kitzelempfinden das eine oder das andere*). Dann geht es noch ein Stück bergan über eine kleine Bergkuppe (*Gesäß*). Hier hält Pieksi schon Ausschau nach seinem Freund und sucht ihn im hohen Gras (*mit dem Ball auf dem Gesäß umherwandern*). Er wohnt zwar noch weiter oben auf dem Hügel, diese Wiese auf der kleinen Bergkuppe war aber schon immer ein Lieblingsspielplatz von Hase und Igel, weil man sich hier so gut im hohen Gras verstecken kann.

Aber „Langohr" ist heute nicht hier. So wandert der kleine Igel den Berg hinauf. Da es jetzt ganz schön steil und anstrengend wird, geht Pieksi im Zickzack weiter. Oben angekommen (*zwischen den Schulterblättern*), macht er sich nach einer kleinen Pause auf die Suche nach seinem Freund. Er schaut in den Hasenbau (*Nacken kreisend massieren*), aber da ist er nicht. Pieksi ruft ein paar mal laut „Langohr", „Langohr", ... aber niemand antwortet. Er weiß, dass der Hase viel unterwegs ist und so macht sucht er geduldig weiter. Ganz bis ans Ende läuft er einen kleinen Pfad entlang und schaut rechts und links des Weges, ob er den Hasen irgendwo hoppeln sieht (*einen Arm in Schlangenlinien entlang rollen*). Ihm laufen einige andere Waldtiere über den Weg, nur „Langohr" ist nirgends zu sehen. So trippelt der Igel zurück zum Hasenbau (*Nacken*), blickt sich dort noch einmal um (*Nacken kreisen massieren*), um seine Suche dann auf der anderen Seite fortzusetzen (*anderen Arm hinunter rollen*). Ihm fällt ein, dass seine Mutter ihm immer gesagt hat: „Schau genau hin, wenn du etwas wichtiges tust." Früher fand er das immer doof und überflüssig, wenn sie das gesagt hat. Jetzt aber ist Pieksi dankbar, dass er sich an so einen Spruch erinnern kann. So ist er sich ganz sicher, den Hasen im Wald zu finden, wenn er denn dort sein sollte. Aber er ist nicht da. Dafür entdeckt der Igel beim genauen Hinschauen ganz viele winzig kleine Waldbewohner, die alle mit etwas Wichtigem beschäftigt zu sein scheinen (*mit den Fingern der freien Hand um den Igelball „herumkrabbeln"*). Fast vergisst der Igel, warum er hier ist. Wieder am Hasenbau (*Nacken*) angekommen, ruft Pieksi noch einmal laut „Langohr", „Langohr",. ... Als er gerade aufgeben und den Heimweg antreten will, taucht tatsächlich sein Freund aus dem Nichts auf (f*reie Faust flach neben den Ball auf den Rücken legen*) und begrüßt ihn fröhlich: „Schön, dass du da bist! Was wollen wir spielen?" Pieksi weiß, dass sein Freund einer von der schnellen Sorte ist und so schlägt er ihm einen Wettlauf vor. „Langohr" ist gleich begeistert und macht sich fertig zum Start. Der Wettlauf geht gerade den Berg hinunter bis zur kleinen Bergkuppe, dort, wo das Gras so hoch steht. Los geht's (*den Ball neben der Wirbelsäule rollen, die flache Faust auf der anderen Seite der Wirbelsäule in kleinen Abständen fest aufsetzen*). Natürlich ist der Hase als Erster da. Noch ein wenig aus der Puste, wandern beide nacheinander langsam den Berg in Zickzacklinien wieder hinauf. Pieksi will's noch einmal versuchen, schlägt jetzt aber vor, die Plätze zu tauschen. Vielleicht kann er dann ja gegen den Hasen gewinnen (*Ball in die andere Hand wechseln*). „Auf die Plätze fertig los!" ... Und wieder ist der Hase als erstes am Ziel. Der kleine Igel muss sich eingestehen, dass Hasen wohl einfach schneller laufen können. Dafür kann er andere Sachen gut. Die beiden Freunde stapfen den Berg vergnügt wieder hinauf (*in Zickzacklinien Igelball und Faust den*

Rücken hinauf führen). Unterwegs fällt dem Igel plötzlich ein, wie er gegen „Langohr" beim Wettlauf gewinnen könnte. Obwohl der Hase schon damit einverstanden war, etwas anderes zu spielen, besteht der kleine Igel auf einem letzten Wettlaufversuch. „Auf die Plätze fertig..." – in dem Moment rollt sich Pieksi ganz klein als Kugel zusammen – „... und los!" So schnell, dass man ihn kaum erkennen kann, rollt Pieksi den Hang hinunter. Der Hase hoppelt in einiger Entfernung hinterher (*den Ball an einer Seite der Wirbelsäule schnell und gerade hinunter rollen lassen, die Faust auf der anderen Seite in kurzen Abständen aufsetzen*). Unten angekommen, sind beide ganz erstaunt und müssen gemeinsam über diesen tollen Einfall lachen. Wer hätte das gedacht, dass der Igel gegen den Hasen beim Wettlauf gewinnen könnte!?

Die beiden tollen noch eine Weile auf ihrem Lieblingsspielplatz – der kleinen Bergkuppe (*Gesäß*) –, dann verabschiedet sich der Hase und hoppelt davon (*Faust seitlich abheben*). Für den Igel heißt es jetzt, sich auf den Heimweg zu machen, damit er noch vor Einbruch der Dunkelheit dort ankommt. Pieksi überlegt, welchen Weg er heute Morgen hoch gekommen ist und denkt: „Ich glaube, ich nehme jetzt mal den anderen, weil Abwechslung auch kleinen Igeln ganz gut tut" (d*as Bein hinunterlaufen*). An dem Bach überlegt er wieder, ob er hindurchwaten oder ob er es mit dem Füße waschen nicht so genau nehmen soll (*je nach Kitzelempfinden hindurchlaufen oder die Kniekehle überspringen*).

Bald ist Pieksi zu Hause angekommen, kuschelt sich ins gemütliche Bett (*Fußsohle*), schnüffelt noch einmal in die Kissen und merkt plötzlich: „Hm, hier riecht es ja so eigenartig. Das ist ja gar nicht mein Bett und meine Hütte. Hier wohnt ja mein Freund von nebenan." Mit einem Igelkatzensprung ist Pieksi in seiner eigenen Hütte und legt sich in sein eigenes Bett (*mit dem Ball auf die andere Fußsohle wechseln*). Herrlich bequem ist es hier. Er räkelt sich hin und her, bleibt dann ganz ruhig liegen, schläft ein und träumt von diesem ereignisreichen Tag mit seinem Freund, dem Hasen „Langohr".

Pieksi auf dem Weg zum Meer

Auf einem seiner Spaziergänge trifft Pieksi zufällig einen kleinen Jungen, der gerade mit seinen Eltern aus dem Urlaub zurückgekehrt ist. Dieser erzählt ihm nun alles vom Meer. Der kleine Igel hört neugierig zu und versucht sich vorzustellen, wie es wohl am Meer sein mag. Er bekommt große Lust, auch einmal den Wellen zuzusehen, den Meereswind zu spüren und vielleicht sogar einen Sprung ins kühle Nass zu wagen. So nimmt er sich an diesem Abend vorm Einschlafen fest vor, sich gleich am nächsten Tag auf den Weg zum Meer zu machen. Schließlich braucht auch ein Igel mal Urlaub.

Nach einer ruhigen, entspannten Nacht in seinem kuscheligen Bett (*Fußsohle*) wird der Igel von einem Sonnenstrahl geweckt, der durchs Fenster direkt in sein Gesicht strahlt. Der kleine Igel blinzelt mit den Augen, räkelt und streckt sich und rollt sich ein paar mal in seinem Bett hin und her, bis er richtig wach ist (*Ball auf der Fußsohle bewegen*). Dann klettert er aus dem Bett und auf die Fensterbank (*Ferse*).
Er schaut aus dem Fenster, und als er eine kleine weiße Wolke am blauen Himmel ziehen sieht, erinnert er sich wieder an sein Vorhaben. Er

ist ganz aufgeregt und kann es kaum erwarten, so läuft er ohne Frühstück los. Erst geht es den kleinen Abhang vor seinem Haus hinunter und dann leicht bergan, bis er an einen Bach kommt (*Kniekehle*). Er überlegt sich, ob er durch den Bach hindurchlaufen soll oder ob er mit einem Riesensatz hinüberspringen will (*je nach Kitzeligkeit das eine oder das andere*). Er folgt dem Weg weiter bergan und kommt bald an die Stelle, wo er den kleinen Jungen getroffen hat (*Gesäß*). Jetzt kann das Meer ja nicht mehr weit sein, denkt sich der kleine Igel. Er ist sich aber nicht so sicher, in welche Richtung er weitergehen soll. So spaziert er ein wenig umher und wartet auf jemanden, den er fragen kann (*das Gesäß in kreisenden Bewegungen massieren*). Ein kleines Mädchen kommt hüpfend näher (*mit der freien Hand über den Rücken bis zum Po Hüpfen imitieren*). Sie hat einen Sonnenhut auf. „Das ist ein gutes Zeichen", denkt sich der Igel. Wer einen Sonnenhut trägt, weiß bestimmt auch, wo das Meer ist. Aber das kleine Mädchen sagt nur: „Das Meer, das ist im Süden." „Wo ist Süden?", will der kleine Igel wissen. Das kleine Mädchen zeigt in eine Richtung und hüpft dann pfeifend und trällernd davon (*wie oben über den Rücken entfernen*). Der kleine Igel freut sich, dass er so schnell jemanden gefunden hat, der sich auskennt und so stapft er fröhlich weiter die Berge hinauf und hinunter, immer der Straße nach Süden folgend (*den Igelball über den Rücken und die Arme rollen*). Als nach ein paar Stunden immer noch kein Wasser zu sehen ist, fängt der Igel an zu zweifeln, ob er je ans Meer kommen wird. Er ist müde und möchte sich am liebsten hinlegen und schlafen. Außerdem hat er den ganzen Tag noch nichts Richtiges gegessen – außer ein paar Nüssen, die ihm das Mädchen geschenkt hat. Er ist nahe daran aufzugeben und nach Hause zu laufen. Aber dann fällt ihm ein Spruch ein, den ein guter Freund ihm mal gesagt hat: „Überleg erst in Ruh' und dann tu!" So denkt Pieksi ganz in Ruhe nach. Der Rückweg ist zu lang, um vor der Dunkelheit anzukommen. Und so macht sich der Igel auf die Suche nach einem bequemen Plätzchen für die Nacht. Er streift umher und legt sich immer mal wieder hin, räkelt sich am Boden, um zu testen, ob ein Platz bequem genug zum Schlafen ist (*den Ball beliebig über den Körper wandern lassen; an verschiedenen Stellen intensiver massieren*). Nach einer Weile findet er eine mit weichem Moos bedeckte Stelle unter drei großen Bäumen (*Fußsohle*). Hier gefällt es ihm gut. Nach einem ausgiebigem Mahl und einer Liegeprobe (*Ball fest hin und her rollen*) schläft er zufrieden und satt ein (*Ball noch einen Moment auf der Fußsohle ruhen lassen*). Er ist sich ganz sicher, dass er morgen das Meer finden wird. In dieser Nacht träumt der kleine Igel vom klaren Wasser, ... vom warmen Wind, ... von den rauschenden Wellen, ... von schwebenden Möwen und von der strahlenden Sonne, die am Abend im Meer versinkt.

Pieksi geht Schlittenfahren

(Der Igelball ruht zu Beginn auf der rechten Fußsohle!)
Der kleine Igel „Pieksi“ liegt in seinem kuscheligen Bett und schläft noch tief und fest (*Igelball ruht mit leichtem Druck in der Mitte der Fußsohle*). Ganz wohlig warm ist es dort. Er atmet ruhig und gleichmäßig. Ganz von allein geht sein Atem ein und aus. Seine Arme und Beine sind angenehm schwer. ... Draußen wird es langsam hell. Der erste Sonnenstrahl fällt durchs Fenster, genau in das Gesicht des kleinen Igels. Pieksi wird allmählich wach. Er räkelt sich, rollt sich hin und her (*Ball fest auf der Fußsohle kreisen lassen*), reibt seine Augen, gähnt einmal genüsslich und krabbelt dann aus seinem Bett heraus. Er tapst zum Fenster, klettert oben auf die Fensterbank (*Ferse*) und schaut hinaus.

Oh, welch eine Freude! Es hat über Nacht geschneit und alles ist weiß. Es sieht aus, als wären die Bäume, Wiesen und Felder mit einer dicken Schicht Puderzucker überzogen. Da die Scheibe vom warmen Atem des Igels immer wieder beschlägt und er es sowieso nicht abwarten kann, nach draußen in den Schnee zu kommen, macht er sich gleich auf den Weg. Pieksi holt seinen Schlitten aus dem Schuppen und tapst damit vorsichtig die paar Stufen vor seinem Haus hinunter (*von der Ferse herunter rollen*). Dann bahnt er sich einen Weg durch den Schnee, schiebt ihn mit seinen Pfoten weg, bis er an eine Stelle kommt, die etwas tiefer liegt als der übrige Weg (*in Kurven den Ball über die Wade bis kurz vor die Kniekehle bewegen*). „Das ist bestimmt der Bach, an dem ich sonst immer Wasser hole", denkt der Igel. Er überlegt, ob er vorsichtig weitergehen soll in der Hoffnung, dass der Bach zugefroren ist, oder ob er doch lieber darüber springen und den Schlitten hinterher ziehen soll (*je nach Kitzelempfinden das eine oder andere*). Sicher auf der anderen Seite angekommen, geht es weiter bergan. Pieksi nimmt heute nicht den direkten Weg. Er läuft hin und her, nimmt immer wieder Schnee zwischen die Pfoten und wirft ihn ein Stück weiter (*den Ball rhythmisch auf dem Oberschenkel hin und her bewegen*). Er juchzt dabei vor Freude über dieses herrliche Winterschauspiel. Jetzt ist er auf dem ersten Hügel angekommen (*Gesäß*). Pieksi liebt diesen Platz, weil man hier alles, alles sehen kann. Er stapft durch den Schnee und hinterlässt dabei ganz viele Spuren (*den Po massieren und dabei den Ball immer wieder leicht andrükken*). Pieksi war schon lange nicht mehr Schlittenfahren und so hat er doch ein bisschen zittrige Knie, als er sich auf den Schlitten setzt.

Aber Pieksi weiß, was er machen kann, wenn er aufgeregt ist. Er achtet auf seinen Atem und allein das beruhigt ihn schon ein bisschen. Dann sagt er sich drei mal ganz langsam: „Ich bin ganz ruhig. ... Ich bin ganz ruhig. .... Ich bin ganz ruhig." Er sitzt nun ganz sicher auf dem Schlitten, hält sich gut fest und ab geht's (*den Ball ein Bein bis zur Ferse hinabrollen*). Pieksi ist über sich selbst erstaunt, wie mutig er ist. Es macht ihm richtig Spaß. Immer wieder nimmt er seinen Schlitten, stapft den Berg hinauf und fährt wieder hinunter. Mal rechts den Hang hinab, mal links (*im Wechsel beide Beine mehrmals hoch und wieder runter rollen*) .

Irgendwann merkt Pieksi, dass er gar nicht mehr aufgeregt ist. Da muss natürlich sofort eine größere Herausforderung her. Denn etwas Nervenkitzel gehört zum Schlittenfahren einfach dazu. So stapft Pieksi noch viel weiter den Berg hinauf. Es wird jetzt so steil, dass er Zickzack-Linien laufen muss, um nicht immer wieder abzurutschen (*im Zickzack den Ball den Rücken hinauf bis zum Nacken führen*). Oben angekommen, ruht er sich einen Moment aus, spaziert durch den Schnee und genießt die wunderbare Aussicht (*Nacken kreisend massieren*). „Von hier aus kann man bestimmt 2376 Berggipfel sehen", denkt Pieksi. Er beginnt, die verschneiten Bergspitzen zu zählen: „1..2..3..4..5..6..", aber schon bei 7 wird ihm langweilig und er setzt sich lieber wieder auf seinen Schlitten. Er ist sich nicht sicher, ob er diesen steilen Hang wagen soll, obwohl er eigentlich weiß, dass er ein guter Schlittenfahrer ist. Er sagt sich selbst noch einen Spruch: „Ruhe und Mut, dann geht's schon gut.", atmet einmal tief ein und aus und los geht's (*neben der Wirbelsäule entlang gerade bis zum Gesäß rollen*). Welch eine Abfahrt! Pieksi ist ganz in einer Schneewolke gefangen. Er schüttelt sich einmal und sieht erst dann, dass er wohlbehalten unten angekommen ist (*im Lendenwirbelbereich mit vibrierenden Bewegungen massieren*). Das muss gleich noch einmal probiert werden. Zickzack hoch und gerade wieder hinunter.... und Zickzack hoch und gerade wieder hinunter ... und Zickzack hoch und gerade wieder hinunter.

Die Sonne steht jetzt schon ganz tief am Himmel und beleuchtet nur noch ein paar Bergspitzen. Da heißt es für Pieksi, sich auf den Heimweg zu machen. Er fährt ein letztes Mal den Berg hinunter (*Rücken*), hält sich an der Abzweigung rechts (*über das Gesäß und das linke Bein bis zur Ferse*) und lässt den Schlitten direkt vor seiner Hütte zum Stehen kommen. Schnell schlüpft er ins Warme, kuschelt sich ins Bett (*Fußsohle*) und wäre beinahe vor Erschöpfung eingeschlafen, als er nocheinmal in die Kissen schnüffelt und merkt: „Hm, hier riecht es ja so eigenartig. Das ist ja gar nicht mein Bett und meine Höhle. Hier wohnt ja mein Freund von nebenan." Mit einem Igelkatzensprung ist Pieksi in seiner eigenen Höhle und legt sich in sein eigenes Bett. Herrlich warm ist es hier. Er räkelt sich hin und her (*Ball bewegen*), bleibt dann ganz ruhig liegen, schläft ein und träumt von diesem wunderbar sonnigen Schlittenfahrtag (*Ball noch einen Moment auf der Fußsohle ruhen lassen*).

Spielerische Massagen

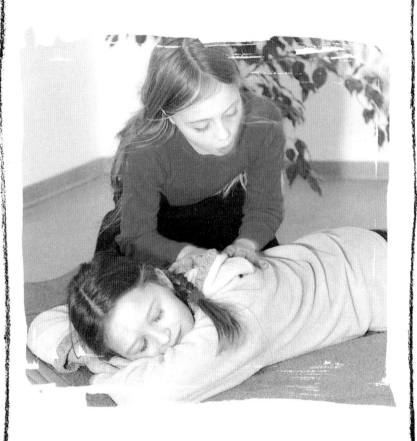

Ziele	Methoden
✓ Entspannung	Bewegte Entspannung
✓ Aufmerksamkeit und Konzentration	Wechsel von An- und Entspannung
✓ Körperwahrnehmung	✓ Berührung
✓ Sensibilisierung der Sinne	✓ Konzentration auf den Körper
Positives Selbstkonzept	✓ Fokussierung der Wahrnehmung
✓ Soziale Kompetenz	Vorstellungsbilder

Wetterbericht

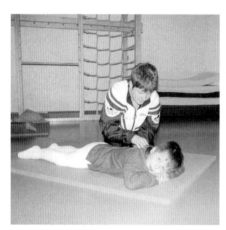

Alter: 3 – 12 Jahre

Teilnehmerzahl: beliebig

Zeitaufwand: 5 – 15 Minuten

Organisation: Partnerübung; für jede Person eine Matte oder Decke als Unterlage; auch im Sitzen möglich

Material: –

Einsatz: Entspannungs- oder Bewegungsstunde; Integration in Spiel- oder Unterrichtsabläufe; Eltern-Kind-Gruppe

Spielanleitung:

„Wollt ihr wissen, wie das Wetter morgen wird? Wir werden jetzt den Wetterbericht für morgen selbst erstellen. Ein Partner legt sich dazu auf den Bauch und der andere setzt sich so daneben, dass er den Rücken des Partners gut mit beiden Händen erreichen kann. Bevor wir anfangen, probieren wir verschiedene Wetterlagen auf dem Rücken des Partners aus. Vergewissert euch dabei immer wieder, ob die Art, wie ihr es macht, eurem Partner gut tut und richtet euch entsprechend danach."

Mit den Kindern werden die verschiedenen Wetterformen und die mögliche Umsetzung als Massage besprochen: „Was für Wetterbedingungen fallen euch ein?"

Sonne: *Hände aneinander reiben, bis sie warm werden und dann flach auf den Rücken legen*

Regen: *mit den sich bewegenden Fingerspitzen über den Rücken laufen*

starker/leichter
Regen: *wie oben mit veränderter Intensität*

Platzregen/
Hagel: *mit den Fingerkuppen der Hände abwechselnd auf den Rücken klopfen*

Donner: *mit den aufgestellten Fäusten auf den Rücken trommeln*

Blitz: *mit der Zeigefingerspitze ganz schnell im Zickzack von oben nach unten über den Rücken fahren*

Schnee: *den Rücken ganz leicht mit den Fingerspitzen berühren*

Wind: *hin und her über den Rücken streichen und dabei pusten*

Nebel: *mit den flachen Händen ganz leicht und langsam über den Rücken streichen*

Wolken: *die flachen Hände auf verschiedenen Stellen des Rückens mit leichtem Druck aufsetzen und wieder hochnehmen*

„Nachdem wir nun wissen, wie das mit dem Wetter geht, kann sich der massierende Partner einen Wetterbericht für morgen ausdenken und ihn ohne Worte auf den Rücken malen. Der andere kann dann erraten, wie das Wetter wird, indem er genau hinspürt, was auf seinem Rücken geschieht." Danach Wechsel.

Zu beachten:

Die Massage lässt sich auch im Sitzen auf dem Boden oder rittlings auf einem Stuhl durchführen, falls ein Kind dies lieber mag oder die räumlichen Bedingungen das Hinlegen auf dem Boden nicht zulassen. Zwischendurch bitte gegebenenfalls darauf hinweisen, dass alles, was der „Wetterexperte" macht, dem massierten Kind angenehm sein muss.

Variationen:

➢ Wetterberichte aus Zeitungen mitbringen und als Massage umsetzen.

➢ Bei jüngeren Kindern genügt es, jeweils nur eine Wetterlage zu malen und erraten zu lassen (z. B. Sonne, Regen).

➢ Der Anleiter sagt den Wetterbericht an, der dann auf dem Rücken imitiert wird.

Ziele	Methoden
✓ Entspannung	Bewegte Entspannung
Aufmerksamkeit und Konzentration	Wechsel von An- und Entspannung
✓ Körperwahrnehmung	✓ Berührung
Sensibilisierung der Sinne	Konzentration auf den Körper
✓ Positives Selbstkonzept	Fokussierung der Wahrnehmung
✓ Soziale Kompetenz	Vorstellungsbilder

Obstkuchen

Alter: 4 – 12 Jahre

Teilnehmerzahl: beliebig

Zeitaufwand: 10 – 15 Minuten

Organisation: Partnerübung; für jede Person eine Matte oder Decke als Unterlage; kann auch als Gruppenübung im Kreis hintereinander sitzend durchgeführt werden

Material: –

Einsatz: Entspannungsstunde oder Abschluss einer Bewegungsstunde; Integration in Spielabläufe; Eltern-Kind-Gruppe

Spielanleitung:

„Ich möchte heute mit euch einen Kuchen backen. Dazu legt sich ein Kind ganz bequem auf den Bauch und das andere setzt sich daneben. Unser Backblech, auf dem wir den Kuchen backen, ist der Rücken des liegenden Kindes.

Wir holen das Backblech aus dem Ofen und Oh! – Was müssen wir da sehen!? Das Backblech ist ganz schmutzig. Irgendjemand aus der Familie (Wer, das wisst ihr wahrscheinlich am besten!) hat es benutzt und so wieder in den Ofen geschoben. Ehe wir darauf einen Kuchen backen können, müssen wir es erst einmal saubermachen. Dazu lassen wir ganz warmes Wasser über das Blech laufen.

⇨ vom Hals zu den Hüften mit den Fingerkuppen mehrmals wellenartig über den Rücken streichen

Wir nehmen einen nassen Schwamm und schäumen damit das Blech ein.

⇨ mit der Faust oder der flachen Hand kreisförmig den ganzen Rücken abreiben

An manchen Stellen sitzt der Dreck so fest, dass wir ganz stark schrubben müssen.

⇨ mit der Faust kräftig hin und her reiben. Die massierten Kinder dürfen sich Stellen wünschen, die besonders dreckig sind und deshalb gründlich bearbeitet werden müssen.

Mit warmem Wasser wird das Blech abgespült...

⇨ vom Hals zu den Hüften mit den Fingerkuppen mehrmals wellenartig über den Rücken streichen

...und dann mit einem Handtuch trocken gerieben.

⇨ mit flachen Händen und weiten Bewegungen über den Rücken streichen

Damit uns der Kuchen nicht anbrennt, fetten wir das Blech vorher ein. Dazu streichen wir Margarine, Butter oder Öl mit den Fingern...

⇨ kleine kreisende Bewegungen mit den drei mittleren Fingern

...oder mit dem Pinsel auf das Blech.

⇨ im Wechsel die Vorder- und Rückseite der Finger zum Streichen benützen

Für den Obstkuchen nehmen wir einen Hefeteig. Wir haben ihn schon vorbereitet und einige Zeit an einem warmen Ort aufgehen lassen. Wir nehmen den Teig aus der Schüssel und legen ihn vorsichtig auf das Blech.

⇨ das Heben des schweren Teiges aus der Schüssel und das behutsame Ablegen auf das Blech mit den Händen imitieren

Dann kneten wir ihn noch einmal richtig durch.

⇨ den Rücken kräftig massieren und durchkneten (auf flache Finger achten); fragen, ob es angenehm ist, oder ob stärker oder weniger stark massiert werden soll

Dann wird der Teig mit den Händen in der Mitte zusammengeschoben. Jetzt könnt ihr das Nudelholz herausholen...

⇨ Das Nudelholz ist der Unterarm: Ärmel hochschieben

... und damit den Teig ausrollen.

⇨ den Unterarm locker auf die Wirbelsäule legen und mit Druck von der Wirbelsäule nach außen schieben, dann wieder in der Mitte ansetzen und zur anderen Seite schieben; mehrmals wiederholen

Ihr kennt das sicherlich, dass man mit dem Nudelholz nie so richtig in die Ecken des Backblechs kommt, deshalb streicht mit den Händen noch mal nach.

⇨ von der Mitte des Rückens mit flachen Händen zu den Seiten ausstreichen

So, jetzt kann der Kuchen belegt werden. Wenn ihr wollt, könnt ihr als erstes eine Schicht Creme oder Vanillepudding auf den Teig streichen. Dann wird der Kuchen noch saftiger.

⇨ mit flachen Händen in leicht kreisenden Bewegungen über den Rücken streichen

Fragt eure Partner (möglichst leise), was für einen Obstkuchen sie mögen und legt alles auf den Teig, was gewünscht wird. Das könnten z. B. Erdbeeren, Kirschen, Bananen, Pfirsiche... sein. Der ganze Teig muss mit Früchten bedeckt sein.

⇨ kleinere oder größere Abdrücke mit den Fingern oder der flachen Hand auf dem Rücken hinterlassen. Jedes Paar arbeitet in dieser Phase für sich.

Ich mag ja besonders gern Streuselkuchen, ihr auch? Wenn ja, dann gebt noch Streusel über die Früchte und vielleicht auch ein paar Nüsse oder Mandeln zum Abschluss.

⇨ mit den Fingerkuppen in leichten Bewegungen über den Rücken tippeln

So, jetzt kann der Kuchen in den Ofen geschoben werden. Dazu heizen wir ihn auf 200 Grad Celsius vor.

⇨ die Hände solange gegeneinander reiben, bis sie ganz warm werden

Als erstes geben wir Oberhitze. Unser Ofen ist sehr alt, da sind Ober- und Unterhitze noch getrennt.

⇨ warme Hände auf die Schulterblätter legen und dort ruhen lassen, bis die Wärmewirkung nachlässt

Dann heizen wir noch einmal vor und geben Unterhitze.

⇨ die Hände solange gegeneinander reiben, bis sie ganz warm werden; Hände nebeneinander auf den unteren Rücken – im Nierenbereich – legen und dort lassen, bis die Wärme nachlässt

Der Kuchen ist fast fertig. Er braucht vielleicht noch ein letztes Mal Ober- oder Unterhitze. Fragt eure Partner, welche Art von Hitze sie noch benötigen. Ein letztes Mal vorheizen und backen ... und schon ist der Kuchen fertig.

➪ auf Wunsch des Partners ein letztes Mal Hände reiben und auflegen.

Lecker goldbraun sieht der Kuchen aus und es riecht soo guut! Holt den Kuchen mit dem Holzschieber vom Blech.

➪ mit den Handkanten oben an den Schultern ansetzen und bis zu den Füßen hinunter mit den Händen ausstreichen

Schneidet ein Stück ab und gebt es eurem Partner zum Probieren. Hm, das schmeckt lecker! Wenn es euch (den massierten Kindern) gefallen hat, bedankt euch bei diesen tollen Kuchenbäckern.

➪ neben dem liegenden Kind auf dem Boden schneidende Bewegungen nachahmen und das Anbieten des Kuchens imitieren

Danach Wechsel der Partner!"

Zu beachten:

Die Geschichte wird begleitend zur Massage erzählt. Sie lässt sich auch im Sitzen auf dem Boden oder rittlings auf einem Stuhl gut durchführen, falls ein Kind dies lieber mag oder die räumlichen Bedingungen das Hinlegen nicht zulassen. Zwischendurch bitte immer wieder darauf hinweisen, dass alles, was der „Kuchenbäcker" macht, dem massierten Kind angenehm sein muss. Ab und zu nachfragen und rückversichern! Bei taktil empfindlichen Kindern eher mit der flachen Hand arbeiten, um Kitzeln zu vermeiden.

Variationen:

➢ Falls nicht so viel Zeit zur Verfügung steht, kann das Saubermachen des Blechs weggelassen werden, bzw. bei mehr Zeit am Ende noch einmal durchgeführt werden. Verlängern lässt sich die Massage auch durch die Imitierung der Teigherstellung (vgl. „Plätzchen backen": S. 215).

➢ „Pizza backen": Die Massage geht genauso wie das Kuchenbacken, nur das der Belag statt aus Früchten aus Tomatensoße, Salami, Schinken, Ananas, Paprika und ähnlichen Zutaten besteht. Zum Schluss wird geriebener Käse darüber gestreut, ehe die Pizza in den Ofen geschoben wird (siehe oben).

Ziele	Methoden
✓ Entspannung	Bewegte Entspannung
Aufmerksamkeit und Konzentration	Wechsel von An- und Entspannung
✓ Körperwahrnehmung	✓ Berührung
Sensibilisierung der Sinne	Konzentration auf den Körper
Positives Selbstkonzept	Fokussierung der Wahrnehmung
✓ Soziale Kompetenz	Vorstellungsbilder

Belegte Brote

Alter: 4 – 12 Jahre

Teilnehmerzahl: beliebig

Zeitaufwand: 10 – 15 Minuten

Organisation: Partnerübung; für jede Person eine Matte oder Decke als Unterlage; auch im Sitzen möglich

Material: –

Einsatz: Entspannungsstunde; Abschluss einer Bewegungs-stunde; Integration in Spiel- oder Unterrichtsabläufe (z. B. vor der Pause); Eltern-Kind-Gruppe

Spielanleitung:

„Heute habt ihr Gelegenheit, euch ein ganz leckeres Sandwich machen zu lassen. Dazu legt sich ein Kind ganz bequem auf den Bauch und das andere setzt sich daneben. Die untere Scheibe Brot oder Baguette ist der Rücken des liegenden Kindes.

Als erstes schmieren wir Butter auf beide Brothälften.

⇨ Streichbewegungen mit der flachen Hand, bis der ganze Rücken „bedeckt" ist

So, jetzt können wir das Brot belegen. Habt ihr Ideen, was gut schmeckt?

⇨ Ideen der Kinder sammeln und bei Bedarf ergänzen (z. B. Käse, Salami, Schinken, Streichwurst, Quark, Salat, Tomaten, Zwiebeln, ...)

Fragt euren Partner leise – möglichst im Flüsterton –, was er gern auf sein Brot haben möchte. Lasst euch immer jeweils nur eine Zutat nennen, legt sie aufs Brot und dann fragt nach der nächsten, bis ihr alle Wünsche erfüllt habt. Wie ihr das macht, bleibt euch überlassen. Es gibt kein richtig und falsch. Hauptsache, es tut eurem Partner gut. Wer Hilfe möchte, meldet sich einfach.

⇨ je nach gewünschtem Belag das Auflegen auf dem Rücken mit leichtem Druck der Hände imitieren

Wenn ihr fertig seid, müssen wir nur noch die zweite Brothälfte als Deckel vorsichtig oben drauf legen...

⇨ von den Schultern mit beiden Handkanten über den Rücken nach unten bis zur Hüfte schieben und dabei nach und nach die flachen Hände auflegen

... und dann das Sandwich überall leicht andrücken, damit nichts vom dem Belag herunterfällt.

⇨ mit flachen Händen auf dem ganzen Rücken leichten Druck ausüben

Hm, lecker, das Sandwich ist fertig, sieht verlockend aus und riecht auch noch soo gut! Nehmt es in die Hand und gebt es eurem Partner zum Probieren.

⇨ von den Schultern her mit den Handkanten bis zum Gesäß schieben und dann die Hände abheben; das Sandwich nach vorne zum Partner reichen

Danach Wechsel!"

Zu beachten:

Die Geschichte wird begleitend zur Massage erzählt. Zwischendurch bitte immer wieder darauf hinweisen, dass alles, was das massierende Kind macht, dem anderen angenehm sein soll. Ab und zu nachfragen und rückversichern!

Variationen:

➢ Das Sandwich zum Schluss überbacken, indem beide Hände durch Aneinanderreiben „aufgeheizt" und dann auf den Rücken des Kindes gelegt werden.

➢ Bei Eltern-Kind-Paaren können die Partner auch am Ende ins Sandwich „hineinbeißen" nach dem Motto: „Ich habe dich zum Fressen gern."

➢ Der Belag kann auch aus Sand- und Reissäckchen, Tüchern, Pappdeckeln u. ä. bestehen.

Ziele	Methoden
✓ Entspannung	Bewegte Entspannung
Aufmerksamkeit und Konzentration	Wechsel von An- und Entspannung
✓ Körperwahrnehmung	✓ Berührung
Sensibilisierung der Sinne	✓ Konzentration auf den Körper
✓ Positives Selbstkonzept	Fokussierung der Wahrnehmung
✓ Soziale Kompetenz	✓ Vorstellungsbilder

Dreckspatz

Alter: 4 – 8 Jahre

Teilnehmerzahl: beliebig

Zeitaufwand: 10 – 15 Minuten

Organisation: Partnerübung; Matte oder Decke als Unterlage

Material: –

Einsatz: Entspannungsstunde oder Abschluss einer Bewegungs-stunde; Integration in Spielabläufe; Eltern-Kind-Gruppe

Spielanleitung:

„Geht paarweise zusammen. In der folgenden Geschichte wird einer von euch vom anderen in der Badewanne gewaschen und verwöhnt. Dazu legt sich ein Kind ganz bequem auf den Bauch, auf den Rücken oder auch auf die Seite, ganz so, wie ihr mögt. Wenn ihr die Augen schließt, könnt ihr das Bad noch besser genießen.

Stellt euch vor, ihr wart den ganzen Tag draußen zum Spielen. In den letzten Tagen hat es viel geregnet, so dass es euch richtig Spaß gemacht hat, in den vielen Pfützen und Schlammlöchern zu plantschen und zu matschen. Mit einer dicken Dreckschicht bedeckt kommt ihr abends nach Hause. Eure Mutter erkennt euch kaum wieder unter der Schlammkruste und muss lachen, als sie euch so sieht. Sie steckt euch erst einmal in die warme Badewanne.

Mit der Brause duscht sie euch von oben bis unten ab.

⇨ vom Kopf bis zu den Füßen mit den Fingerspitzen in Wellenlinien über den Körper fahren und fließendes Wasser imitieren

Sie schrubbt den gröbsten Dreck mit einer Bürste ab.

⇨ mit der Faust kräftig hin und her reiben; Druck den Wünschen der massierten Kinder anpassen; Kinder dürfen sich Stellen wünschen, die besonders dreckig und deshalb gründlich bearbeitet werden müssen

Mit der Dusche könnt ihr jetzt den Dreck abspülen.

⇨ vom Kopf bis zu den Füßen mit den Fingerspitzen in Wellenlinien über den Körper fahren und fließendes Wasser imitieren

Nehmt einen weichen Schwamm und schäumt damit den ganzen Körper ein.

⇨ mit der flachen Hand in leicht kreisenden Bewegungen über den Körper streichen

Jetzt dürft ihr Badenden euch einfach entspannt ins Wasser legen und noch eine Weile die Wärme genießen.

⇨ die Hände aneinander reiben, bis sie ganz warm sind und auf den Körper des massierten Kindes legen; so lange dort lassen, bis die Wärmewirkung nachlässt, dann erneut die Hände warm reiben und an einer anderen Stelle auflegen

So, jetzt heißt es 'raus aus der Wanne' und abtrocknen! Das mag jeder ein bisschen anders. Fragt ruhig nach, wie ihr es machen sollt.

⇨ mit den flachen Händen in weiten Bewegungen über den Körper streichen, abrubbeln oder abtupfen je nach Wunsch des massierten Kindes

Zum Abschluss werdet ihr noch sanft mit Creme oder Öl eingerieben.

⇨ mit flachen Händen von den Schultern bis zu den Füßen über den Körper streichen

Wohl und zufrieden fühlt ihr euch, ganz entspannt und ruhig. Ihr freut euch auf euer gemütliches Bett und schöne Träume."

Zu beachten:

Die Geschichte wird begleitend zur Massage erzählt. Die Massage lässt sich in jeder Position durchführen. Die Lage kann dementsprechend nach den Wünschen des Kindes oder den räumlichen Bedingungen verändert werden. Zwischendurch bitte immer wieder darauf hinweisen, dass alles, was der Massierende macht, dem „badenden" Kind angenehm sein muss. Bitte ab und zu nachfragen!

Variationen:

➢ „Tierwäsche im Zoo": siehe Kap. 4.5, S. 263

Ziele	Methoden
✓ Entspannung	Bewegte Entspannung
Aufmerksamkeit und Konzentration	Wechsel von An- und Entspannung
✓ Körperwahrnehmung	✓ Berührung
✓ Sensibilisierung der Sinne	✓ Konzentration auf den Körper
✓ Positives Selbstkonzept	Fokussierung der Wahrnehmung
✓ Soziale Kompetenz	Vorstellungsbilder

Die Schnecke

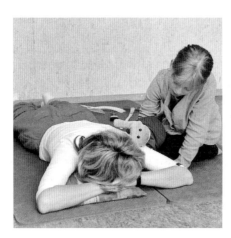

Alter: 4 – 8 Jahre

Teilnehmerzahl: beliebig

Zeitaufwand: 7 – 15 Minuten

Organisation: Partnerübung; für jede Person eine Matte oder Decke als Unterlage; Bauchlage oder rittlings im Sitzen

Material: –

Einsatz: Entspannungsstunde; Abschluss einer Bewegungs- stunde; Integration in Spielabläufe; Eltern-Kind-Gruppe

Spielanleitung:

„Eine kleine Schnecke wird bei dieser Massage einen angenehmen Spa- ziergang auf eurem Körper machen. Geht dazu paarweise zusammen. Einer von euch legt sich ganz bequem auf den Bauch, der andere setzt sich daneben und führt die Schnecke. Wenn ihr die Augen schließt, könnt ihr den Weg der Schnecke noch besser verfolgen.

Stell dir vor, genau in der Mitte deines Rückens wohnt eine kleine Schnecke.

⇨ die Faust flach in der Mitte des Rückens auflegen

Also, eigentlich braucht die kleine Schnecke ja gar kein Zuhause, da sie ihr Haus immer auf dem Rücken mitschleppt. Aber auch kleine Schnecken haben so ihre Lieblingsplätze und diese kleine Schnecke

sitzt eben gern auf deinem Rücken. Nach Sonnenaufgang kommt die kleine Schnecke langsam aus ihrem Haus heraus, schaut sich um und kriecht dann genauso langsam in immer größer werdenden Kreisen von ihrem Lieblingsplatz weg in die große weite Welt hinaus.

⇨ die flache Faust in spiralförmigen Kreisen von der Mitte des Rückens nach außen führen

Irgendwann hält die kleine Schnecke direkt vor deiner Nase.

⇨ die Faust so auf der Schulter ruhen lassen, dass das massierte Kind sie sehen kann

Sie sagt 'Hallo' und schlägt dir ein Spiel vor. Du darfst dir aussuchen, wohin die Schnecke kriechen soll und die Schnecke lernt dabei deinen ganzen Körper kennen. So habt ihr beide etwas davon.

⇨ Das massierte Kind sagt, wohin die Schnecke kriechen soll – z. B. zum rechten Fuß, zur linken Hand, auf den Po: die flache Faust langsam über den Körper schieben, ohne abzuheben und dann wieder zurück zum Gesicht führen.

Irgendwann hat die Schnecke genug gesehen und sie kriecht in immer kleiner werdenden Kreisen zu ihrem Lieblingsplatz zurück. 'Schade, dass das Schneckenspiel schon vorbei ist', denkst du. Du freust dich schon darauf, wenn sie irgendwann einmal wiederkommt."

⇨ die Faust in spiralförmigen Kreisen wieder zur Mitte zurückführen und dort noch einen Moment ruhen lassen

Zu beachten:

Die Massage lässt sich auch im Sitzen auf dem Boden oder rittlings auf einem Stuhl gut durchführen, falls ein Kind dies lieber mag oder die räumlichen Bedingungen das Hinlegen nicht zulassen. Den Druck der Massage den Bedürfnissen des massierten Kindes anpassen!

Variationen:

➢ Die Schneckenmassage kann auch mit einem Massage- oder Tennisball sowie mit einem schweren Sandsäckchen durchgeführt werden, das langsam über den Körper gezogen wird.

➢ Im Sommer ist es besonders angenehm, die Massage auf dem nackten Körper mit einem nassen Pinsel durchzuführen.

Ziele	Methoden
✓ Entspannung	Bewegte Entspannung
Aufmerksamkeit und Konzentration	Wechsel von An- und Entspannung
✓ Körperwahrnehmung	✓ Berührung
Sensibilisierung der Sinne	Konzentration auf den Körper
Positives Selbstkonzept	Fokussierung der Wahrnehmung
✓ Soziale Kompetenz	Vorstellungsbilder

Im Garten

Alter: 4 – 10 Jahre

Teilnehmerzahl: beliebig

Zeitaufwand: 10 – 15 Minuten

Organisation: Partnerübung; für jede Person eine Matte oder Decke als Unterlage; auch sitzend möglich

Material: –

Einsatz: Entspannungsstunde; Abschluss einer Bewegungsstunde; Wohlfühlpause z. B. in der Schule; Integration in Lern- oder Spielsituationen; Eltern-Kind-Gruppe

Spielanleitung:

„Geht zu zweit zusammen. Einer von euch legt sich bequem auf den Bauch. Sein Rücken ist in der folgenden Geschichte der Garten. Der andere setzt sich daneben und spielt den Gärtner.

Heute ist das richtige Wetter, um in den Garten zu gehen. Also packt ihr Spaten, Hacke, Harke, Gießkanne sowie kleine Pflänzchen und Saatgut ein und macht euch auf den Weg. Ihr seid ganz stolz, dass ihr im Garten zum ersten Mal euren eigenen Bereich bekommen habt, den ihr ganz allein gestalten dürft – so, wie ihr es wollt. Ihr habt euch lange Gedanken darüber gemacht, was ihr in eurem Garten säen und pflanzen wollt. Das Gartenstück (*Rücken*) ist schon lange nicht mehr benutzt worden und so müsst ihr es erst einmal von Unkraut befreien.

Nehmt die Hacke und lockert damit den Boden auf.

⇨ mit den Handkanten auf dem Rücken trommeln

Mit einer kleinen Hacke könnt ihr die Erdklumpen zerkleinern, um besser an das Unkraut heranzukommen.

⇨ mit den Fingerspitzen auf dem Rücken trommeln

Jetzt könnt ihr mit den Händen das Unkraut herauszupfen.

⇨ zwischen Daumen und übrige Finger Hautfalten zusammenschieben und leicht zupfen

An manchem Unkrautbüschel hängt noch so viel Erde, dass ihr diese abschlagen solltet.

⇨ zupfen und mit der flachen Hand leicht auf den Rücken schlagen

So, das Unkraut ist weg. Jetzt greift zum Spaten und grabt damit den Garten um.

⇨ mit der Handkante der hohl geformten Hand so über den Rücken streichen, als wollte man Erde in die Hand schaufeln; dann die flache Hand kurz mit Druck auflegen; mehrmals wiederholen

Nehmt jetzt die Harke und zerkleinert damit die Erdklumpen. Verteilt die Erde gleichmäßig.

⇨ mit den Fingerspitzen beider Hände vom Nacken bis zur Taille (von oben nach unten) gleichmäßig über den Rücken streichen, oben wieder ansetzen und einige Male wiederholen.

Als erstes wollt ihr nun feine Samenkörner säen, z. B. für Blumen oder Kräuter. Fragt eure Partner, was sie gerne säen möchten. Wenn es Blumen sind, lasst euch auch die Farbe sagen. Dazu zieht mit den Händen oder mit der Hacke lange gerade Furchen durch den Boden.

⇨ zwei oder drei Finger eng zusammenhalten und in langen parallelen Strichen über den Rücken fahren

Jetzt können wir die Samen in die Furchen streuen.

⇨ mit den Fingerspitzen entlang der Furchen leicht trommeln

Dann schiebt Erde darüber und drückt sie leicht an.

⇨ die Handkanten jeweils rechts und links der Furchen aufsetzen, zusammenschieben, dann die Hände flach und mit leichtem Druck auflegen

Was brauchen die Samen, damit sie sich öffnen und die Pflanzen wachsen können? – Genau, Wasser und Sonne. Nehmt also die Gießkanne und gießt reichlich Wasser auf euer Beet. Wenn ihr meint, dass es heute noch Regen gibt, könnt ihr es natürlich auch beregnen lassen.

⇨ mit den Fingerspitzen über den ganzen Rücken tippeln und Wassertropfen imitieren

Jetzt fehlt nur noch warme Sonne, damit die Pflänzchen sprießen.

⇨ die Hände solange gegeneinander reiben, bis sie ganz warm werden; warme Hände auf den Rücken legen und dort ruhen lassen, bis die Wärme nachlässt; so oft wiederholen, bis der ganze Rücken mit Wärme versorgt ist

Ihr stellt euch vor, wie das Beet wohl aussehen mag, wenn die Pflanzen gewachsen sind und freut euch schon auf den Anblick bzw. die Ernte, falls ihr etwas Essbares gesät habt."

Zu beachten:

Die Geschichte wird begleitend zur Massage erzählt. Sie lässt sich auch im Sitzen auf dem Boden oder rittlings auf einem Stuhl gut durchführen, falls ein Kind dies lieber mag oder Hinlegen nicht möglich ist.
Zwischendurch bitte immer wieder darauf hinweisen, dass alles, was der „Gärtner" macht, dem massierten Kind angenehm sein muss.

Variationen:

➢ Statt Samen zu säen, können z. B. auch kleine Setzlinge gepflanzt werden. Dazu werden mit den Händen oder der Faust Vertiefungen in die Erde gebohrt, in die dann die Pflanzen gesetzt werden. Danach die Erde an diesen Stellen mit den Handkanten zusammenschieben und andrücken.

Ziele	Methoden
✓ Entspannung	Bewegte Entspannung
Aufmerksamkeit und Konzentration	Wechsel von An- und Entspannung
✓ Körperwahrnehmung	✓ Berührung
Sensibilisierung der Sinne	Konzentration auf den Körper
✓ Positives Selbstkonzept	Fokussierung der Wahrnehmung
✓ Soziale Kompetenz	Vorstellungsbilder

Zwei Freunde

Alter: 5 – 10 Jahre

Teilnehmerzahl: beliebig

Zeitaufwand: 5 – 10 Minuten

Organisation: Partnerübung; für jede Person eine Matte oder Decke als Unterlage; ein Partner liegt auf dem Bauch, der andere sitzt daneben; auch im Sitzen möglich

Material: Entspannungsmusik

Einsatz: Entspannungsstunde; Einstieg oder Abschluss einer Bewegungsstunde; Kindergarten; Schule

Spielanleitung:

„In der folgenden Geschichte geht es um zwei gute Freunde – Tim und Tom –, die gemeinsam etwas unternehmen. Vielleicht kommen euch manche Erlebnisse der beiden Kinder ja bekannt vor. Geht zu zweit zusammen. Einer von euch legt sich ganz bequem auf den Bauch, der andere setzt sich daneben und spielt die Geschichte von Tim und Tom auf eurem Rücken. Wenn ihr mögt, könnt ihr die Augen dabei schließen, dann spürt ihr die Massagegeschichte noch besser.

Tim geht nach dem Mittagessen auf die Straße.

⇨ von der Fußsohle bis zum Rücken mit der flachen Faust Schritte imitieren

Auch Tom geht nach dem Mittagessen auf die Straße.

⇨ von der anderen Fußsohle bis zum Rücken mit der anderen flachen Faust Schritte imitieren

Beide wissen nicht, was sie tun sollen. Ihnen ist langweilig und sie schlendern langsam dahin, bis sie sich treffen.

⇨ mit beiden Fäusten langsam kreuz und quer über den Rücken wandern. Irgendwann berühren sich beide Fäuste in der Mitte des Rükkens.

'Hallo Tom!' ruft Tim. 'Hallo Tim!' ruft Tom. 'Hast du eine Idee, was wir machen können?' 'Nö. Du etwa?' 'Nö, ich weiß auch nichts.'

Und so gehen sie auf und ab und auf und ab, und überlegen, was sie tun könnten.

⇨ Mit beiden Fäusten parallel über den Rücken wandern.

Plötzlich hat Tim eine Idee: 'Wir könnten Schlittschuhlaufen! Der See ist so schön zugefroren.'

Die beiden laufen schnell nach Hause, um ihre Schlittschuhe zu holen und dann geht's los.

⇨ die Fäuste wandern vom Rücken über den Po jeweils ein Bein hinunter bis zur Fußsohle und wieder zurück zum unteren Rücken

Sie laufen erst nebeneinander her, immer schneller, dann wieder langsamer und wieder schneller.

⇨ die flachen Fäuste oder die Handinnenflächen parallel mit leichtem Druck über den ganzen Rücken gleiten lassen. Dabei das Tempo im Wechsel beschleunigen und verlangsamen.

Dann fährt Tom in Schlangenlinien und danach Tim.

⇨ erst mit einer Hand, danach mit der anderen in Schlangenlinien über den ganzen Rücken fahren. Die andere Hand ruht derweil auf dem Kreuzbein.

Tom prahlt, er könne sogar im Kreis fahren. Und so dreht er erst große und dann immer kleinere Kreise. Als der Kreis ganz klein ist, fällt er um. Dann ist Tim an der Reihe.

⇨ erst mit einer Hand, dann mit der anderen spiralförmig über den Rükken streichen. Ist der Kreis ganz eng geworden, mit der Hand kurz etwas mehr Druck ausüben. Während eine Hand kreist, liegt die andere ruhig auf dem Kreuzbein.

Die beiden werden immer mutiger, bauen sich eine Rampe und üben Sprünge. Schnell anlaufen, springen und sanft landen. Manchmal landet einer aber auch auf der Nase, das klatscht ganz schön.

⇨ beide Hände liegen am Kreuzbein rechts und links neben der Wirbelsäule. Von dort aus abwechselnd die Hände mit fester werdendem Druck in Richtung Hals schieben. Zwischen den Schulterblättern Druck allmählich lösen (*Absprung*) und danach kurz fest aufdrücken (*Landung*). Danach in einem Bogen zurück zum Ausgangspunkt massieren. Mit der anderen Hand wiederholen.

Zum Abschluss fahren die beiden noch mal gleichzeitig über zwei Rampen – synchron nennt man das. Anfangs sieht es noch nicht ganz so synchron aus, beim 5. Mal klappt's dann aber richtig gut.

⇨ wie oben, nur das beide Hände gleichzeitig rechts und links der Wirbelsäule entlang gleiten; fünf Mal wiederholen

Nun sind beide erschöpft und müde. Sie verabschieden sich, gehen nach Hause, legen sich in ihr Bett und ruhen sich bei schöner Musik ein Weilchen aus.

⇨ Je eine Faust wandert in kleinen Schritten jeweils ein Bein hinunter bis zur Fußsohle. Dort die flachen Hände auf die Fußsohlen legen und halten, bis die Musik verklingt.

Ihre Arme und Beine fühlen sich ganz angenehm schwer an ... ganz schwer. Ihre Arme und Beine sind warm ... ganz warm. Tim ist ganz ruhig und entspannt. Und Tom ist ganz ruhig und entspannt. ... Auch du bist ruhig und entspannt. ... Dein Atem geht ruhig und gleichmäßig ... ein und aus."

⇨ noch ca. 2-5 Minuten ruhige Musik laufen lassen; danach Rücknahme

Zu beachten:

Die Geschichte wird begleitend zur Massage erzählt. Wenn die Massage im Sitzen durchgeführt wird, sitzen die Kinder seitwärts oder rücklings auf einem Stuhl und lehnen sich bequem nach vorn. Das Zuhause von Tim und Tom befindet sich dann auf den Schultern. Zwischendurch bitte immer wieder darauf hinweisen, dass alles, was das massierende Kind macht, dem anderen angenehm sein muss. Immer wieder nachfragen und rückversichern!

Variationen:

➢ Tim und Tom fahren Fahrrad, Inlineskates oder Skateboard.

➢ Die Massage ist auch mit zwei Tennis- oder Noppenbällen möglich. Dadurch werden allerdings höhere koordinative Anforderungen an die Kinder gestellt.

Ziele	Methoden
✓ Entspannung	Bewegte Entspannung
Aufmerksamkeit und Konzentration	Wechsel von An- und Entspannung
✓ Körperwahrnehmung	✓ Berührung
Sensibilisierung der Sinne	✓ Konzentration auf den Körper
✓ Positives Selbstkonzept	Fokussierung der Wahrnehmung
✓ Soziale Kompetenz	Vorstellungsbilder

Autowaschanlage

Alter: 5 – 10 Jahre

Teilnehmerzahl: beliebig; als Gruppenspiel ab 5

Zeitaufwand: 5 – 15 Minuten

Organisation: Kinder bilden eine Gasse im Knien auf dem Boden; ein Kind liegt auf dem Rollbrett und fährt durch die Gasse

Material: 1 – 2 Rollbretter: evtl. mit Matten oder Kissen als Polsterung

Einsatz: Entspannungs- oder Bewegungsstunde; Integration in Spielabläufe; Eltern-Kind-Gruppe

Spielanleitung:

„Wart ihr schon einmal in einer Autowaschanlage? – In unserer Waschanlage ist ein Kind das Auto und liegt auf dem Rollbrett. Die anderen sind die Bürsten. Sie bilden eine Gasse und waschen das 'Auto'."
Das Kind auf dem Rollbrett wird vom Anleiter (oder von der Gruppe) befragt, was für ein Auto es ist (z. B. ein Porsche, Trecker, LKW, ...), wie dreckig es ist (d. h. wie stark es geschrubbt werden möchte) und was für ein Waschprogramm es wünscht. Wenn es ein Körperteil auslassen möchte, kann es sich z. B. als Cabrio ausgeben (Kopf auslassen) oder auf Unterbodenwäsche verzichten (keine Füße). Dann schiebt es sich ganz langsam auf dem Rollbrett durch die Gasse. Über sein Tempo kann es die Länge und Intensität der Massage selbst mitbestimmen. Es gibt verschiedene Waschprogramme, die vom Kind gewählt werden können. Die folgenden sind nur Vorschläge und können beliebig verändert werden.

Waschen: *Finger über den Körper gleiten lassen; mit flachen Händen leicht massieren*

Waschen mit Schaum: *siehe oben; dazu: mit flachen Händen kreisförmig massieren*

Trocknen: *kräftig pusten*

Intensive Vorwäsche: *mit den Fäusten kräftig schrubben*

Heißwachs-Politur: *mit den flachen Händen sanft über den Körper gleiten*

Unterbodenwäsche: *Füße massieren*

Felgenreinigung: *besonders Arme und Beine massieren*

Vollwaschprogramm (inklusive vorbürsten, einschäumen, abspülen, trocken pusten oder reiben und polieren): *siehe oben*

Es bleibt den Kindern in der Gasse überlassen, wie sie das Programm mit ihren Händen umsetzen und wer was macht. Wichtig ist, dass sie nur Dinge tun, die das Kind auf dem Rollbrett sich gewünscht hat und die ihm gut tun (Vermeidung von Kratzern oder Beulen auf dem Lack).

Zu beachten:

Bei diesem Spiel ist Freiwilligkeit besonders wichtig. Es gehört viel Vertrauen und von Seiten der Massierenden Achtsamkeit und Einfühlungsvermögen dazu. Bitte sehr genau darauf achten, dass das Kind in der Gasse Bedürfnisse äußert, Grenzen setzt und diese beachtet werden!

Variationen:

➢ Das Spiel kann auch gut als Partnerübung durchgeführt werden. Dies ist besonders in Gruppen, die sich noch nicht so gut kennen oder wo gegenseitige Achtsamkeit noch schwierig ist, zu empfehlen. In diesem Fall steht oder liegt ein Kind und wird von dem anderen nach dem gewünschten Programm gewaschen. Auch der Vierfüßlerstand bietet sich an.

➢ Zum Waschen können unterschiedliche Materialien wie Bürsten, Massagebälle, Tücher, Sandsäckchen, Schaumstoffstäbe, Malerrollen, u. ä. verwendet werden.

➢ Die Autowaschanlage eignet sich gut zur Integration in Spielabläufe (z. B. „Stadt" oder „Autofahren"). So können einzelne Kinder diesen Service anbieten, evtl. in Kombination mit einer Tankstelle oder Werkstatt oder der Spielleiter richtet eine Autowaschanlage ein.

Ziele	Methoden
✓ Entspannung	Bewegte Entspannung
Aufmerksamkeit und Konzentration	Wechsel von An- und Entspannung
✓ Körperwahrnehmung	✓ Berührung
Sensibilisierung der Sinne	Konzentration auf den Körper
Positives Selbstkonzept	Fokussierung der Wahrnehmung
✓ Soziale Kompetenz	Vorstellungsbilder

Skifahren

Alter: 5 – 10 Jahre

Teilnehmerzahl: beliebig

Zeitaufwand: 10 – 15 Minuten

Organisation: Partnerübung; für jede Person eine Matte oder Decke als Unterlage

Material: –

Einsatz: Winter: Entspannungs- oder Bewegungsstunde; Eltern-Kind-Gruppe

Spielanleitung:

„Hat jemand von euch schon einmal auf Skiern gestanden? – Heute könnt ihr das in der Geschichte ausprobieren. Sucht euch dazu einen Partner. Einer von euch legt sich gleich ganz entspannt hin, der andere spielt die Geschichte auf dem Rücken.

Stell dir vor, du liegst in deinem Bett und schläfst tief und fest. Da kitzelt dich ein warmer Sonnenstrahl in der Nase und du wachst auf. Du reibst dir die Augen, streckst und räkelst dich, gähnst einmal ausgiebig, wagst einen Blick aus dem Fenster ... um dich dann gleich noch einmal entspannt in die kuscheligen Kissen fallen zu lassen.

⇨ die Kinder auffordern, sich das Gesicht zu reiben und sich zu strecken, um sich dann bequem und entspannt ausgestreckt auf den Bauch zu legen und die Augen zu schließen

Du hast heute (schul)-frei und kannst deshalb noch ein bisschen im warmen Bett bleiben.

⇨ Hände aneinander warm reiben und auf den Fußsohlen des Kindes ruhen lassen

Während du so daliegst, schmiedest du Pläne für den Tag. Du schließt die Augen und stellst dir genau vor, was du heute gerne tun würdest. Es ist Winter draußen. In der Nacht hat es geschneit. Weißer Pulverschnee bedeckt das Land. Die Sonne fällt auf den Schnee und Millionen kleiner Sterne blitzen dir entgegen. 'Das ist ein Supertag zum Skilaufen', denkst du. Du stehst auf, ziehst dich an, schulterst deine Ski und spazierst damit zum Skihang.

⇨ mit den Fäusten im Wechsel über die Beine hoch, dann kreuz und quer über den Rücken laufen; danach am unteren Rücken Halt machen

Am Skihang angekommen schnallst du dir die Ski und Felle unter und gehst langsam Schritt für Schritt im Zickzack den steilen Berg hinauf. Dabei genießt du die klare von der Sonne aufgewärmte Luft.

⇨ die parallel aufgelegten Zeigefinger (*Ski*) langsam im Zickzack-Kurs bis zum Halsansatz vorwärts schieben

Von der Anstrengung und der strahlenden Sonne ist dir ganz wohlig warm geworden. So ruhst du dich oben auf dem Berg eine Weile aus und genießt die Wintersonne sowie den Blick über die wunderbare Landschaft.

⇨ Hände aneinander warm reiben und auf die Schulterblätter legen

Du stellst dir schon vor, wie du konzentriert und in großen, gleichmäßigen Kurven den Berg hinunterfährst. 'So bereiten sich die Olympiasieger auch immer auf ihre Läufe vor', denkst du. Dann stehst du auf, prüfst deine Ski, wirfst einen Blick auf den Hang und schon geht es los. Elegant und locker fährst du deine kurvigen Bahnen. Du fühlst dich sicher und genießt es, so schnell zu sein.

⇨ mit den Händen (oder Zeigefingern) parallel in großen Schwüngen über den Rücken in Richtung Po gleiten

Unten angekommen, machst du dich sofort wieder auf den Weg nach oben. Das hat so viel Spaß gemacht, das musst du gleich noch einmal probieren. Einige Male saust du noch den Berg hinunter und stapfst wieder hinauf.

⇨ wie oben; so häufig wiederholen, wie es dem Kind angenehm ist (ca. 3 – 4 Mal); Häufigkeit auch abhängig von der Konzentrationsfähigkeit des massierenden Partners

Vielleicht fühlst du dich auch so sicher, dass du es einmal mit einer Schussfahrt probieren magst.

⇨ die parallelen Hände (oder Zeigefinger) rechts und links der Wirbelsäule gerade vom Hals bis zu den Hüften gleiten lassen

Du hattest schon ganz vergessen, wie anstrengend Skifahren sein kann. Vor der letzten Abfahrt ruhst du dich noch eine Weile oben auf dem Berg in der warmen Sonne aus.

⇨ Hände aneinander warm reiben und auf den Schulterblättern ruhen lassen

Dann machst du dich auf den Heimweg. Du genießt die letzte Abfahrt, fährst ganz in Ruhe den Berg hinunter. Bis zu deinem Haus geht es ganz leicht bergab, sodass du langsam bis vor die Haustür gleiten kannst.

⇨ mit den Händen vom Hals über den Rücken bis zu den Füßen streichen

War das ein schöner Tag!"

Zu beachten:

Die Geschichte wird begleitend zur Massage erzählt. Zwischendurch bitte immer wieder darauf hinweisen, dass alle Berührungen dem massierten Kind angenehm sein müssen. Ab und zu nachfragen und rückversichern! Bei taktil empfindlichen Kindern eher mit der flachen Hand arbeiten, um Kitzeln zu vermeiden.

Variationen:

➢ Das Kind geht Schlittenfahren. In diesem Fall werden die Bewegungen nur mit einer Hand ausgeführt, es sei denn es hat einen Freund dabei.

➢ Ein Skischlepplift bringt das Kind immer wieder den Berg hinauf. Dazu werden beide Hände oder Zeigefinger parallel den Hang hinaufgeschoben.

Ziele	Methoden
✓ Entspannung	Bewegte Entspannung
Aufmerksamkeit und Konzentration	Wechsel von An- und Entspannung
✓ Körperwahrnehmung	✓ Berührung
Sensibilisierung der Sinne	Konzentration auf den Körper
Positives Selbstkonzept	Fokussierung der Wahrnehmung
✓ Soziale Kompetenz	Vorstellungsbilder

Plätzchen backen

Alter: 4 – 12 Jahre

Teilnehmerzahl: beliebig

Zeitaufwand: 10 – 15 Minuten

Organisation: Partnerübung; für jede Person eine Matte oder Decke als Unterlage; kann auch als Gruppenübung im Kreis hintereinander sitzend durchgeführt werden

Material: –; evtl. Keksformen

Einsatz: Adventszeit: Entspannungsstunde; Kindergarten; Weihnachtsfeiern; Integration in Spielabläufe; Eltern-Kind-Gruppe

Spielanleitung:

„Ich möchte heute mit euch Plätzchen backen. Dazu legt sich ein Kind ganz bequem auf den Bauch und das andere setzt sich daneben. Unsere Arbeitsfläche und das Backblech, auf dem wir die Kekse backen, ist der Rücken des liegenden Kindes.

Zuerst sieben wir Mehl auf die Arbeitsfläche und fügen eine Prise Salz hinzu.

⇨ mit den Fingerkuppen ganz leicht über den Rücken tippeln

In die Mitte des Mehlhaufens streuen wir den Zucker und drücken eine Vertiefung hinein.

215

⇨ in der Mitte des Rückens mit den Fingerkuppen trommeln, dann mit allen Fingern gleichzeitig kurz drücken

In diese Mulde schlagen wir zwei Eier.

⇨ die Faust mit dem Handrücken nach oben auf den Rücken legen, mit der anderen Hand darauf schlagen und die Finger der unteren Hand nach außen gleiten lassen

Jetzt setzen wir noch Butter oder Margarine in kleinen Flöckchen oben auf und kneten alles kräftig durch.

⇨ mit den drei mittleren Fingern das Aufsetzen der Butterflöckchen imitieren und mit beiden Händen kräftig die Rückenmuskulatur kneten; die Massierten fragen, ob es angenehm ist, oder ob stärker oder weniger stark massiert werden soll

Den Teig nun zu einer Kugel formen und ca. 1 Std. im Kühlschrank ruhen lassen. Währenddessen fetten wir das Blech schon einmal ein. Dazu streichen wir Margarine, Butter oder Öl mit den Fingern...

⇨ kleine kreisende Bewegungen mit den drei mittleren Fingern

... oder mit dem Pinsel auf das Blech.

⇨ im Wechsel die Vor- und Rückseite der Finger zum Streichen benützen

Nun legen wir den Teig auf das Blech und kneten ihn noch einmal richtig durch.

⇨ den Rücken kräftig mit flachen Fingern massieren und durchkneten

Dann wird der Teig mit den Händen in der Mitte zusammengeschoben. Jetzt könnt ihr das Nudelholz herausholen...

⇨ Das Nudelholz ist der Unterarm: Ärmel hochschieben

... und damit den Teig ausrollen.

⇨ den Unterarm locker auf die Wirbelsäule legen und mit Druck von der Wirbelsäule nach außen schieben, dann wieder in der Mitte ansetzen und zur anderen Seite schieben; mehrmals wiederholen

So, jetzt können wir die Plätzchen mit unseren Formen ausstechen. Bitte fragt eure Partner, was für Plätzchen sie gern haben möchten (z. B. Taler, Sterne, Tannenbäume, ...)

⇨ mit Hand und Fingern Formen auf den Rücken pressen oder mit dem Finger nachmalen (bei Kindern, die viel Druck mögen, mit der flachen Hand Taler aufdrücken)

Wenn ihr wollt, könnt ihr die Plätzchen noch mit Nüssen oder Mandeln verzieren oder mit Eigelb bestreichen.

⇨ mit den Fingerkuppen das Auflegen der Nüsse bzw. das Streichen imitieren

Jetzt kratzt mit den Fingern den Restteich zwischen den einzelnen Plätzchen vom Blech und legt ihn zur Seite (oder nascht davon!)

⇨ mit den Zeigefingern in Schlangenlinien über den Rücken fahren

So, jetzt können die Kekse im Ofen gebacken werden. Dazu heizen wir ihn auf 200 Grad Celsius vor und lassen die Kekse darin goldbraun backen.

⇨ die Hände solange gegeneinander reiben, bis sie ganz warm werden und sie auf den Rücken legen. Dort eine Weile ruhen lassen und erneut heizen und backen.

Hmm, riecht das guut! Holt die Kekse mit dem Holzschieber vom Blech, ...

⇨ mit den Handkanten oben an den Schultern ansetzen und bis zu den Füßen hinunter mit den Händen ausstreichen

...lasst sie eine Weile auskühlen und dann probiert gemeinsam diese Leckerei."

Zu beachten:

Die Geschichte wird begleitend zur Massage erzählt. Sie lässt sich auch im Sitzen auf dem Boden oder rittlings auf einem Stuhl durchführen, falls ein Kind dies lieber mag oder die räumlichen Bedingungen es nicht anders zulassen. Zwischendurch bitte immer wieder darauf hinweisen, dass alles, was der „Plätzchenbäcker" macht, dem massierten Kind angenehm sein muss. Ab und zu nachfragen! Bei taktil empfindlichen Kindern eher mit der flachen Hand arbeiten, um Kitzeln zu vermeiden. Den Druck der Massage den Bedürfnissen des massierten Kindes anpassen.

Variationen:

➢ Wenn nicht so viel Zeit zur Verfügung steht, kann die Herstellung des Teigs ausgelassen werden. Verlängern lässt sich die Massage durch das Säubern des Blechs vorher und nachher (siehe „Obstkuchen": S. 194)

➢ In den Teig selbst können nach Wunsch Nüsse oder Gewürze eingearbeitet werden. Die noch heißen Kekse können mit Marmelade oder Schokolade bestrichen werden.

➢ „Pizza backen"; „Obstkuchen" (S. 194)

Fantasiereisen

Inhalt

4.6 Fantasiereisen

*„Es gibt Menschen, die können nie nach Phantasien kommen ...,
und es gibt Menschen, die können es, aber sie bleiben für immer
dort. Und dann gibt es noch einige, die gehen nach Phantasien
und kehren wieder zurück – So wie du, Bastian. Und die machen
beide Welten gesund.“* (Ende 1979, Klappentext)

Fantasie entspricht der Fähigkeit, innere Bilder zu erschaffen. Diese begleiten immer auch unser Handeln im Alltag, allerdings geschieht dies meist unbewusst. Fantasiereisen bringen uns in Kontakt mit unserer inneren Welt, mit unseren Vorstellungen und Fantasien (vgl. Teml & Teml 1995, 5). Die bewusste Aktivierung der Innenwelt durch positive entspannungs- und persönlichkeitsfördernde Fantasiereisen eröffnet andere Sichtweisen und Haltungen, gibt Kraft und Ruhe sowie neue Ideen für das Handeln in der Alltagswelt. Fantasiereisen wirken ganzheitlich: Körper und Geist werden entspannt und die Seele gestärkt.

Für Kinder haben Fantasiereisen einen erzieherisch bildenden Wert, indem sie die vorhandene Fähigkeit zu bildlichem Denken und kreativen Vorstellungen bewahren und weiterentwickeln. Die Hinwendung nach Innen und die gezielte Wahrnehmung von bildhaften Vorstellungen, Gedanken, Gefühlen und körperlichen Empfindungen stellt ein bedeutsames Gegengewicht zu der immer stärker werdenden Außenorientierung dar. Kinder (und auch Erwachsene) werden im Alltag von immer mehr Reizen überflutet, was es zunehmend schwieriger macht, im Kontakt mit sich selbst zu bleiben und sich gegen überfordernde Eindrücke zu schützen.

Die in diesem Kapitel vorgestellten Fantasiereisen tragen über Ruhe vermittelnde Bilder dazu bei, dass Gefühle von Stress und Hektik abgebaut und eine positive, entspannte Haltung gefördert wird. Dabei ist nicht so sehr die Handlung oder der Inhalt der Geschichte von Bedeutung, sondern vielmehr die Empfindungen, Gedanken und Gefühle, die durch die vermittelten Bilder entstehen. So beinhalten Fantasiereisen immer auch Hinweise auf das, was gesehen, gehört, gefühlt, manchmal sogar geschmeckt oder gerochen werden kann. Diese Fokussierung auf die Sinneswahrnehmungen intensiviert das Erleben und die physiologische und psychologische Entspannungswirkung. Einzelne der hier vorgestellten Geschichten dienen darüber hinaus gezielt der Stärkung der Persönlichkeit.

Fantasiereisen können eher „offen“ oder eher „geschlossen“ sein. Offene Fantasiereisen geben viel Spielraum zur individuellen Ausgestaltung und Entwicklung. Geschlossene Vorstellungsgeschichten dagegen geben relativ genaue Details vor. Je nach Zielsetzung ist eine eher offene oder geschlossene Anleitung sinnvoll. Die hier vorgestellten Fantasiereisen lassen sich in die eine oder andere Richtung abwandeln.

Der Anfang und das Ende der Fantasiereisen bleibt immer gleich. Zu Beginn hilft der Hinweis auf eine bequeme Lage (Rückenlage, evtl. auch entspanntes Sitzen: siehe Kap. 3.1., S. 54ff.), das Schließen der Augen und die Hinwendung zum eigenen Atem, in einen entspannten Zustand zu kommen und für die folgenden Bilder und Sinneseindrücke offen zu sein. Die Fantasiereisen enden jeweils mit der Rücknahme (vgl. Kap. 3.3, S. 63). Während die Kinder einleitend als ganze Gruppe mit „ihr" und „euch" angesprochen werden, wechselt die Anrede zum „du", sobald die Aufmerksamkeit ganz auf die eigene Person gelenkt wird. Damit werden die individuellen Gefühle, Gedanken und Körperempfindungen betont. Soll eine Tiefenentspannung eher vermieden werden, kann die Gruppenanrede in der gesamten Geschichte beibehalten werden.

Voraussetzung für den Einsatz von Fantasiereisen ist es, den ausgewählten Text vorher in Ruhe möglichst laut zu lesen und auf sich wirken zu lassen. Bei diesem „Test" wird deutlich, ob der Text für die entsprechende Zielgruppe geeignet oder gegebenenfalls verändert werden sollte. Hilfreich ist es, beim Vorlesen die Bilder selbst innerlich nachzuvollziehen. Das erleichtert zum einen die Einschätzung des Lesetempos, zum anderen bietet die Produktion eigener innerer Bilder einen guten Anknüpfungspunkt zum einfühlsamen und respektvollen Austausch der Erfahrungen in der Gruppe. Die Punkte (...) geben jeweils Sprechpausen an. Wer Fantasiereisen einsetzt, sollte darüber hinaus eigene Erfahrungen mit angeleiteten Vorstellungsübungen mitbringen, um über den Kontakt zur eigenen inneren Welt auch anderen diese Erfahrung authentisch vermitteln zu können.

Im Anschluss an eine Fantasiereise sollte auf freiwilliger Basis Gelegenheit zum Ausdruck (z. B. über Malen oder Schreiben) oder zumindest zum Austausch der Erlebnisse gegeben werden. Am Ende der hier vorgestellten Fantasiereisen stehen zum Teil Anregungen, Fragen und Ideen zur Weiterarbeit.

Literatur:

Friebel, V & zu Knyphausen, S. (1997): Geschichten, die Kinder entspannen lassen. 4. Auflage. München: Südwest.

Friedrich, S. & Friebel, V. (2001): Entspannung für Kinder. Übungen zur Konzentration und gegen Ängste. 4. Auflage. Reinbek: Rowohlt.

Murdock, M. (1989): Dann trägt mich eine Wolke ... Wie Große und kleine spielend lernen. Freiburg i. B.: H. Bauer.

Teml, H. & Teml, H. (1995): Komm mit zum Regenbogen. Phantasiereisen für Kinder und Jugendliche. Linz: Veritas-Verlag.

Vopel, K. (1989): Kinder ohne Streß. Hamburg: Isko-Press

Ziele	Methoden
✓ Entspannung	Bewegte Entspannung
Aufmerksamkeit und Konzentration	Wechsel von An- und Entspannung
✓ Körperwahrnehmung	Berührung
Sensibilisierung der Sinne	✓ Konzentration auf den Körper
✓ Positives Selbstkonzept	Fokussierung der Wahrnehmung
Soziale Kompetenz	✓ Vorstellungsbilder

Traumschaukel

Alter: ab 5 Jahre

Sicherlich habt ihr schon des öfteren auf einer Schaukel gesessen. In dieser Fantasiereise könnt ihr erleben, wie es ist, auf eurer Traumschaukel zu schaukeln. Setzt oder legt euch dazu ganz entspannt hin. ...

Schließe deine Augen ... achte darauf, dass du es richtig bequem hast ... vielleicht willst du deine Lage noch einmal ein wenig verändern. ... Wenn du so weit bist, gehe mit deiner Aufmerksamkeit zu deinem Atem. ... Beobachte, wie er ganz von selbst ein und aus geht ... ein und aus ... ein und aus ...

Stell dir vor, du gehst über eine grüne Wiese und von weitem entdeckst du eine Schaukel. Du näherst dich und kannst mit jedem Schritt die Schaukel besser erkennen. ... „Wow", denkst du, eine so tolle Schaukel hast du noch nie gesehen. Die Schaukeln, auf denen du bisher gesessen hast, waren oft zu klein oder zu groß, ... oder standen an einem weniger schönen Ort. ... Diese Schaukel aber ist genau so, wie du sie dir immer gewünscht hast. ... Sie ist wie für dich gemacht. ... So setzt du dich auf die Schaukel und nimmst mit den Beinen und deinem ganzen Körper Schwung. ... Die Schaukel kommt in

Bewegung, ... schwingt hin und her, gerade so, wie es dir gefällt. ... Du hast das Gefühl zu fliegen ... der Wind streift deinen Körper ... angenehm warm ... du fühlst dich leicht und frei ... überlässt dich ganz dem Rhythmus der Schaukel ... hin und her ... hin und her. ... Du merkst, dass dein Atem und das Hin und her der Schaukel nach und nach dem selben Rhythmus folgen. Ein und aus ... hin und her ... ein und aus ... hin und her. ... Schwerelos fliegst du vor und zurück ... du fühlst dich beschwingt und glücklich ... vielleicht zeigst du deine Freude durch ein Jauchzen oder eine gesummte Melodie, ganz so, wie es von selbst aus dir heraus kommt. ... Dein Blick schweift über die Landschaft vor dir ... unberührte Natur, so weit dein Auge reicht ... vielleicht siehst du grüne Wiesen ... Bäume ... Hügel und Berge ... vielleicht ist dort ein See, der im Sonnenlicht glitzert ... egal, wie die Landschaft aussieht, die sich vor dir ausbreitet ... sie gibt dir ein Gefühl von Ruhe und Gelassenheit. ... Du schließt die Augen für einen Moment, kannst die klare Luft riechen ... alles ist so friedlich und still. ... Auch du spürst in dir Frieden und Ruhe ... ganz entspannt lässt du dich von der Schaukel tragen ... genießt dieses Gefühl von Leichtigkeit und Ruhe. ... Das Hin und Her der Schaukel wird allmählich weniger, ... ganz sanft wiegt sie dich im Wind ... die Bewegung ist nun kaum noch zu spüren. ... In dir bleibt das wohlige Gefühl. ... Lass es noch einen Moment auf dich wirken.

Komm nun langsam, in deinem Tempo, zurück in diesen Raum. .... Bewege deine Finger und Füße ... streck und räkele dich, als wärst du gerade aufgewacht. ... Atme tief ein und aus ... öffne deine Augen. ... Streck dich noch einmal richtig, bis du wieder ganz wach und zurück in diesem Raum bist.

Ziele	Methoden
✓ Entspannung	Bewegte Entspannung
Aufmerksamkeit und Konzentration	Wechsel von An- und Entspannung
✓ Körperwahrnehmung	Berührung
Sensibilisierung der Sinne	Konzentration auf den Körper
Positives Selbstkonzept	✓ Fokussierung der Wahrnehmung
Soziale Kompetenz	✓ Vorstellungsbilder

Im Boot

Alter: ab 5 Jahre

Ihr wart sicherlich schon einmal an einem See oder am Meer und habt vielleicht die Boote beobachtet, wie sie ganz leicht auf den Wellen schaukeln. In dieser Fantasiereise könnt ihr dieses angenehme Gefühl mit eurem eigenen Boot auf dem Wasser erleben. Legt euch dazu ganz bequem und entspannt hin ...

Schließe deine Augen ... achte darauf, dass du es ganz bequem hast ... vielleicht willst du deine Lage noch einmal ein wenig verändern. ... Wenn du so weit bist, gehe mit deiner Aufmerksamkeit zu deinem Atem. ... Beobachte, wie er ganz von selbst kommt und geht ... ein und aus ... ein und aus ...

Stell dir vor, du sitzt oder liegst ganz bequem in deinem Boot ... die Wellen wiegen es leicht hin und her. ... Ganz gemütlich ist es hier. Die Sonne scheint angenehm warm auf deine Haut ... ab und zu streicht ein zarter Windhauch über dich hinweg. ... Du schaust in den blauen Himmel über dir ... siehst eine Möwe kreisen ... und folgst ihr mit deinem Blick. ... Du hörst das leise Plätschern des Wassers, das bei jeder kleinen Welle gegen den Bootsrand schwappt. ... Das leichte gleichmäßige Schaukeln des Bootes hüllt dich ein in ein wunderbares Gefühl von Geborgenheit und Ruhe ... du genießt dieses Gefühl, ... lässt dich tragen auf dem Wasser ... ganz leicht schaukelt das Boot hin ... und her ... hin ... und her. ... Dein Atem geht dabei ruhig und gleichmäßig ein ... und aus ... ein und aus. ... Du fühlst dich rundum wohl, sicher und geborgen in deinem Boot. ... Ruhig und gelassen liegst du da, ganz entspannt und zufrieden. ...

Komm nun langsam, in deinem Tempo, zurück in diesen Raum. ... Bewege deine Finger und Füße ... streck und räkele dich, als wärst du gerade aufgewacht. ... Atme tief ein und aus ... öffne deine Augen. ... Streck dich noch einmal richtig, bis du wieder ganz wach und zurück in diesem Raum bist.

Ziele	Methoden
✓ Entspannung	Bewegte Entspannung
Aufmerksamkeit und Konzentration	Wechsel von An- und Entspannung
✓ Körperwahrnehmung	Berührung
Sensibilisierung der Sinne	✓ Konzentration auf den Körper
✓ Positives Selbstkonzept	Fokussierung der Wahrnehmung
✓ Soziale Kompetenz	✓ Vorstellungsbilder

Wie ein Fisch im Wasser

Alter: ab 6 Jahre

Habt ihr schon einmal Fische in einem Aquarium beobachtet, wie sie sich mal still und langsam, mal ganz flink im Wasser tummeln? Ganz leicht sehen ihre Bewegungen aus. In dieser Fantasiereise habt ihr die Möglichkeit, euch wie ein Fisch im Wasser zu bewegen. Legt euch dazu ganz entspannt hin. ...

Schließe deine Augen ... achte darauf, dass du es ganz bequem hast ... vielleicht willst du deine Lage noch einmal ein wenig verändern. ... Wenn du so weit bist, gehe mit deiner Aufmerksamkeit zu deinem Atem. ... Beobachte, wie er ganz von selbst kommt und geht ... ein und aus ... ein und aus. ...

226

Stell dir vor, du wärst ein wunderbarer Fisch ... du lebst im warmen Wasser der Südsee, wo es ganz viele bunte Fische gibt. ... Du aber bist der schönste von allen. ... Kein anderer Fisch hat so eine schillernde Farbe ... kein anderer Fisch ist so flink und wendig wie du ... kein anderer Fisch ist in der Lage, so lange ganz entspannt und still an einem Ort zu bleiben, ohne sich zu rühren ... kein anderer Fisch kann so gut beobachten wie du. ... Die anderen Fische mögen dich gern, weil du zwar ein ganz besonderer Fisch bist, aber dennoch mit allen anderen gut auskommst. ...

Du liebst es, die Unterwasserwelt zu erkunden ... genießt das Gefühl, lautlos und leicht durch das warme Wasser zu schweben. ... Es kostet dich keine Anstrengung, mit ein paar einfachen Flossenbewegungen vorwärts zu streben ... du gleitest dahin ... vorbei an bunten Korallenriffen ... andere schillernde Fische kreuzen deinen Weg ... einzelne ... aber auch ganze Schwärme, die sich alle in demselben Tempo in genau dieselbe Richtung bewegen. ... Der Meeresgrund ist sandig und hell ... hinter einem Steinblock, der dort liegt, wohnt die träge freundliche Riesenschildkröte, die du schon häufig besucht hast. ... Sie ist wohl die einzige, die sich noch geruhsamer und entspannter im Wasser bewegen kann als du. ... Aber auch du bist heute besonders entspannt und ruhig, während du gemächlich dahintreibst ... die friedliche Stille an diesem Ort genießt. ... Du bist zufrieden ... fühlst dich rundum wohl in der Schwerelosigkeit des warmen Wassers. ...

Komm nun langsam, in deinem Tempo, zurück in diesen Raum. .... Bewege deine Finger und Füße ... Streck und räkele dich, als wärst du gerade aufgewacht. ... Atme tief ein und aus ... öffne deine Augen. ... Streck dich noch einmal richtig, bis du wieder ganz wach und zurück in diesem Raum bist.

Ziele	Methoden
✓ Entspannung	Bewegte Entspannung
Aufmerksamkeit und Konzentration	Wechsel von An- und Entspannung
✓ Körperwahrnehmung	Berührung
✓ Sensibilisierung der Sinne	✓ Konzentration auf den Körper
Positives Selbstkonzept	✓ Fokussierung der Wahrnehmung
Soziale Kompetenz	✓ Vorstellungsbilder

Am Strand

Alter: ab 6 Jahre

War einer von euch schon einmal am Meer? Gab es dort einen Sandstrand? – Egal, ob ihr Strände aus eigener Erfahrung kennt oder nicht: In
der Geschichte, die ich euch gleich erzählen werde, könnt ihr erleben,
wie es ist, an einem wunderbaren Sandstrand zu sein. Alles, was ihr
dafür braucht, ist eure Fantasie. Legt euch ganz bequem auf den Rükken. ... Die Arme liegen neben dem Körper, die Beine sind lang ausgestreckt. ...

Ganz locker und entspannt liegst du da. ... Schließe deine Augen. ...
Vielleicht willst du deine Lage noch einmal ein wenig verändern, damit du
es ganz bequem hast. ... Wenn du so weit bist, gehe mit deiner Aufmerk-

samkeit zu deinem Atem ... beobachte, wie er ganz von selbst kommt und geht ... ein und aus ... ein und aus. ...

Stell dir vor, du stehst mit deinen nackten Füßen im warmen weichen Sand. ... Du lässt den Blick schweifen über den goldgelben Strand ... und das tiefblaue Meer. ... Ein Gefühl von Ruhe und Freiheit erfüllt dich und lässt deinen Atem noch tiefer und leichter fließen, ... ganz von selbst ... ein ... und aus. So weit das Auge reicht, siehst du nur Sand und Meer. ... Vielleicht sind da noch andere Menschen in deiner Nähe, vielleicht hast du den Strand aber auch für dich alleine, wenn du das hier lieber magst. ... Nur ein Schwarm Seevögel spielt nicht weit von dir mit den Wellen. ... Du bekommst Lust, am Strand entlang zu laufen ... die Vögel zeigen dir den Weg ... starten und landen, immer ein Stück voraus. ... Vielleicht schlenderst du einfach so dahin und spürst den Sand unter deinen Füßen ... vielleicht möchtest du auch rennen und hüpfen, dich drehen und im Sand herumtollen. Niemand sagt dir, was du zu tun hast. Du allein entscheidest. ... Nach einer Weile wirst du müde. ... Du legst dich hin und merkst, wie dein Körper ein kleines Stück in den Sand einsinkt und einen Abdruck hinterlässt. Du spürst genau deinen Kopf, ... deine Arme, ... Rücken, Po und Beine, wie sie im warmen Sand aufliegen und gehalten werden. Arme und Beine sind angenehm schwer und warm. ... Wärmende Sonnenstrahlen umhüllen dich ... ein sanfter Wind streichelt dein Gesicht. ... Die Luft schmeckt frisch und salzig. ... Du schaust verträumt in den blauen Himmel ... deine Augen verfolgen kleine weiße Wölkchen, die langsam vorbeiziehen, als hätten sie alle Zeit der Welt. ... Auch du hast Zeit und Ruhe. ... Zeit, den Wellen zu lauschen, wie sie gleichmäßig kommen und gehen ... genau wie dein Atem ... gleichmäßig ein und aus. ... Eine Weile bleibst du noch liegen und ruhst dich aus ... genießt dieses wohlige Gefühl von Ruhe und Entspannung im weichen, warmen Sand ...

Komm nun langsam, in deinem Tempo, zurück in diesen Raum. .... Bewege deine Finger und Füße ... Streck und räkele dich, als wärst du gerade aufgewacht. ... Atme tief ein und aus ... öffne deine Augen. ... Streck dich noch einmal richtig, bis du wieder ganz wach bist.

Ziele	Methoden
✓ Entspannung	Bewegte Entspannung
Aufmerksamkeit und Konzentration	Wechsel von An- und Entspannung
Körperwahrnehmung	Berührung
✓ Sensibilisierung der Sinne	Konzentration auf den Körper
✓ Positives Selbstkonzept	✓ Fokussierung der Wahrnehmung
Soziale Kompetenz	✓ Vorstellungsbilder

Im Riesenrad

Alter: ab 6 Jahre

Ist einer von euch auf dem Jahrmarkt schon einmal in einem Riesenrad gefahren? – Das ist ein ganz besonderes Gefühl und es gibt viel zu sehen. In der folgenden Geschichte könnt ihr eine Riesenradfahrt erleben. Macht es euch dazu im Liegen ganz bequem ... die Arme liegen neben dem Körper, ... die Beine sind lang ausgestreckt. ...

Schließe deine Augen, ... und komm nun ganz zur Ruhe. ... Wenn es still geworden ist und ich nur noch euren Atem höre, beginnt die Fahrt mit dem Riesenrad. ...

Du sitzt zusammen mit einem Menschen, den du sehr magst – vielleicht ein Freund oder deine Mutter – in der geräumigen und gemütlichen Gondel des Riesenrades. Alles, was du im Moment spürst, ist, dass die Gondel ganz leicht hin und her schwankt. ... Diese leichte Schaukelei vertreibt deine Aufregung und du wirst immer gelassener. Dein Atem geht ganz ruhig und gleichmäßig ein ... und aus. ... Du hörst leise Musik im Hintergrund ... die Fahrt geht los. ... Ruhig und gleichmäßig setzt sich das Riesenrad in Bewegung ... eure Gondel wird langsam immer weiter nach oben getragen ... du fühlst dich sicher und geborgen. ... Du genießt das Gefühl, getragen zu werden. ... Mit jedem Meter kannst du mehr von dem erkennen, was unter euch liegt. ... Du siehst die Stände auf dem Jahrmarkt, all die Menschen, wie sie klein und geräuschlos durch die Gassen schieben ... siehst den Kirchturm, der jetzt zum Greifen nah scheint. ... Wie ein Vogel schwebt ihr über all dem Treiben. ... Du fühlst dich frei, heiter und ganz gelöst. ... Du hast viel Zeit, alles zu beobachten, was du dort unten entdecken kannst. ... Die Gondel schiebt sich langsam vorwärts, senkt sich, um dann wieder in die Höhe zu steigen. Du wünschtest, die Fahrt würde nie zu Ende gehen. ... Irgendwann aber bleibt eure Gondel unten stehen, ein freundlicher Mann reicht dir die Hand und hilft dir beim Aussteigen. „Na, wie war's?", fragt er mit einem Lächeln auf dem Gesicht. „Wunderbar, ein bisschen wie Fliegen", antwortest du und hängst noch eine Weile deinen Eindrücken nach.

Komm nun langsam, in deinem Tempo, zurück in diesen Raum. ... Bewege deine Finger und Füße ... streck und räkele dich, als wärst du gerade aufgewacht. ... Atme tief ein und aus ... öffne deine Augen. ... Streck dich noch einmal richtig, bis du wieder ganz wach bist.

Ziele	Methoden
✓ Entspannung	Bewegte Entspannung
Aufmerksamkeit und Konzentration	Wechsel von An- und Entspannung
Körperwahrnehmung	Berührung
✓ Sensibilisierung der Sinne	Konzentration auf den Körper
✓ Positives Selbstkonzept	✓ Fokussierung der Wahrnehmung
Soziale Kompetenz	✓ Vorstellungsbilder

Winter Wunderland

Alter: ab 6 Jahre

Viele verbinden mit Winter graues nasskaltes Wetter, Schneematsch und rutschige Straßen. Dass Winter auch zauberhaft schön sein kann, werdet ihr in der folgenden Geschichte erleben. Legt euch dazu ganz entspannt hin. ...

Schließe deine Augen ... achte darauf, dass du es richtig bequem hast. ... Wenn du so weit bist, gehe mit deiner Aufmerksamkeit zu deinem Atem. ... Beobachte, wie er ganz von selbst kommt und geht .... ein und aus ... ein und aus ...

232

Stell dir vor, du wachst morgens auf, schaust aus dem Fenster und siehst weiße dicke Flocken herunterrieseln: „Schnee! Endlich Schnee", denkst du. Du bist ganz aufgeregt, ziehst dich schnell mollig warm an und schon bist du draußen im Schneetreiben. Die Flocken sind so dicht, dass du kaum weiter als ein paar Meter sehen kannst. In kürzester Zeit hat sich alles in ein weißes Zauberland verwandelt. ... Du stapfst durch den Schnee, hörst dieses besondere Geräusch deiner einsinkenden Stiefel, das nur Schnee machen kann. ... Um dich herum ist es still ... lautlos fallen die Schneeflocken zu Boden ... setzen sich sanft auf die weiche weiße Decke, die alle Geräusche verschluckt. Du bleibst stehen und lauschst in die Stille ... nur dein Atem ist zu hören. ... Die Schneeflocken tanzen vor deinem Gesicht wie fröhliche Kinder ... du versuchst, einzelne von ihnen aufzufangen – mit dem Arm ... der Hand ... vielleicht sogar mit dem Knie oder deinem Mund. ... Während du durch den Schnee spazierst, werden die Flocken weniger und immer kleiner. Schließlich hört es auf zu schneien, eine weiße Wunderlandschaft bleibt zurück. ... Die Sonne blitzt durch die Wolken ... breitet sich immer mehr aus und verwandelt schließlich alles um dich herum in eine Glitzerwelt. ... Wie Millionen von kleinen Sternen blitzt dir der Schnee entgegen ... die Bäume und Häuser tragen stolz eine dicke Puderzuckerschicht ... unberührt liegen weiße seichte Schneewellen vor dir. ... Du genießt das Gefühl, der Erste zu sein, der dieses Wunderland betritt. ... Deine Fußstapfen ziehen Spuren, die dir später den Weg zurück weisen werden. ... Du atmest die klare frische Luft ... spürst, wie die Sonne dich wärmend durchströmt ... in dir breitet sich ein Gefühl von Ruhe, Gelassenheit und wohliger Freude aus. ... Auf dem Rückweg nimmst du mit jedem Atemzug ein Stück der winterlich friedlichen Stille in dich auf ... lässt Entspannung und Wohlgefühl in dir wachsen. ...

Komm nun langsam, in deinem Tempo, zurück in diesen Raum. ... Bewege deine Finger und Füße ... streck und räkele dich, als wärst du gerade aufgewacht. ... Atme tief ein und aus ... öffne deine Augen. ... Streck dich noch einmal richtig, bis du wieder ganz wach und hierher zurückgekehrt bist.

Ziele	Methoden
✓ Entspannung	Bewegte Entspannung
Aufmerksamkeit und Konzentration	Wechsel von An- und Entspannung
✓ Körperwahrnehmung	Berührung
Sensibilisierung der Sinne	✓ Konzentration auf den Körper
✓ Positives Selbstkonzept	Fokussierung der Wahrnehmung
Soziale Kompetenz	✓ Vorstellungsbilder

Baby

Alter: ab 8 Jahre

Wahrscheinlich werdet ihr euch nicht daran erinnern können, wie es war, als ihr noch ein kleines Baby wart. Vielleicht könnt ihr in dieser Fantasiereise spüren, wie es ist, liebevoll gehalten zu werden wie ein Baby in den Armen seiner Mutter. Legt euch dazu ganz entspannt hin. Ihr dürft euch auch auf die Seite oder auf den Bauch legen, ganz so, wie es für euch am bequemsten ist. ...

Schließe deine Augen ... achte darauf, dass du es ganz kuschelig und bequem hast ... vielleicht willst du deine Lage noch einmal ein wenig verändern. ... Wenn du so weit bist, gehe mit deiner Aufmerksamkeit zu deinem Atem. ... Beobachte, wie er ganz von selbst kommt und geht ... ein und aus ... ein und aus ...

Stell dir vor, du wärst ein kleines Baby. Das Baby kann noch nicht sitzen, laufen oder reden. Aber fühlen und hören kann es schon.

Du spürst, wie du als Baby in den Armen eines lieben Menschen liegst, ... wie sie dich halten und ganz einhüllen mit ihrer Wärme. Warm, ganz warm ist es hier in den Armen, die dich umgeben wie ein schützendes Nest. ... Du fühlst dich ganz wohl und geborgen an diesem Ort. ... Deine Arme sind angenehm schwer ... und deine Beine sind schwer ... dein ganzer Körper schwer und entspannt ... getragen von den ruhigen, starken und sanften Händen. Lass dich voller Vertrauen hineinsinken in diese Arme. ... Dein Atem geht ruhig und gleichmäßig ... ein und aus. ... Du hörst ganz leise eine Stimme, die dir freundlich liebevolle Worte zuflüstert. ... Du fühlst dich rundum wohl, lauschst dem weichen Klang der Stimme und kuschelst dich noch ein wenig weiter in diese Arme hinein. ... Du spürst, wie du ganz leicht gewiegt wirst ... hin und her... hin und her. Langsam schlummerst du ein, gleitest hinüber in einen wohligen Schlaf. ...

Als du aus deinen Träumen erwachst, fühlst du dich wohl und entspannt. Du bist zwar kein Baby mehr. Das Gefühl, geliebt und gehalten zu werden, ist aber noch da. Mit diesem guten Gefühl startest du deinen Tag.

Komm nun langsam, in deinem Tempo, zurück in diesen Raum. ... Bewege deine Finger und Füße ... streck und räkele dich, als wärst du gerade aufgewacht. ... Atme tief ein und aus ... öffne deine Augen. ... Streck dich noch einmal richtig, bis du wieder ganz wach und zurück in diesem Raum bist.

Ziele	Methoden
✓ Entspannung	Bewegte Entspannung
✓ Aufmerksamkeit und Konzentration	Wechsel von An- und Entspannung
Körperwahrnehmung	Berührung
✓ Sensibilisierung der Sinne	Konzentration auf den Körper
✓ Positives Selbstkonzept	✓ Fokussierung der Wahrnehmung
Soziale Kompetenz	✓ Vorstellungsbilder

Der Fluss und das Blatt

Alter: ab 8 Jahre

Sicherlich habt ihr schon einmal zugeschaut, was mit einem Stock oder einem Blatt passiert, das ihr in einen Bach oder Fluss geworfen habt, oder? – Heute könnt ihr ein ganz besonderes Blatt auf die Reise schicken und erleben, wie es Hindernisse auf seinem Weg überwindet und am Ende sein Ziel erreicht. Legt euch dazu ganz entspannt hin ...

Schließe deine Augen ... achte darauf, dass du es richtig bequem hast ... vielleicht willst du deine Lage noch einmal ein wenig verändern. ... Wenn du so weit bist, gehe mit deiner Aufmerksamkeit zu deinem Atem. ... Beobachte, wie er ganz von selbst kommt und geht ... ein und aus ... ein und aus. ...

Stell dir vor, du stehst auf einer Brücke, die über einen Bach oder Fluss führt. Es gibt keine Autos auf dieser Brücke, ... ab und zu kommt vielleicht ein Fußgänger vorbei ... aber du bemerkst ihn eigentlich gar nicht. ... Alles, was du hörst, ist das Rauschen des Wassers ... alles, was du siehst, ist das sprudelnde Wasser, das unentwegt fließt ... immer weiter und weiter. ... Du hast auf deinem Spaziergang hierher einige schöne Blätter gesammelt, die dir gefallen haben. ... Du schaust dir die Blätter noch einmal genau an, jedes sieht ein wenig anders aus. ... Dann nimmst du ein Blatt nach dem anderen und schickst es auf die Reise. ... Du wirfst das erste Blatt ins Wasser und siehst ihm hinterher, bis du es mit deinen Augen nicht mehr verfolgen kannst. ... Dann erst wirfst du das nächste Blatt in den Fluss ... die Blätter werden vom Wasser getragen ... finden ihren Weg um Steine und Stromschnellen ... vielleicht gibt es auch kleinere Wasserfälle. ... Sieh dir jedes

Blatt genau an ... und lass es treiben. ... Du spürst, dass du beim Zuschauen ganz ruhig wirst ... deine Arme werden ganz ruhig ... deine Beine werden ganz ruhig ... dein ganzer Körper wird ganz ruhig ... dein Atem geht ruhig und gleichmäßig ein .... und aus. ... Du denkst an nichts anderes als an das Blatt im Fluss. ... (Rücknahme).

Ergänzung:

⇨ Ruhe und Kraft für die Bewältigung bevorstehender Ziele

Das schönste Blatt hast du dir bis zum Schluss aufgehoben. ... Du zögerst, es auf die Reise zu schicken, spürst dann aber, dass du gerade *dieses* besondere Blatt auf dem Fluss treiben sehen möchtest. ... Und so hältst du deine Hand mit dem Blatt über das Wasser ... lässt los ... beobachtest, wie es einen Moment im Wind zu tanzen scheint ... um dann ganz weich auf dem Wasser zu landen. ... Es treibt ein Stück voran ... bleibt dann aber an einem großen Stein im Wasser hängen ... dreht sich im Kreis ... und du hast das Gefühl, das Blatt will dir etwas zurufen, ehe es seinen Weg fortsetzt. ... Du bist ganz ruhig und konzentriert ... lauscht dem Wasser und dem Wind ... und hörst die Stimme des Blattes ... „Mit Ruhe und Geduld schaffst du es". ... Eine Weile noch kreist das Blatt ganz in Ruhe vor dem Fels ... lässt sich treiben ... bis eine kleine Welle es mitnimmt und es spielend leicht um den Fels herumschwimmt ... seinen Weg fortsetzt durch den Fluss. ... Du schaust ihm nach, bis du es in der Ferne nur noch ab und zu ganz klein auf dem Wasser ausmachen kannst. ... Du stellst dir vor, wie dieses Blatt noch weitere Felsen und Stromschnellen überwindet ... wie es seinen Weg findet und wahrscheinlich irgendwann sein Ziel erreicht: „Mit Ruhe und Geduld schaffst du es", hat es dir zugeflüstert. ... Du spürst, wie dieses Blatt dir Kraft gibt ... du in dir Ruhe und Zuversicht spürst, dass auch *du* deine Ziele erreichen wirst. ... „Mit Ruhe und Geduld schaffst du es" ...

Komm nun langsam, in deinem Tempo, zurück in diesen Raum. ... Nimm dieses Gefühl von Ruhe, Gelassenheit und Geduld mit dir. ... Bewege deine Finger und Füße ... streck und räkele dich, als wärst du gerade aufgewacht. ... Atme einmal tief ein und aus ... öffne deine Augen. ... Streck dich noch einmal richtig, bis du wieder ganz wach und wieder hier bei uns bist.

Zu beachten:

Die Geschichte kann in ein Gespräch über mögliche Ziele der Kinder eingebunden sein: „Was für Ziele habt ihr?" „Wie schafft ihr es, eure Ziele zu erreichen?" „Was hindert euch vielleicht daran?" „Wie kann es gelingen, die nötige Ruhe und Zuversicht zu bekommen?"

Ziele	Methoden
✓ Entspannung	Bewegte Entspannung
Aufmerksamkeit und Konzentration	Wechsel von An- und Entspannung
✓ Körperwahrnehmung	Berührung
Sensibilisierung der Sinne	✓ Konzentration auf den Körper
✓ Positives Selbstkonzept	✓ Fokussierung der Wahrnehmung
Soziale Kompetenz	✓ Vorstellungsbilder

Gipfelstürmer

Alter: ab 8 Jahre

Manche Ziele, die wir erreichen wollen, kosten viel Anstrengung und Kraft. Und nicht immer ist klar, ob wir es tatsächlich schaffen werden. Dabei ist es egal, ob es sich z. B. um eine Schularbeit, eine sportliche Leistung oder etwas ganz anderes handelt. Wichtig ist immer, dass wir an unseren Erfolg glauben, das Ziel fest vor Augen haben. Das macht den Weg dorthin wesentlich leichter. Es ist so ähnlich wie beim Bergsteigen. In der folgenden Geschichte könnt ihr erleben, wie es ist, einen Berg zu erklimmen und am Ende das Gefühl des Erfolges oben am Gipfel auszukosten. Legt euch dazu ganz bequem auf den Rücken. ... Die Arme liegen neben dem Körper, die Beine sind lang ausgestreckt. ...

Ganz locker und entspannt liegst du da. ... Schließe deine Augen. ... Wenn du so weit bist, gehe mit deiner Aufmerksamkeit zu deinem Atem. ... Beobachte, wie er ganz von selbst kommt und geht .... ein und aus ... ein und aus. ... Stell dir vor, du stehst am Fuße eines hohen Berges. Ein kleiner Pfad führt hinauf. Du folgst dem Pfad durch blühende saftig grüne Almwiesen. ... Auf manchen stehen ein paar Bäume, andere sind einfach nur grün und einladend. ...

Es reizt dich sehr, dich schon nach diesem ersten steilen Anstieg einfach auf die Wiese zu legen und die Sonne zu genießen. Aber dein Ziel ist der Gipfel und der ist noch weit. Du stellst dir vor, wie du oben auf dem Berg stehst und über die weite Landschaft blickst. ... Dieses Bild im Kopf spornt dich an, weiter zu gehen ... immer weiter bergauf. Du spürst die

Anstrengung in deinen Muskeln, Schweiß steht dir auf der Stirn. Aber du merkst, wie du voran kommst, mit jedem Schritt deinem Ziel ein Stück näher. ... Gleichmäßig setzt du einen Fuß vor den anderen, atmest die klare frische Luft tief ein und pustest sie durch den Mund wieder aus. Jeder Atemzug gibt dir neue Kraft. ... Du spürst die Stärke deines Körpers und freust dich über jeden kleinen Anstieg, den du hinter dir lässt. ... Unterwegs gibt es vieles zu entdecken. Je weniger du über den noch vor dir liegenden Weg nachdenkst, um so mehr kannst du dich an dem freuen, was du am Wegesrand siehst. ... Vielleicht ist da ein Eichhörnchen, das Vorräte für den Winter sammelt ... vielleicht sind da ganz besondere Blumen mit tollen Farben ... vielleicht entdeckst du noch Schneereste vom letzten Winter. ...

Die Landschaft wird jetzt karger. Der steinige Weg fordert deine ganze Aufmerksamkeit. An manchen Stellen kommst du nur mühsam voran. Irgendwann denkst du sogar, dass du es nicht schaffen wirst, bist nahe daran aufzugeben. Gut, dass du gelernt hast, dir dein Ziel genau vorzustellen. Das Bild von dir selbst am Gipfel gibt dir neuen Mut, und so geht es Schritt für Schritt weiter. ...

Plötzlich wird hinter einer Kurve der Blick auf das Gipfelkreuz frei. Ein kleiner Freudenschrei kommt unvermittelt aus deinem Mund. Du hast es fast geschafft. Noch ein paar Meter, dann hast du dein Ziel erreicht. ... Oben angekommen lässt du dich erschöpft, aber zufrieden nieder. Dein Blick schweift über die umliegenden Berge, Wiesen und Täler. ... Ganz unten kannst du wie in einer Spielzeuglandschaft den Ort sehen, von dem du heute Morgen losgewandert bist. Du bist selbst beeindruckt über den Weg, den du zurückgelegt hast. ... Innerlich wirst du ein Stück größer vor Stolz. Das Gefühl, es geschafft zu haben, erfüllt dich so sehr, dass alle Anstrengung vergessen scheint. ... Du fühlst dich rundum wohl, entspannt und voller Zuversicht, auch künftige Herausforderungen zu meistern. ...

Dieses Gefühl ist so wunderbar erhebend, dass du dir vornimmst, es unbedingt in Erinnerung zu behalten. ...

Komm nun langsam, in deinem Tempo, zurück in diesen Raum. ... Bewege deine Finger und Füße ... streck und räkele dich, als wärst du gerade aufgewacht. ... Atme tief ein und aus ... öffne deine Augen. ... Streck dich noch einmal richtig, bis du wieder ganz wach bist.

Zu beachten:

Die Geschichte eignet sich, um mit den Kindern über deren Ziele und mögliche Hindernisse auf dem Weg dorthin zu sprechen. Wichtig ist, dass es sich um selbstbestimmte Ziele der Kinder handelt. Entspannungsgeschichten einzusetzen, damit sie fremde Erwartungen erfüllen, grenzt an Manipulation und ist moralisch nicht zu vertreten.

Ziele	Methoden
✓ Entspannung	Bewegte Entspannung
Aufmerksamkeit und Konzentration	Wechsel von An- und Entspannung
Körperwahrnehmung	Berührung
✓ Sensibilisierung der Sinne	Konzentration auf den Körper
✓ Positives Selbstkonzept	✓ Fokussierung der Wahrnehmung
Soziale Kompetenz	✓ Vorstellungsbilder

Luftschloss

(Benjamin Petry)

Alter: ab 6 Jahre

Wie kreativitätsfördernd die Arbeit mit Entspannungsgeschichten sein kann, hat der 10-jährige Benjamin Petry gezeigt, der nach einmaliger Teilnahme an einer Entspannungsstunde für Kinder folgende Geschichte selbst verfasst hat:

Du gehst abends schlafen. Ganz gemütlich steigst du in dein Bett. Du spürst, wie entspannt du bist. ... Langsam schläfst du ein. Auf einer grünen, gut duftenden Wiese, wachst du auf. Dein Bett, dein Zimmer, dein Haus, alles ist verschwunden. ... Hinten am Horizont siehst du Pfer-

de laufen, und du bekommst Lust zu reiten. ... Da stupst dich ein Pferd von hinten an. Du erschreckst nicht, denn hinter dir steht ein liebes Pferd. Du setzt dich darauf und kannst es nicht glauben, das Pferd fängt an zu fliegen. Und alle Sorgen, die du hattest, sind vergessen, ein schönes Gefühl. Ganz entspannt trägt dich das Pferd zum Himmel hinauf. ...
Plötzlich siehst du ein Schloss. Es steht hoch in der Luft auf einem Hügel. ... Wie sieht es aus? ... Hat es Türme? ... Welche Farbe hat es? ...
Auf jeden Fall betrittst du es. Du siehst einen großen Raum. ... Ein großes Himmelbett wartet auf dich. Du legst dich darauf und entspannst dich gleich. ...
Plötzlich wirst du an der Wange gestreichelt. Liebevoll weckt dich ein Mensch, den du sehr magst. ... Jeden Abend kannst du zu diesem, zu deinem Luftschloss kommen! (Petry, Benjamin 1999)

Thematische
Entspannungsgeschichten

Inhalt

4.7 Thematische Entspannungsgeschichten

Thematische Entspannungsgeschichten wirken wie Fantasiereisen ebenfalls über innere Bilder und Vorstellungen (vgl. Kap. 4.6, S. 220). Anders als Fantasiereisen beschäftigen sie sich aber mit einem bestimmten Problem, das für die Kinder relevant ist. In den folgenden Geschichten geht es beispielsweise um Selbstvertrauen, Wut und nächtliche Ängste. Der Hauptakteur in den Geschichten erlebt etwas, mit dem sich die zuhörenden Kinder identifizieren können. Im Verlauf der Geschichte findet das Kind eine Lösung, indem es bestimmte Entspannungstechniken einsetzt, die ihm helfen. Die Geschichten dienen über die aktuelle Entspannung hinaus einer längerfristigen Verbesserung der Auseinandersetzung mit bestimmten Problemsituationen. Es geht also um Stressprävention durch Entspannung.

Die für dieses Kapitel ausgewählten Themen sind vielen Kindern vertraut und eignen sich deshalb auch für den Einsatz in Gruppen. Eine anschließende Bearbeitung durch ein Gespräch oder weiterführende Aktivitäten (vgl. Kapitel 3.3, Seite 63f.) sind hier von großer Bedeutung. Die Beispiele können bei entsprechender Ausbildung der Anwender auch gezielt therapeutisch für einzelne Kinder eingesetzt werden.

Sogenannte Lehrgeschichten zur Entspannung, bei denen die Vermittlung bestimmter Entspannungstechniken im Vordergrund steht, finden sich zum Beispiel bei Petermann (1996: Kapitän Nemo Geschichten) und bei Friebel & zu Knyphausen (1997: Geschichten vom Drachen Grünenstein, Elfen, kleinen Bären sowie Hexen und Kobolden).

Die hier vorgestellten thematischen Geschichten beinhalten Elemente verschiedener Entspannungsverfahren und mentaler Techniken:

- *Progressive Muskelentspannung* (siehe Kap. 4.1, S. 70): Vorübung „Luftmatratze" (S. 94)

- *Atementspannung* (siehe Kap. 4.2, S. 100): Beobachtung des Atems

- *Autogenes Training*: Formeln zu Ruhe, Schwere und Wärme, die innerlich nachvollzogen werden und eine körperliche sowie geistig-seelische Entspannungsreaktion bewirken. Eine anschließende Rücknahme ist dringend erforderlich (Schultz 2000).

- *kognitive Verhaltensmodifikation* (Meichenbaum 1979) bzw. mentales Training: Handlungsabläufe im vorhinein in Gedanken durchspielen; innere Bilder gezielt verändern: z. B. ein „Ungeheuer" schrumpfen lassen

Die Anwendung dieser Techniken sollte den Kindern möglichst aus vorherigen Übungen, Spielen oder Geschichten vertraut sein.

Literatur:

Friebel, V & zu Knyphausen, S. (1997): Geschichten, die Kinder entspannen lassen. 4. Auflage

Petermann, U. (1996): Entspannungstechniken für Kinder und Jugendliche. Weinheim: Psychologie Verlags Union

Redlich, A. (Hrsg.) (1993): Geschichten für Kinder zur Bewältigung von Aufregung, Ärger und Angst. Band 5. Materialien aus der Arbeitsgruppe Beratung und Training. Fachbereich Psychologie der Universität Hamburg.

Ziele	Methoden
Entspannung	Bewegte Entspannung
✓ Aufmerksamkeit und Konzentration	Wechsel von An- und Entspannung
Körperwahrnehmung	Berührung
Sensibilisierung der Sinne	Konzentration auf den Körper
✓ Positives Selbstkonzept	✓ Fokussierung der Wahrnehmung
Soziale Kompetenz	✓ Vorstellungsbilder

„Und ob ich das kann!" – Selbstvertrauen

Alter: ab 7 Jahre

Manchmal müssen oder wollen wir Dinge tun, die uns ganz schwierig vorkommen. Fallen euch solche Situationen ein, in denen ihr erst einmal gedacht habt: „Das schaffe ich nicht!"? ... Ja, das könnte eine Hausaufgabe, eine Mathearbeit ... oder auch beim Sport sein, z. B. oben vom Klettergerüst springen ... oder für eure Mannschaft beim Fußball im Tor stehen. ... Es könnte auch sein, dass ihr euch überwinden müsst, jemanden etwas zu fragen, euch bei jemandem zu entschuldigen ... oder eure Meinung zu sagen. ... Vielleicht wollt ihr auch gerne bei einer Gruppe mitmachen, z. B. im Sportverein, und ihr fühlt euch ganz schlecht, wenn ihr an all die fremden Kinder denkt und nicht wisst, was auf euch zukommt.

Ihr seht, es gibt ganz viele Situationen, wo uns der Mut verlassen kann, wo wir ein bisschen mehr Selbstvertrauen gut gebrauchen könnten. Welche das sind, ist für jedes Kind verschieden. Auf jeden Fall ist es ganz natürlich, wenn man solche Gefühle manchmal hat, auch wenn die meisten es nicht zugeben wollen.

In dieser Geschichte könnt ihr ausprobieren, wie ihr etwas schaffen könnt, auch wenn ihr erst mal nicht daran glaubt. Ihr müsst dazu nichts weiter tun als einfach zuzuhören und euch zu entspannen. Legt euch ganz bequem hin, am besten ausgestreckt auf den Rücken, wie wir es vorher probiert haben. ...

Schließe deine Augen. ... Spüre, wie deine Arme und Beine ganz locker und entspannt am Boden liegen. ... Dein Atem geht ruhig und gleichmäßig ... ein und aus ... ganz von allein ... ein und aus. ...

Ich will dir eine Geschichte von Jana erzählen. Jana war damals, als ich sie kennen gelernt habe, neun Jahre alt. Sie könnte aber genauso gut fünf, sieben oder zwölf sein. Das spielt eigentlich keine Rolle.

Jana ist ein Kind wie jedes andere. Am liebsten spielt sie. Zur Schule geht sie mal mehr, mal weniger gern und wenn man sie fragt, wen sie lieb hat, dann antwortet sie: „Meine Katze ... und natürlich meine Mama." Jana kann ganz viele Dinge, auch wenn ihr nichts davon einfällt, wenn man sie danach fragt. Zum Beispiel hört Jana gern Musik und tanzt und singt dazu – allerdings nur, wenn niemand dabei ist. Außerdem kann Jana ganz liebevoll und geduldig mit ihrer Katze umgehen. Sie ist sehr freundlich zu anderen Kindern und hilft gern. Jana kann mit Kaugummis ganz große Blasen machen und – sie ist im Urlaub schon mal durch eine große Welle getaucht, auch wenn sie davor großen Bammel hatte. Es gibt noch ganz andere Sachen, die Jana gut kann, aber das würde zu lange dauern, die alle aufzuzählen.

Natürlich gibt es auch Dinge, die Jana schwer fallen, die ihr nicht so gut gelingen, wie sie es gern hätte. Zum Beispiel schreibt sie im Diktat meistens eine Vier, manchmal auch eine Fünf, obwohl sie zu Hause viel übt und es dort viel besser klappt. Wahrscheinlich ist es die Aufregung und dieser blöde Gedanke „Ich kann das nicht. Ich werde wieder eine Fünf schreiben." Im Sport geht es Jana auch oft nicht so gut. Seit sie einmal vom Kasten gefallen ist, würde sie manchmal am liebsten gar nicht mehr hingehen. Was sie auch nicht mag, ist, andere um etwas zu bitten. So traut sie sich in der Pause oft nicht, die anderen zu fragen, ob sie mitspielen darf. Damit die das nicht merken, setzt sie sich dann meistens auf eine Bank und kaut so lange an ihrem Frühstücksbrot herum, bis die Pause vorbei ist.

Als ich Jana mal wieder so dasitzen sah, habe ich mich zu ihr gesetzt und ein bisschen mit ihr geplaudert. „Du siehst aus, als ginge es dir nicht so gut", sagte ich zu ihr. Woran ich das gesehen habe, wollte sie wissen. – Na, ihre Schultern hingen so ein bisschen nach vorne und sie guckte immerzu auf ihr Pausenbrot, wenn sie nicht gerade zu den spielenden Kindern hinschielte. Und ihr Gesicht, na, fröhlich sah das nicht gerade aus. Jana fühlte sich ein bisschen ertappt, war aber auch froh, dass jemand da war, der sie verstand. So erzählte sie davon, warum sie in der Pause immer auf dieser Bank saß und dass sie sich einfach nicht traute, mitzuspielen.

Wir haben dann gemeinsam überlegt, was sie tun könnte, um ein bisschen mehr Mut zu bekommen. Ich konnte Jana gut verstehen, denn Sätze wie „Ich kann das nicht" und „Ich trau' mich einfach nicht" kenne ich nur zu gut, besonders aus der Zeit, als ich so alt war wie Jana. Heute habe ich für mich einen Trick gefunden, wie ich an Sachen 'rangehen kann, die mich Überwindung kosten. Und das hat was mit den Olympischen Spielen zu tun. Nun war Jana wirklich neugierig geworden, blieb aber skeptisch, was das mit ihr zu tun haben sollte.

Und so erzählte ich Jana davon, wie ich vor vielen Jahren einmal ein Interview mit einer Olympiasiegerin im Hochsprung gesehen habe. Die hat in dem Interview ein Geheimnis verraten, wie sie so hoch springen kann. „Willst du den Trick gleich ausprobieren oder erst mal zuhören?" – „Wie, soll ich jetzt ganz hoch springen?" fragte Jana fast ein bisschen erschrocken. – „Nein, du kannst dir etwas überlegen, wo du gern mutiger, sicherer oder besser wärst. Und du musst es auch nicht hier und jetzt sofort tun, sondern es erst mal in Gedanken ausprobieren. Der Trick funktioniert natürlich nicht nur beim Hochspringen."

Jana entschied sich dafür, den Trick das nächste Mal beim Sport auszuprobieren, wenn sie einen Sprung über den Kasten machen soll.

„Gut, dann zeige ich dir den Trick jetzt für einen Sprung über den Kasten, so, wie die Olympiasiegerin es auch machen würde. Kann's losgehen?" – „Ja, ich bin bereit", sagte Jana.

„Also, dann setz dich mal so auf die Bank, dass deine Füße fest auf dem Boden stehen und mach dich ganz groß dabei. Du kannst deine Brust ein wenig vorstrecken und deine Schultern zurücknehmen. Vielleicht merkst du, dass du jetzt ganz tief ein- und ausatmen kannst. Schließe deine Augen. Wichtig ist, dass du immer noch bequem sitzt und dich dabei nicht verkrampfst.

Dann stellst du dir etwas vor, was du ganz gut kannst und gerne machst. Du hast mir mal erzählt, dass du z. B. gern und gut tanzen kannst. Es kann aber auch etwas anderes sein. Also, stell dir vor, wie du das machst und wie gut es dir dabei geht. Du bist fröhlich, entspannt und stolz auf dich selbst. Das darfst du ruhig nach außen zeigen.

Bleib in dieser Haltung und in diesem guten Gefühl und stell dir vor, du wärst in der Turnhalle und möchtest über den Kasten springen. Anders als sonst bist du heute ganz sicher, dass es dir gut gelingen wird. So wie die Olympiasiegerin vor ihrem Sprung machst du es jetzt auch: Du schließt deine Augen, atmest tief in den Bauch ein und wieder aus. Sag zu dir selbst: 'Ich bin ganz ruhig' ... und stell dir dabei vor, wie du ruhig wirst. Deine Arme sind ganz ruhig, deine Beine sind ganz ruhig. Dein ganzer Körper ist ganz ruhig. ... 'Ich bin ganz ruhig'.

Und nun stellst du dir jeden kleinen Schritt des Sprunges vor. Du siehst vor deinem inneren Auge, wie du anläufst, schneller wirst, ... dann genau den Punkt auf dem Sprungbrett triffst, ganz elegant und leicht über den Kasten fliegst und sicher auf der anderen Seite landest. Du bist stolz, dass du es so gut geschafft hast. Du sagst zu dir selbst: 'Ich will es, ich kann es und ich schaffe es!' Vielleicht willst du es dir in Ruhe ein zweites Mal vorstellen. Sieh dir genau an, wie dir der Sprung in Gedanken gelingt und genieße das Gefühl, es geschafft zu haben. ...

Öffne jetzt deine Augen wieder. Und, wie war's?" – „Toll," meint Jana, „das ging ganz einfach. Aber ob das in der Turnhalle auch wirklich klappt?" – „Weißt du, Jana, der Trick mit der Entspannung kann natürlich keine Wunder bewirken. Das heißt, du wirst nicht plötzlich fliegen können, nur weil du es dir in Gedanken vorstellst. Aber alles, was du eigentlich könntest, geht auf diese Weise viel besser. Denn eigentlich kannst du ja über den Kasten springen, oder? Und du kannst auch Diktate schreiben, das siehst du ja, wenn du zu Hause übst." – „Ja, ich traue es mir nur nicht zu und rede mir dann ein, dass es schief geht."

Die Pausenklingel beendete unser Gespräch. Jana stand auf und ging stolz wie eine Olympiasiegerin zurück in die Schule. Dann drehte sie sich noch einmal um und sagte: „Glaub nicht, dass ich noch einmal Zeit haben werde, mich mit dir in der Pause zu unterhalten. Das nächste Mal spiele ich mit den anderen Ball, du wirst sehen."

„Ich schaue dir auch gerne zu!", rief ich ihr noch nach, aber ich weiß nicht, ob sie es noch gehört hat.

Komm nun langsam in deinem Tempo zurück in diesen Raum. ... Bewege deine Finger und Füße. ... Streck und räkele dich, als wärst du gerade aufgewacht. ... Atme tief ein und aus. ... Öffne deine Augen ... und du fühlst dich entspannt, ausgeruht und ein bisschen selbstbewusster als vorher.

Variationen:

➢ Vor der Rücknahme wird den Kindern Gelegenheit gegeben, sich eine eigene Situation vorzustellen, bei der sie sich ein bisschen mehr Zutrauen zu sich selbst wünschen: *„Wenn du magst, kannst du dir jetzt einen Moment Zeit nehmen, dir etwas vorzustellen, was dir normalerweise nicht so leicht fällt. In Gedanken schaffst du es spielend wie die Olympiasiegerin."*

➢ Nach der Geschichte wird mit den Kindern über das Thema Selbstvertrauen und ihre eigenen Erfahrungen damit gesprochen. Die folgenden Schritte werden mit den Kindern in Bezug auf eine eigene Situation noch einmal wiederholt:

▪ *Setz oder leg dich bequem hin. Beim Sitzen richte dich groß auf. Schließe deine Augen.*

▪ *Stell dir etwas vor, was du gut kannst und genieße dieses Gefühl. Sei stolz auf das, was du kannst.*

▪ *Nun stell dir das vor, was du besser schaffen möchtest.*

▪ *Atme tief ein und aus und sag zu dir selbst: „Ich bin ganz ruhig".*

▪ *Nun geh das, was du vor hast, in Gedanken Schritt für Schritt durch und stell dir vor, wie es dir ganz leicht fällt und gut gelingt. Genieße das Gefühl, wenn du es am Ende wirklich gut geschafft hast.*

▪ *Du sagst zu dir selbst: „Ich will es, ich kann es und ich schaffe es!"*

▪ *Nun musst du es nur noch in Wirklichkeit ausprobieren.*

Ziele	Methoden
✓ Entspannung	Bewegte Entspannung
Aufmerksamkeit und Konzentration	Wechsel von An- und Entspannung
Körperwahrnehmung	Berührung
Sensibilisierung der Sinne	✓ Konzentration auf den Körper
✓ Positives Selbstkonzept	Fokussierung der Wahrnehmung
✓ Soziale Kompetenz	✓ Vorstellungsbilder

„Immer Ärger mit Freunden!" – Wut

Alter: ab 7 Jahre

Manchmal gibt es Momente, in denen sind wir so genervt oder zornig über das, was ein anderes Kind mit uns macht, da wissen wir einfach nicht, was wir tun sollen. Manchmal passiert es dann vielleicht auch, dass wir vor lauter Wut etwas tun oder sagen, was wir eigentlich gar nicht wollten. Ob wir zuschlagen, laut schimpfen oder den anderen auf andere Art verletzen, meistens wird dadurch alles nur noch schlimmer.

Vielleicht fallen euch Situationen ein, in denen es euch auch so ergangen ist. ... Im nachhinein tat es euch dann vielleicht leid.

In dieser Geschichte könnt ihr etwas ausprobieren, was euch bei Ärger mit Freunden oder mit anderen Menschen helfen kann. Das geht ganz entspannt und in Ruhe. Ihr müsst nichts tun außer einfach zuhören. Legt euch dabei ganz entspannt auf den Rücken.

Schließe deine Augen ... mach es dir noch ein wenig bequemer ... spüre, wie deine Arme und Beine ganz locker und entspannt am Boden liegen. ... Dein Atem geht ruhig und gleichmäßig ... ein und aus ... ein und aus ...

Ich will euch eine Geschichte von Tom erzählen. Tom war damals, als ich ihn kennen lernte, sieben Jahre alt. Er könnte aber genauso gut fünf, neun oder dreizehn sein. Das spielt eigentlich keine Rolle. Tom war ein Junge mit vielen Einfällen. Er hatte so viele Ideen, dass er oft gar nicht wusste, was er als erstes spielen sollte. Manchmal tat er dann einfach gar nichts, weil er sich nicht für eine Sache entscheiden konnte. Manchmal spielte er auch alles mögliche gleichzeitig, weil er sich nicht entscheiden konnte. Dass er so vieles gleichzeitig tun konnte, habe ich immer an ihm bewundert. So hat halt jeder seine Stärken. Tom war meistens ein sehr freundlicher Junge, der gern mit anderen Kindern zusammen war. Aber manchmal konnte er schrecklich wütend werden. Ich habe nicht immer verstanden, warum er wütend war. Er fing oft plötzlich an zu schimpfen und war dann so außer sich, dass er mir einfach nicht mehr erklären konnte, was ihn so ärgerte. Er schimpfte einfach nur und sagte schlimme Sachen. Manchmal schlug er sogar zu. Tom hatte viel Kraft und da kam es vor, dass er anderen Kindern auch mal richtig weh tat. Meistens wussten die anderen in dem Moment auch nicht so genau, was Tom denn eigentlich so zornig gemacht hatte. Hatte Tom sich wieder beruhigt, tat es ihm ein klein wenig leid, dass er so wütend gewesen war und das andere Kind verletzt hatte.

Nachdem es wieder einmal gekracht hatte, nahm ich mir vor, mit Tom zu reden, wenn er gut drauf war. Er erklärte mir ganz Erstaunliches zu seiner Wut und ich habe dabei viel gelernt. Er sagte, es sei gar nicht er selbst, also Tom, der da tobt und schimpft und schlägt, sondern ein kleines, wildgewordenes Raubtier – ein Tiger oder so – das in seinem Kopf sitze und gegen das er dann gar nichts machen könne. Dieses kleine wilde Raubtier ließe ihn wütend werden, wild schimpfen und manchmal auch schlagen. Manchmal ließe es ihn auch einfach nur ganz wild ausschauen, so dass den anderen Kindern Angst und bange wird. ...

„Tja, wenn das so ist", sagte ich zu Tom, „dann willst du wohl lernen, wie du das Raubtier bezwingen und zähmen kannst, oder?" – „Genau", meinte Tom, „so ist es! ... Aber wie mache ich das bloß? Es gehorcht mir einfach nicht."

Zum Glück war ich vor kurzem im Zirkus und habe nach der Vorstellung zufällig den Dompteur getroffen. Der hat mir erzählt, wie er mit *seinen* Raubtieren umgeht. Ich erzählte Tom, dass er ganz in Ruhe mit ihnen spreche. Wenn er aber selbst unruhig sei, würden auch die Tiere unruhig werden. Also sei es wichtig, dass er selbst immer ruhig und gelassen bleibe. „Er hat mir seinen Trick verraten, wie er das macht. Willst du ihn hören?" fragte ich Tom. „Los, sag schon", antwortete er. Bei der Erzählung von den Raubtieren ist er neugierig geworden. „Der Dompteur sagte, dass er, ehe er mit den Tieren etwas macht und besonders, wenn er in die Manege geht, immer vorher auf seinen eigenen Atem achtet. ... Er beobachtet einfach seinen Atem – ohne ihn zu verändern – und wird dabei ganz ruhig." ... „So einfach soll das gehen", fragte Tom ungläubig? – „Meistens zumindest. An ganz aufregenden Tagen hilft ihm dann noch der Satz ... 'Ich bin ganz ruhig' ..." „Ob das *meinem* Raubtier auch hilft, damit es ruhig bleibt? Ich habe da nämlich ein ganz, ganz wildes Raubtier in meinem Kopf", meinte Tom. „Du kannst es ja einfach mal ausprobieren. Ein bisschen Übung gehört sicherlich dazu." ... „Also", wiederholte er, „immer wenn ich jetzt mit Kindern spielen gehe, besänftige ich vorher mein Raubtier im Kopf. Ich achte auf meinen Atem und dann sage ich mir vielleicht noch ein paar mal leise: 'Ich bin ganz ruhig'... Richtig?" – „Genau richtig." ... „Und wenn ich merke, dass es sich dann doch ärgert oder ich selbst unruhig werde?" ... „Dann machst du das einfach noch mal mit dem Atem und dem gedachten Satz 'Ich bin ganz ruhig'... ."

„Hm, verstehe. Klingt ja eigentlich ganz einfach. ... Ich werde das mal probieren. Aber eins will ich noch wissen: Hat der Dompteur aus dem Zirkus es schon 'mal erlebt, dass er selbst ganz ruhig war und seine Raubtiere auch erst ganz ruhig waren und dann – plötzlich – doch ganz wild geworden sind?" – Kleinlaut ergänzte Tom noch: „Weil, weißt du, ganz ganz selten geht das nämlich so rasend schnell mit der Wut, dass ich gar keine Zeit mehr zum Atmen und Beruhigen habe."

„Ja", bestätigte ich Tom, „einmal hat der Dompteur es erlebt, dass all das Atmen und Beruhigen nichts geholfen hat. Ein Zuschauer hatte einen harten Gegenstand in den Käfig geworfen und ein Tier aus Versehen getroffen. Da waren die natürlich plötzlich ganz wild." ... „Was hat der Dompteur da gemacht?" ... „Da hilft nur eins: schnell raus aus dem Käfig und die Tür zuknallen! Dann beruhigen und atmen. Und erst wieder rein, wenn die Tiere sich ein wenig beruhigt haben. Vielleicht kannst du deinem Raubtier im Kopf ja auch ein Gehege bauen. Wenn du ganz wütend bist, knallst du ihm die Käfigtür vor der Nase zu. Und auf dieser Tür steht ganz groß geschrieben 'Stop!'. Wenn es sich dann ein bisschen beruhigt hast, kannst du dem anderen Kind ja sagen, was Dich so geärgert hat. Dann findet ihr bestimmt besser eine Lösung, als wenn ihr die wilden Raubtiere aufeinander loslasst." ...

„Mag ja sein, aber manchmal sind Raubtierkämpfe auch ganz lustig." ... „Ja, das stimmt, aber nur, wenn beide Raubtiere aus Spaß kämpfen, oder?" ... „Klar, weiß ich doch", sagte Tom und ging wieder spielen. ...

Lass du dir nun noch eine Weile Zeit ... achte auf deinen Atem, wie er ganz ruhig und gleichmäßig ein und aus geht. ... Sage nun zu dir selbst: „Ich bin ganz ruhig" und stell dir dabei vor, wie du ruhig wirst ...

Stell dir vor, wie *dein* kleines Raubtier im Kopf ganz ruhig und gelassen daliegt ... friedlich schnurrend und sich einfach nur wohl fühlt. ... Nichts kann es aus der Ruhe bringen. ... Du selbst hast es durch deinen Atem und deine Ruheformel besänftigt. ... Du spürst, dass du es auch dann besänftigen kannst, wenn es sich einmal ärgert oder unruhig wird. ... Gib deinem kleinen Raubtier das Gefühl, dass es sich entspannen darf, denn du bist selbst gut in der Lage, anderen auf vernünftige und verständliche Art zu sagen, was du willst. ... Genieße dieses gute Gefühl. ...

Komm nun langsam in deinem Tempo zurück in diesen Raum. ... Bewege deine Finger und Füße ... streck und räkele dich. ... Atme tief ein und aus ... öffne deine Augen ... und du fühlst dich entspannt und ausgeruht.

Zu beachten:

Die Geschichte bietet die Möglichkeit, über das Thema Ärger und Wut unabhängig von konkreten Konfliktsituationen zu sprechen. So bleibt die „Schuldfrage" außen vor und aggressives Verhalten kann unter einem nicht wertenden Blickwinkel gesehen werden. Im Anschluss an die Geschichte bietet sich ein Austausch über die Erfahrungen der Kinder sowie die Erarbeitung alternativer Konfliktlösungsstrategien an. Die Aufgabe, ein Bild zu der Geschichte zu malen, lässt viel Raum für individuelle Gedanken und Gefühle.

Ziele	Methoden
✓ Entspannung	Bewegte Entspannung
Aufmerksamkeit und Konzentration	✓ Wechsel von An- und Entspannung
✓ Körperwahrnehmung	Berührung
Sensibilisierung der Sinne	✓ Konzentration auf den Körper
✓ Positives Selbstkonzept	Fokussierung der Wahrnehmung
Soziale Kompetenz	✓ Vorstellungsbilder

„Zotteliges Ungeheuer" – Angst

Alter: ab 7 Jahre

Es wird wohl niemanden hier im Raum geben, der noch nie Angst gehabt hat, oder? Und wer das meint, hat es entweder vergessen oder flunkert ein wenig. Alle Menschen haben mal Angst, genauso wie sich alle Menschen mal freuen und mal traurig sind. Und das ist auch gut so. Denn Angst kann uns dazu bringen, bestimmte Dinge zu tun oder zu lassen. So ist es vielleicht nicht so ratsam, eine Hauptverkehrsstraße zu überqueren, ohne auf die Autos zu achten oder einen wütend bellenden Hund zu streicheln, den man nicht kennt. Ihr seht, Angst macht uns vorsichtig und schützt so vor Gefahren. Nur wenn gar keine echte Gefahr da ist und wir trotzdem Angst haben, dann ist das nicht so toll.

In dieser Geschichte geht es darum, wie wir Ängste besiegen können. Dazu brauchen wir nur unsere Fantasie und den Willen, es mit der Angst aufzunehmen. Legt euch ganz bequem hin (am besten ausgestreckt auf den Rücken, wie wir es vorher probiert haben). ...
Schließe deine Augen ... spüre, wie deine Arme und Beine ganz locker und entspannt am Boden liegen ... dein Atem geht ruhig und gleichmäßig ein und aus ... ganz von allein ... ein und aus ...
Ich will dir eine Geschichte von Fridolin erzählen. Fridolin ist eine kleine Maus. Sie lebt auf dem Dachboden eines alten Bauernhauses. Und dann ist da noch Jakob. Jakob ist ein kleiner Junge und lebt ebenfalls im Dachgeschoss desselben Bauernhauses. Jakob hat ein gemütliches kleines Zimmer für sich. Wenn er aus dem Fenster schaut, kann er den ganzen Garten überblicken. Jakob ist der einzige der Familie, der hier oben wohnt. Alle anderen haben ihre Schlafzimmer im Untergeschoss. Jakobs Vater hat Ihn schon öfters gefragt, ob er nicht auch nach unten ziehen wolle. Er würde mit ihm das Arbeitszimmer tauschen. Leider fragt Jakobs Vater das immer nur tagsüber. Und tagsüber würde Jakob sein Reich nie gegen ein anderes Zimmer eintauschen. Nachts sieht das allerdings schon anders aus.

Jeden Abend, wenn es dunkel ist und Jakob in seinem Bett liegt, hört er nämlich eigenartige Geräusche auf dem Dachboden. Das ist der Zeitpunkt, wenn Jakobs Knie vor Angst zu schlottern beginnen, er die Luft anhält und ihm heiß und kalt wird. Da hilft es auch nicht, wenn er sich die Bettdecke über den Kopf zieht. In seinem Kopf tauchen Bilder von zotteligen Ungeheuern auf, die nach ihm suchen. Jakob ist ein pfiffiger kleiner Kerl und weiß genau, dass es keine zotteligen Ungeheuer gibt. Aber nachts im Dunkeln ist er sich da nicht mehr so sicher. So liegt Jakob versteinert da und rührt sich nicht vom Fleck, während er in die Dunkelheit lauscht und darauf wartet, dass das Ungeheuer ihm die Decke wegzieht.

Das „Ungeheuer" hat derweil andere Sorgen. Fridolins Magen knurrt und die Vorräte auf dem Dachboden sind so gut wie verbraucht. So trappelt er nervös umher auf der Suche nach etwas Nagbarem. Plötzlich steigt ihm ein wohlbekannter Geruch in die Nase, der sein Herz höher schlagen lässt: „Käse, das muss Käse sein!" Fridolin folgt seiner Spürnase bis zu einem Spalt in der Bretterwand. Er ist gerade so breit, dass er sein Köpfchen hindurch stecken kann. Oh, was sieht er da! Auf dem Boden neben dem Bett steht ein Teller mit einem angebissenen Käsebrot darauf. Fridolin läuft das Wasser im Mund zusammen. Er beginnt, an der Bretterwand zu nagen, damit das Loch größer wird.

Jakob bleibt fast das Herz stehen: Das Ungeheuer klingt plötzlich so nah. Krampfhaft hält er sich an der Bettdecke fest. Nichts kann ihn jetzt mehr retten. Da fällt ihm plötzlich ein, wie er letzte Woche in der Entspannungsstunde als Luftmatratze aufgepumpt wurde. „Wie ging das noch mit dem Stöpsel ziehen? – Egal, es war jedenfalls ein gutes Gefühl. Vielleicht klappt das ja auch jetzt." Jakob stellt sich vor, wie jemand bei ihm den Stöpsel zieht und die ganze Spannung aus seinem Körper auf einmal schwindet. Es klappt tatsächlich, nicht ganz so gut wie in der Entspannungsstunde, aber immerhin. Jetzt klappt das Denken auch besser und Jakob fällt wieder ein, was er tun muss, um dem Ungeheuer mutig und stark gegenüberzutreten. Er konzentriert sich auf seinen Atem, beobachtet, wie er ein- und ausgeht. Dann sagt er sich selbst einige Male vor: „Ich bin ganz ruhig. ... Ich bin ganz ruhig. ... Ich bin ganz ruhig." Jakobs Knie hören auf zu schlottern und er ist nicht mehr ganz so aufgeregt. Das Bild des Ungeheuers taucht dennoch immer wieder in seinem Kopf auf und die Geräusche lassen nicht nach. So wendet er einen Trick an, den er gelernt hat. Jakob weiß, dass er mit seinen Gedanken und seiner Fantasie alles machen kann, was er will. Er stellt sich vor, dass das Ungeheuer in seinem Kopf immer mehr schrumpft. Es wird kleiner und kleiner, bis es ungefähr die Größe einer Maus hat. „So sieht das Ungeheuer fast ein bisschen niedlich aus", denkt Jakob. Er atmet noch einmal tief ein und aus, nimmt all seinen Mut zusammen und stößt mit einem Mal die Bettdecke zurück, um dem Ungeheuer entgegenzutreten.

Fridolin bleibt der Käsehappen vor Schreck im Hals stecken. Damit hat er nicht gerechnet. Panik ergreift ihn. In Windeseile rast er zurück zum Bretterloch, um sich schnellstens in Sicherheit zu bringen. Jakob sieht gerade noch die kleine Maus im Loch an der Wand verschwinden, eine Spur von Brotkrümeln hinter sich her ziehend. „Was für ein Ungeheuer!!" Jakob muss lachen. Manchmal ist es doch besser, allen Mut zusammenzunehmen und den Tatsachen ins Gesicht zu sehen. Dann ist alles nur noch halb so schlimm. Eine Maus im Schlafzimmer ist zwar auch nicht klasse – schließlich kann man dann keine Leckereien mehr mit ins Bett nehmen – aber so schlimm wie das zottelige Ungeheuer im Kopf ist es eben doch nicht.

Bevor Jakob sich wieder schlafen legt, schiebt er noch eine Kiste vor das Loch in der Wand. Heute will er auch von einer Maus nicht mehr gestört werden. Im Bett lauscht er noch einige Minuten dem leisen Getrappel, das irgendwann aufhört. „Komisch", denkt Jakob. „Irgendwie haben die Geräusche auch etwas Beruhigendes." Er stellt sich vor, wie die kleine Maus sich in ihrem Lager schlafen legt und wünscht ihr in Gedanken eine gute Nacht.

Auch Jakob ist nun sehr müde. Ganz entspannt liegt er in seinem kuscheligen Bett. Seine Arme sind angenehm schwer ... und auch seine Beine sind angenehm schwer. ... Sein Atem geht ruhig und gleichmäßig ein ... und aus ... ein ... und aus. Er gleitet langsam in einen friedlichen und wohltuenden Schlaf. ... Am Morgen wacht er ausgeruht aus und erzählt seiner Mutter am Frühstückstisch von dem Erlebnis in der Nacht.

Komm nun langsam in deinem Tempo zurück in diesen Raum. ... Bewege deine Finger und Füße ... streck und räkele dich. ... Atme tief ein und aus ... öffne deine Augen ... und du fühlst dich entspannt und ausgeruht.

Zu beachten:

Die Geschichte sollte in ein Gespräch über das Thema Angst eingebunden sein. Wichtig ist es, die Kinder über ihre eigenen Ängste und Erlebnisse erzählen zu lassen. Für manche Kinder ist es leichter, dazu ein Bild zu malen und dann erst darüber zu sprechen. Ob und was die Kinder erzählen, bleibt aber ihnen überlassen.

Ganzheitliche Stundenbilder

Inhalt

4.8 Ganzheitliche Stundenbilder

In den vorhergehenden Kapiteln sind eine Vielzahl von erlebnisorientierten Entspannungsspielen und –geschichten dargestellt, die sich zum Einsatz in den verschiedenen Bereichen des pädagogisch-therapeutischen und familiären Alltags eignen. Wie lassen sich nun Spiele auswählen und zusammenstellen, wenn eine ganze Stunde unter dem Thema Entspannung stehen soll?

Auch für die Gestaltung von Stundenbildern gilt das eingangs beschriebene Prinzip der Erlebnis- und Bedürfnisorientierung sowie die Regel, dass das Angebot aus Sicht der Kinder sinnhaft sein muss.

Es gilt demnach, inhaltlich ein Thema zu wählen, das die Kinder interessiert, motiviert und ihrer Lebens- oder Fantasiewelt entnommen ist. In Einrichtungen, in denen die Kinder tagsüber betreut werden (Kindergarten, Schule, Hort), ergibt sich das Stundenthema häufig aus ihren spontanen Spielen. Werden im Kindergarten zum Beispiel jeden Tag die Spielzeugautos ausgepackt oder jagen die Kinder mit Rollbrettern auf selbstgebauten Straßen über den Flur, dann bietet sich auch für die Entspannungsstunde das Thema „Mit dem Auto unterwegs" an. Wenn es gerade eher um Dinosaurier, Drachen und sonstige großartige Fabelwesen geht, dann ist vielleicht eher eine Drachenstunde angesagt.

Im folgenden werden einige Stundenthemen mit entsprechenden Spielvorschlägen beschrieben. Eine Veränderung und Abwandlung entsprechend der aktuellen Bedürfnisse der Kinder ist durchaus erwünscht. Manchmal regt auch eine erlebnisreiche Entspannungsstunde die Kinder zu neuen Spielideen im Tagesablauf an, die sie verändern und weiterentwickeln können.

Aufbau der Stunde

Jede Stunde folgt einem roten Faden, der sich in der Regel aus dem Thema und den Bedürfnissen nach Bewegung und Ruhe ergibt.

Den Einstieg bildet ein Anfangsritual wie das „Kleine Hallo" (vgl. Kap. 4.3, S. 130) und eine kurze Besprechungsrunde. Ein Bewegungsspiel, ein Spiel zum Wechsel von An- und Entspannung oder eine bewegte Entspannung erleichtert den Übergang von vorherigen Aktivitäten und ermöglicht einen individuellen Spannungsausgleich. Bei diesen Spielen ist es wichtig, dass jedes Kind sein Tempo und den Grad von Aktivität und Ruhe selbst mitbestimmen kann. Nach einer Bewegungsphase und dem spielerischen Hinübergleiten in die Ruhe bieten sich körperbezogene Partnerspiele oder Sinnesspiele zur Entspannung und Konzentration an. Am Ende der Stunde geht es meist darum, dass jeder für sich zur Ruhe kommt, in sich hineinhört und die Körperempfindungen, Gedanken und Gefühle bewusst wahrnimmt. Fantasiereisen oder Entspannungsgeschichten eignen sich hierzu. Eine Abschlussrunde und ein Abschiedsritual (z. B. „Das kleine Tschüss": Kap. 4.3, S. 130) beschließen die Stunde. Die Anfangs- und Abschlussrunde sowie entsprechende Rituale gelten für jede Stunde und sind deshalb in den einzelnen Kapiteln nicht gesondert genannt. Hier noch einmal die Phasen im Überblick:

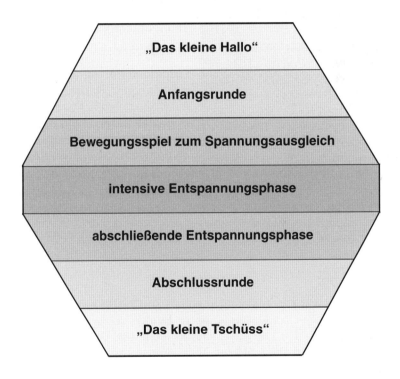

Ziele	Methoden
✓ Entspannung	✓ Bewegte Entspannung
✓ Aufmerksamkeit und Konzentration	✓ Wechsel von An- und Entspannung
✓ Körperwahrnehmung	✓ Berührung
✓ Sensibilisierung der Sinne	Konzentration auf den Körper
✓ Positives Selbstkonzept	✓ Fokussierung der Wahrnehmung
✓ Soziale Kompetenz	✓ Vorstellungsbilder

Zoobesuch

Alter: ab 4 Jahre

Teilnehmerzahl: ab 4

Zeitaufwand: ca. 45 Minuten

Organisation: genügend Raum zum Fangen; „Raubtierschlafplatz" mit Matten, Teppichfliesen o.ä. abgrenzen; eine Matte oder Decke als Unterlage und evtl. Decken zum Zudecken für jedes Kind

Material: Sand- / Reissäcke o.ä. als Futter; Entspannungsmusik

Einsatz: Kindergarten, Bewegungs- und Entspannungsstunde

Spielanleitung:

„Wer von euch war schon einmal in einem Zoo? – Und welche Tiere habt ihr dort gesehen? – Wir wollen in dieser Stunde selbst die Löwen (Tiger, Leoparden, Bären o. ä.) sein. Als ich das letzte Mal im Zoo war, habe ich beobachtet, wie ein paar pfiffige Affen dem Löwen das Futter geklaut haben, als dieser gerade eingeschlafen war."

1. Futterklau

Dieses Spiel zum Wechsel von An- und Entspannung ist in Kap. 4.1, S. 90 dargestellt. Es lässt sich natürlich genauso gut mit anderen von den Kindern genannten Tieren spielen.

2. Tierwäsche im Zoo

„Nach dem Fressen und bevor sie sich schlafen legen, werden die Tiere von den Pflegern gewaschen und gründlich abgeschrubbt. Geht zu zweit zusammen. Einer von euch ist das Tier (z. B. der Löwe) und darf sich ganz bequem auf den Bauch legen und sich vom anderen, dem Pfleger, waschen lassen. Die 'Tiere' genießen diese Prozedur immer sehr."

Die Massage-Anweisungen für den „Dreckspatz" (Kap. 4.5, Seite 200) lassen sich für die Tierwäsche abwandeln. So wird der Löwe erst abgeduscht, dann gebürstet, noch mal abgeduscht, eingeseift und nach dem letzten Abduschen trockengerieben.

Zu beachten:

Statt eines Löwen kann selbstverständlich jedes andere Tier von den Kindern gewählt werden.

3. Die Tiere machen ein Nickerchen

„Nach dieser wohltuenden Wäsche ruhen sich die Tiere eine Weile aus und schließen schläfrig die Augen. Vielleicht machen sie auch ein kleines Nickerchen. Die Tiere werden erst wieder wach, wenn sie bei ihrem Namen gerufen werden."

Alle Kinder machen es sich auf ihrer Matte gemütlich und werden von der Anleiterin zugedeckt. Im Hintergrund spielt entspannende Musik. Ein Kind nach dem anderen wird beim Namen gerufen und kommt dann zur Anleiterin geschlichen (vgl. auch „Dornröschenschlaf": Kap. 4.1, S. 84).

Variationen:

> Die „Tiere" bleiben direkt nach der „Tierwäsche" liegen und schlafen ein. Die „Pfleger" wecken sie zusammen mit der Anleiterin wieder auf, indem sie ihre Namen rufen.

> Die Tiere werden durch Streicheln oder Berühren mit einer Feder wieder geweckt.

Ziele	Methoden

✓ Entspannung
    Aufmerksamkeit und Konzentration
 ✓ Körperwahrnehmung
 ✓ Sensibilisierung der Sinne
 ✓ Positives Selbstkonzept
 ✓ Soziale Kompetenz
	✓ Bewegte Entspannung
	 ✓ Wechsel von An- und Entspannung
	 ✓ Berührung
	 ✓ Konzentration auf den Körper
	    Fokussierung der Wahrnehmung
	 ✓ Vorstellungsbilder

Schneckentempo

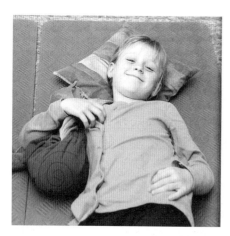

Alter: ca. 4 – 8 Jahre

Teilnehmerzahl: beliebig

Zeitaufwand: ca. 45 Minuten

Organisation: für jede Person eine Matte oder Decke als Unterlage

Material: evtl. eine Schnecke als Handpuppe oder Stofftier; evtl. Buch: Friebel & zu Knyphausen 1997; Entspannungsmusik

Einsatz: Kindergarten, Grundschule, Bewegungs- und Entspannungsstunden

Spielanleitung:

„Kennt ihr Tiere, die sich ganz langsam bewegen? – Ja, Schnecken gehören auch dazu. Und um die soll es heute gehen. Beim ersten Spiel tun wir so, als wären wir selbst Schnecken. Danach macht die Schnecke einen Spaziergang auf eurem Körper – das ist für euch eine tolle Massage – und am Ende erzähle ich euch eine Geschichte von einem Schneckenrennen."

1. Schneckenspiel

„Habt ihr schon einmal beobachtet, was passiert, wenn man eine Schnecke an den Fühlern berührt oder wenn sie erschrickt? – Ja, genau, sie zieht sich ganz klein zusammen und verschwindet in ihrem Haus, wenn sie eins hat. Das wollen wir auch einmal ausprobieren: Kriecht wie eine Schnecke gaanz laangsaam durch den Raum. Wenn ihr berührt werdet oder euch erschreckt, zieht euch ganz klein zusammen."

Zu beachten:

Das Kriechen und Zusammenziehen sollte vorher gezeigt werden. Zur Anschauung eignet sich gut eine Handpuppe (z. B. „Die Schnecke" von Folkmanis: Bezugsanschrift siehe Anhang, S. 304). Die Anleiterin oder ein Kind kann das Berühren der Schnecke übernehmen. Die Kinder können sich aber auch gegenseitig antippen.

2. Schneckenspaziergang

Der Spaziergang der Schnecke entspricht der Massage „Die Schnecke" in Kap. 4.5 auf S. 202.

3. Entspannungsgeschichte

Zum Thema „Schnecke" eignet sich sehr gut die Entspannungsgeschichte „Das Schneckenrennen" von Friebel & zu Knyphausen (1997). Sieger des Rennens in der Geschichte ist die Schnecke, die als letztes am Ziel ankommt. Der kleine Bär in der Geschichte beobachtet das Schneckenrennen in seinem Traum. Zu Beginn und am Ende der Geschichte stehen Ruhe-, Schwere- und Wärmeinstruktionen. Alternativ passt auch die Geschichte „Die schnellste Schnecke der Welt" von Friedrich & Friebel (2001), die die Ruheformel „Ruhig und still geht's, wie ich will" vermittelt. Sie können sich natürlich auch selbst eine Geschichte ausdenken, die das gemächliche Kriechen der Schnecke zum Inhalt hat.

Ziele	Methoden
✓ Entspannung	Bewegte Entspannung
✓ Aufmerksamkeit und Konzentration	✓ Wechsel von An- und Entspannung
✓ Körperwahrnehmung	✓ Berührung
✓ Sensibilisierung der Sinne	✓ Konzentration auf den Körper
✓ Positives Selbstkonzept	Fokussierung der Wahrnehmung
✓ Soziale Kompetenz	✓ Vorstellungsbilder

Der kleine Drache

Alter: ab 5 Jahre

Teilnehmerzahl: ab ca. 5 Kinder

Zeitaufwand: ca. 45 Minuten

Organisation: freie Fläche für Fangspiel; Einrichtung einer Mattenecke für die Drachenerholung; je Kind eine Matte oder Decke als Unterlage

Material: evtl. Stofftierdrache oder andere Handpuppe; Buch von Friebel & zu Knyphausen (1997)

Einsatz: Bewegungs- und Entspannungsstunden

Spielanleitung:

„Wir haben heute Besuch. Der kleine Drache wollte unbedingt mitkommen und mit uns spielen und entspannen."
(Stoffdrache: z. B. Handpuppe von Folkmanis: Bezugsanschrift siehe Anhang, S. 304)

1. Drachenfangen

Der kleine Drache liebt Fangspiele genau wie ihr: siehe Kapitel 4.2, S. 106. Das Spiel wechselt zwischen An- und Entspannung und betont die bewusste Wahrnehmung des Atems.

2. Drachenwäsche

„Nach einem tollen Spieltag ist der Drache ganz verschwitzt und schmutzig. Er braucht ganz dringend ein Bad! Geht zu zweit zusammen. Einer von euch spielt den Drachen und legt sich gemütlich auf den Bauch. Der andere wäscht und schrubbt den Drachen, bis seine grüne Haut wieder richtig glänzt" (siehe „Dreckspatz": Kap. 4.5, S. 200).

3. Die Drachenkette (Friebel & zu Knyphausen 1997, S. 26ff.)

Die Geschichte handelt vom Drachen Grünenstein, der Besuch von seinem kleinen Freund, dem Menschenkind, bekommt. Grünenstein versucht, für seine geliebte Drachenfrau eine Perlenkette aufzuziehen und schafft es nicht, weil er einfach zu ungeduldig ist. Das Menschenkind verrät ihm einen Atementspannungstrick: den Atem beobachten und sich bei jedem Ausatmen das Wort „Ruhe" vorsagen. So gelingt es dem Drachen am Ende doch, die Kette fertig zu stellen.

Sie können sich natürlich auch selbst eine Geschichte vom kleinen Drachen ausdenken und erzählen.

Zu beachten:

Statt des Drachens kann jedes andere Tier gewählt werden.

Ziele	Methoden
✓ Entspannung	Bewegte Entspannung
Aufmerksamkeit und Konzentration	✓ Wechsel von An- und Entspannung
✓ Körperwahrnehmung	✓ Berührung
✓ Sensibilisierung der Sinne	✓ Konzentration auf den Körper
✓ Positives Selbstkonzept	Fokussierung der Wahrnehmung
✓ Soziale Kompetenz	✓ Vorstellungsbilder

Winter

Alter: ab 6 Jahre

Teilnehmerzahl: ab 4 Kinder

Zeitaufwand: ca. 60 Minuten

Organisation: freie Spielfläche; für jede Person eine Matte oder Decke als Unterlage

Material: Zeitungen, Wattebäusche oder Styroporteile; evtl. Noppenbälle; Entspannungsmusik

Einsatz: Schul-, Bewegungs- und Entspannungsstunden im Winter

Spielanleitung:

„Es ist Winter. Und zum Winter gehören Schneeballschlachten, Schlittenfahren oder Skifahren und sich im Schnee wälzen. Habt ihr das alles schon mal gemacht? – Heute habt ihr hier Gelegenheit dazu. Wir werden erst eine Schneeballschlacht mit Zeitungspapier (Wattebäuschen, Styroporschnipseln) machen. Dann lassen wir uns einschneien und am Ende gibt es eine Schlittenfahr- (Skifahr-) Massage oder eine Fantasiereise ins 'Winter Wunderland'."

1. Wettermassage

Die Wettermassage ist in Kapitel 4.5, S. 192 als „Wetterbericht" beschrieben. An dieser Stelle kann sie gut als Gruppenmassage durchgeführt werden, bei der die Kinder im Kreis hintereinander auf dem Boden oder auf quer gestellten Stühlen beziehungsweise Hockern sitzen. Die Anleiterin ist für den Wetterbericht zuständig: „Am Abend bilden sich Wolken und es beginnt zu regnen. Allmählich geht der Regen in Schnee über. Der Schneefall wird in der Nacht immer stärker, so dass der Boden am Morgen ganz von einer weichen weißen Schneedecke eingehüllt ist. Die strahlend warme Wintersonne löst die Wolken schnell auf und lässt den Schnee glitzern. Das ist doch ideales Wetter für eine Schneeballschlacht! Macht ihr mit?"

2. Schneeballschlacht

Der Schnee (zerknüllte Zeitungen, Wattebäusche oder Styroporteile) wird im Raum verteilt und dann kann es losgehen, wie in Kapitel 4.1, S. 82 beschrieben.

3. Wir werden eingeschneit! (nach einer Idee von Liebisch 2001, 218)

Ein Kind liegt auf dem Boden und wird von einem anderen mit „Schneeflocken" berieselt, bis es ganz eingehüllt ist. Zu Entspannungsmusik (z. B. „December" von George Winston) ruht das Kind eine Weile unter der Schneedecke aus, bis sie geschmolzen ist. Der Partner schiebt den „Schnee" behutsam vom Körper. Das liegende Kind steht vorsichtig auf, so dass der Körperumriss erhalten bleibt. Wenn nicht genügend „Schneematerial" vorhanden ist, können auch jeweils nur ein oder zwei Kinder eingeschneit werden.

4. Wintermassage

Es hat so viel geschneit, dass die Kinder es kaum abwarten können, Skilaufen zu gehen. Die Anleitung zu einer entsprechenden Partnermassage ist in Kap. 4.5, S. 212 zu finden. Wer lieber Schlitten fährt, kann die Igelballmassage „Pieksi geht Schlittenfahren" (Kap. 4.5, S. 188) wählen.

5. Spaziergang durch „Winter Wunderland"

Die in Kap. 4.6, S. 232 beschriebene Fantasiereise führt durch eine wundervoll verschneite Winterlandschaft.

Zu beachten:

Den Abschluss der Stunde sollte entweder die Wintermassage oder die Fantasiereise bilden. Beides ist vermutlich zu viel.
Bei den Styroporteilen für die Schneeballschlacht handelt es sich um Verpackungsmaterial, das nicht zerfällt und groß genug ist, damit es nicht verschluckt werden kann.

Ziele	Methoden
✓ Entspannung	✓ Bewegte Entspannung
✓ Aufmerksamkeit und Konzentration	✓ Wechsel von An- und Entspannung
✓ Körperwahrnehmung	Berührung
✓ Sensibilisierung der Sinne	✓ Konzentration auf den Körper
✓ Positives Selbstkonzept	✓ Fokussierung der Wahrnehmung
✓ Soziale Kompetenz	✓ Vorstellungsbilder

Strandurlaub

Alter: ab 7, mit Eltern ab 5 Jahre

Teilnehmerzahl: beliebig

Zeitaufwand: ca. 45 – 60 Minuten

Organisation: Raum zum „Fliegen"; je Kind eine Matte oder Decke als Unterlage

Material: Schleuderhörner, Schaumstoffstäbe oder Papprollen; evtl. Noppenbälle; evtl. Weichbodenmatte und mind. 6 Rollbretter oder Medizinbälle; schnelle sowie ruhige Musik

Einsatz: Bewegungs- und Entspannungsstunden

Spielanleitung:

„Stellt euch vor, ihr habt Ferien und wollt in den Urlaub fliegen. Euer Urlaubsziel liegt am Meer und ihr freut euch schon sehr darauf. Allein das Fliegen ist schon wunderbar aufregend."

1. Wir fliegen mit dem Flugzeug!

Nach flotter Musik fliegen die Kinder mit ausgebreiteten Armen durch den Raum. Achtung: Zusammenstöße vermeiden! Am Rand des Raumes sind Auftankstationen verteilt (je 1 Matte und 1 Schleuderhorn o. ä.). Musikstop heißt, dass der Tank leer ist und die Kinder zum Auftanken landen müssen. Der Tankschlauch wird am Bauch, am Rücken oder an Armen oder Beinen angesetzt und vibrierend bewegt, bis die Musik das Signal für den erneuten Start gibt.

Variation:

Es können auch mehrere Kinder mit einem Flugzeug fliegen. Dazu halten sie sich am besten an einem Stab fest.

Alternativen:

* Es geht mit dem Auto in den Urlaub (siehe „Autofahren": Kap. 4.1, S. 76).
* Pieksi will ans Meer (siehe „Pieksi auf dem Weg zum Meer": Kap. 4.5, S. 186).

2. „Pack die Luftmatratze ein ...!"

Bevor ihr an den Strand geht, müsst ihr erst einmal testen, ob die Luftmatratze noch dicht ist. Pumpt sie auf und lasst die Luft wieder ganz ab, damit ihr sie leichter transportieren könnt (siehe „Luftmatratze": Kap. 4.1, S. 92).

3. Luftmatratzenkapitän

(auch als Alternative zu 2. besonders für jüngere Kinder)

Ihr genießt es, mit eurer Luftmatratze auf den leichten Wellen hin- und herzuschaukeln, die Sonne auf eurem Körper zu spüren und so richtig zu „relaxen" (Kap. 4.3, S. 148).

3. Urlaubsfotos

Von dieser herrlichen Gegend wollt ihr natürlich ein paar Erinnerungsfotos mit nach Hause nehmen, um sie euren Freunden zu zeigen (siehe „Fotograf": Kap. 4.3, S. 120).

4. Am Ende eines erlebnisreichen Urlaubstages

Am Abend sinkt ihr wohlig erschöpft und zufrieden in euer kuscheliges Urlaubsbett. Schnell gleitet ihr in einen tiefen wohltuenden Schlaf und träumt von den Erlebnissen des Tages.

Eine Fantasiereise zum Thema Strand und Urlaub schließt sich an: siehe auch Kap. 4.6: „Im Boot", S. 224 und „Am Strand", S. 228. Rücknahme nicht vergessen!

Ziele	Methoden
✓ Entspannung	Bewegte Entspannung
✓ Aufmerksamkeit und Konzentration	✓ Wechsel von An- und Entspannung
✓ Körperwahrnehmung	✓ Berührung
Sensibilisierung der Sinne	✓ Konzentration auf den Körper
✓ Positives Selbstkonzept	Fokussierung der Wahrnehmung
✓ Soziale Kompetenz	Vorstellungsbilder

Mit dem Auto unterwegs

Alter: ab 6 Jahre

Teilnehmerzahl: beliebig

Zeitaufwand: ca. 45 – 60 Minuten

Organisation: genügend Raum zum Fangen; Matte(n) am Rand als Autowerkstatt bereitlegen; Matten oder Decken als Unterlage

Material: evtl. Sandsäckchen, Rollbretter und Matten für den Schlafwagen; Entspannungsmusik

Einsatz: Bewegungs- und Entspannungsstunden

Spielanleitung:

„Stellt euch vor, ihr wollt mit dem Auto die Oma besuchen oder in den Urlaub fahren. Da seid ihr mindestens fünf Stunden unterwegs. Leider habt ihr unterwegs eine Reifenpanne und müsst in die Werkstatt."

1. Platter Autoreifen: Ab in die Werkstatt!

Anders als in Kapitel 4.1 („Platter Autoreifen": S. 78) beschrieben, können die Kinder hier einfach als Autos durch den Raum fahren und selbst bestimmen, wann sie wegen eines platten Reifens liegen bleiben. Die Anleiterin, gegebenenfalls mit Unterstützung einiger Kinder, schleppen die liegengebliebenen Autos in die Werkstatt und versorgen sie dort.

2. Mit dem Schlafwagen ans Ziel

(nach einer Idee von Beudels et al. 2001, 117)

„Nach dieser Autopanne entscheidet ihr euch, doch lieber mit dem Zug weiterzufahren. Das ist sicherer. Am Abend geht es mit dem Autoreisezug los. Nachdem das Auto verladen ist, macht ihr es euch in der gemütlichen Koje bequem und schlummert ein. Der Zugführer achtet darauf, dass es im Abteil ganz leise ist, damit alle ruhig schlafen können. Wenn er etwas hört, hält er den Zug an, um nach dem Rechten zu sehen. Wenn wieder Ruhe eingekehrt ist, geht es weiter." (siehe Kap. 4.3, S. 144)

3. Ein wunderbarer Traum

Während die Kinder im Schlafwagen liegen, kann eine beliebige Fantasiereise als Traumgeschichte erzählt werden (siehe Kap. 4.6). Wenn die Fahrt in den Urlaub geht, bieten sich inhaltlich darauf abgestimmte Themen an (z. B. „Im Boot", S. 224, „Wie ein Fisch im Wasser", S. 226, „Am Strand", S. 228).

4. Ausflüge am Zielort

„Nachdem der Zug am Ziel angekommen und die Autos abgeladen sind, werdet ihr langsam wach, schaut aus dem Fenster und bekommt sofort Lust, die Gegend zu erkunden. So steigt ihr in euer Auto und los geht's."

Das Umherfahren kann wie im Spiel „Autofahren" (Kap. 4.1, S. 76) von der Anleiterin begleitet werden, wobei neben den Geschwindigkeitsangaben Hinweise auf das, was gerade zu sehen ist, nicht fehlen sollten.

5. Autowaschanlage

Nach dieser ausgiebigen Ausflugsfahrt ist euer Auto ganz schmutzig geworden. Bevor ihr mit dem Zug wieder heimfahrt, geht es erst einmal in die Autowaschanlage (siehe Kap. 4.5, S. 210).

Die Waschanlage kann der Abschluss der Stunde sein. Die Kinder können aber auch mit dem Schlafwagenexpress „nach Hause" (Abschlusskreis in der Mitte oder Umkleideraum) gebracht werden.

Ziele	Methoden
✓ Entspannung	✓ Bewegte Entspannung
✓ Aufmerksamkeit und Konzentration	Wechsel von An- und Entspannung
✓ Körperwahrnehmung	✓ Berührung
✓ Sensibilisierung der Sinne	✓ Konzentration auf den Körper
✓ Positives Selbstkonzept	✓ Fokussierung der Wahrnehmung
✓ Soziale Kompetenz	✓ Vorstellungsbilder

Jahrmarkt

Alter: ab 4, Labyrinth und Geister-bahn ab 7 Jahre

Teilnehmerzahl: beliebig: abhän-gig von Aufbau und Durchführung

Zeitaufwand: 40 – 90 Minuten

Organisation: Spiele nacheinan-der oder als Stationen; gemeinsa-mer Aufbau

Material: Weichbodenmatte, mind. 6 Rollbretter oder Medizinbälle; für das Labyrinth: Zeitungen, Tücher, Decken, Wäscheklammern, Klebeband, Wäscheleinen; Geisterbahn: unterschiedliche Materialien zum Befühlen; Matten oder Decken als Unterlage; Entspannungsmusik

Einsatz: Bewegungs- und Entspannungsstunden; Eltern-Kind-Aktion

Spielanleitung:

„Wart ihr schon einmal auf einem Jahrmarkt, wo es Karussells und viele leckere Sachen zu essen gibt? – Wir wollen in dieser Stunde unseren eigenen Jahrmarkt veranstalten mit einem neuartigen Karussell, einem Labyrinth, einer Geisterbahn, einer Pizza- oder Hamburgerbude und na-türlich einer Fahrt mit dem Riesenrad."

1. Musikexpress: Das Karussell zum Mitmachen!

Das Spiel ist angelehnt an den „Schlafwagen" (Kap. 4.3, S. 144) und wird genauso aufgebaut.

„Macht es euch im Karussell bequem. Der Musikexpress heißt so, weil er nur fährt, wenn Musik läuft. Leider ist der CD-Spieler kaputt gegangen. So müsst ihr selbst dafür sorgen, dass das Karussell in Bewegung kommt. Es fährt nur, wenn ihr gemeinsam ein Lied singt."

2. Geisterbahn

Mit Tischen, Stühlen – in einer Turnhalle mit Kästen, Bänken, evtl. Barren – wird eine Gasse aufgebaut, die mit Decken zugehängt wird. In der Gasse werden unterschiedliche Materialien zur taktilen Erkundung aufgehängt beziehungsweise ausgelegt. Gut ist es, wenn die „Geisterbahn" möglichst dunkel wird. Ist dies nicht möglich, sollten die Kinder die Augen schließen oder sich verbinden lassen (freiwillig). Gestaltet eine Gruppe die Geisterbahn für eine andere, wird das Erkunden noch spannender. Auch Stimmen, Töne und Bewegungen erhöhen den Reiz.

Zu beachten: Bitte darauf achten, dass keine gefahrvollen Gegenstände oder scharfe Kanten und Ecken im Weg sind.

3. Labyrinth (nach einer Idee von Liebisch & Quante 1998, 2002)

Mit Wäscheleinen werden, etwas über Kopfhöhe, Seile kreuz und quer im Raum gespannt, an die mit Zeitungen und Tüchern „Wände" gehängt werden. So entsteht ein Labyrinth, in dem ganzheitliche Wahrnehmungserfahrungen stattfinden können (Spielideen und genaue Beschreibung bei Liebisch & Quante 2002, 57ff).

4. Jetzt eine Pizza oder ein Hamburger!

„Die vielen aufregenden Eindrücke haben euch hungrig gemacht. Gut, dass es auf dem Jahrmarkt auch Pizzabäcker und Hamburger-Stände gibt! Leider ist da so viel los, dass ihr anbietet, beim Zubereiten zu helfen."

Der „Obstkuchen" (Kap. 4.5, S. 194) lässt sich leicht als „Pizza" abwandeln, die „Belegten Brote" (Kap. 4.5, S. 198) könnten genauso gut Hamburger oder Hot Dogs sein.

5. Eine Fahrt im Riesenrad

„Ein Riesenrad können wir hier im Raum schlecht nachbauen. Aber wenn ihr euch die Geschichte, die ich euch gleich erzählen werde, in eurem Kopf vorstellt, dann fühlt sich das fast genauso an wie in echt." (siehe Fantasiereise „Im Riesenrad": Kap. 4.6, S. 230).

Ziele	Methoden

✓ Entspannung
  Aufmerksamkeit und Konzentration
✓ Körperwahrnehmung
  Sensibilisierung der Sinne
✓ Positives Selbstkonzept
✓ Soziale Kompetenz
	Bewegte Entspannung
	✓ Wechsel von An- und Entspannung
	✓ Berührung
	✓ Konzentration auf den Körper
	  Fokussierung der Wahrnehmung
	  Vorstellungsbilder

Krankenhaus

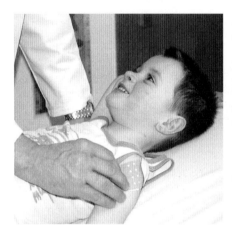

Alter: ab ca. 7 Jahre

Teilnehmerzahl: ab ca. 4 Kinder

Zeitaufwand: ca. 45 – 60 Minuten

Organisation: freie Fläche für Abwurfspiel; Einrichtung einer gemütlichen Krankenhausecke

Material: 1-2 Softbälle; evtl. Rollbretter; Sand- und Reissäckchen, Pappdeckel; Matten oder Decken als Unterlage; Entspannungsmusik oder Zaubererlied

Einsatz: Bewegungs- und Entspannungsstunden

Spielanleitung:

„Manchmal muss man ins Krankenhaus, wenn man ganz doll krank ist oder sich verletzt. War jemand von euch schon mal im Krankenhaus? – Dann tut es gut, wenn jemand da ist, der einen ganz liebevoll gesund pflegt. Heute möchte ich mit euch Krankenhaus spielen, o. k.? Natürlich ohne Schmerzen, das ist klar!"

1. Sanitäter im Einsatz

Ein oder zwei Kinder versuchen, die anderen mit einem Softball abzuwerfen. Wer abgetroffen und damit „verletzt" ist, bleibt auf der Stelle liegen, bis er von einem anderen freien Kind ins Krankenhaus geschleppt wird. Das ist in Rückenlage mit Fersenfassung, auf einer Decke oder auf einem Rollbrett möglich (Rollbretter in einer Sicherheitszone parken, wenn sie nicht gebraucht werden!). Das Krankenhaus kann aus einer einfachen Matte bestehen oder von den Kindern vorher nach ihren Vorstellungen gestaltet werden. Im Krankenhaus wird das Kind verarztet: z. B. mit einem Noppenball abrollen, mit Sandsäckchen die „Wunden" abdecken, Luft zufächeln etc. Die Arzt- oder Krankenschwesterrolle kann von der Anleiterin, ein oder zwei Kindern oder dem jeweiligen Sanitäter ausgeführt werden. Wenn das Kind wieder gesund ist (das entscheidet es nach eigenem Empfinden), spielt es wieder mit.

2. Im Krankenhaus

Die Kinder verarzten paarweise ihre Wunden („Wunden verarzten": Kap. 4.4, S. 162 oder „Trostpflaster", S. 158). Alternativ gestalten sie gemeinsam ein Krankenhaus nach ihren Vorstellungen, in dem die Kranken gepflegt werden. Auch der Bau verschiedener Abteilungen (z. B. Kinderstation, Massageabteilung, Gipsraum) ist möglich.

3. Hokus Pokus Fidibus (Vahle 1995, 1997)

Das Massagelied handelt vom Zauberer, der einen Hexenschuss hat. Er wird von seiner Frau, der Zauberin, verwöhnt und gepflegt, bis er wieder ganz gesund ist. Am Ende tanzen die beiden gemeinsam. Dieses Lied kann gut als Partnermassage (auch schon mit ganz kleinen Kindern) gespielt werden.

4. Kranke Kinder lieben Geschichten!

Anstelle des Zaubererliedes kann zum Abschluss der Stunde auch eine Fantasiereise oder eine Entspannungsgeschichte vorgelesen werden. Das „Baby" (Kap. 4.6, S. 234) eignet sich zum Beispiel, weil mit Krankheit häufig auch das Bedürfnis einhergeht, wie ein kleines Kind umsorgt und gehalten zu werden.

Ziele	Methoden
✓ Entspannung	Bewegte Entspannung
✓ Aufmerksamkeit und Konzentration	Wechsel von An- und Entspannung
✓ Körperwahrnehmung	✓ Berührung
✓ Sensibilisierung der Sinne	✓ Konzentration auf den Körper
Positives Selbstkonzept	Fokussierung der Wahrnehmung
✓ Soziale Kompetenz	Vorstellungsbilder

Es regnet und regnet ...

Alter: ab 4 Jahre

Teilnehmerzahl: beliebig

Zeitaufwand: ca. 40 – 60 Minuten

Organisation: Raum mit Geräten oder Möbeln zum darauf Steigen; je Kind eine Matte oder Decke als Unterlage

Material: Noppenbälle, möglichst viele Sandsäckchen

Einsatz: Bewegungs- und Entspannungsstunden

Spielanleitung:

„Manchmal regnet es so stark, dass die Flüsse über die Ufer treten und Straßen, manchmal sogar Häuser überflutet werden. Heute möchte ich mit euch die Erlebnisse an einem solchen Regentag spielen."

1. Achtung Hochwasser!

„Solange die Musik läuft, bewegt euch im Raum so, wie es euch gefällt. Sobald die Musik stoppt und ihr den Ruf 'Hochwasser' hört, steigt schnell auf etwas, das ein Stück über dem Boden liegt (z. B. Tische, Sprossenwände, Bänke), damit ihr keine nassen Füße bekommt."

Variation:

Das Spiel kann auch wie „Feuer, Wasser, Sturm" gespielt werden. Für jede Ansage wird mit den Kindern gemeinsam eine eigene Maßnahme zur „Rettung" überlegt. Wichtig ist, dass niemand ausscheidet. Es geht nur darum, den „Ernstfall" zu proben.

2. Das Wetter von morgen: „Regen, Regen, Regen ...!"

„Wollt ihr wissen, wie das Wetter morgen wird? Dann geht zu zweit zusammen. Einer von euch macht es sich auf dem Bauch liegend bequem. Der andere malt mit den Händen den Wetterbericht auf euren Rücken" (siehe „Wetterbericht": Kap. 4.5, S. 192).

Es werden verschiedene Formen von Regen imitiert: von einzelnen Tropfen über Nieselregen, Platzregen bis hin zu Gewitter mit Donner und Hagelschlag.

3. Ein Regentag für „Pieksi"

„An so einem Regentag habt ihr gar keine Lust, nach draußen zu gehen. Und in der Wohnung wird euch schnell langweilig. Vielleicht interessiert es euch ja, was Pieksi, der Igel, an so einem Tag treibt" (siehe „Pieksi im Regen": Kap. 4.5, S. 181).

4. Das Hochwasser kommt!

„Das Wasser steht so hoch, dass es fast über die Dämme steigt. Ihr wisst, was nun zu tun ist: Sandsäcke müssen her und dicht gestapelt werden!" (siehe „Hochwasser": Kap. 4.4, S. 164)

Ziele	Methoden
✓ Entspannung	✓ Bewegte Entspannung
✓ Aufmerksamkeit und Konzentration	✓ Wechsel von An- und Entspannung
✓ Körperwahrnehmung	✓ Berührung
✓ Sensibilisierung der Sinne	Konzentration auf den Körper
✓ Positives Selbstkonzept	✓ Fokussierung der Wahrnehmung
✓ Soziale Kompetenz	Vorstellungsbilder

Geburtstag

Alter: ab 6, mit Eltern ab 4 Jahre

Teilnehmerzahl: ca. 6 – 12 Kinder

Zeitaufwand: ca. 60 – 75 Minuten

Organisation: freie Fläche; für jede Person eine Matte oder Decke als Unterlage

Material: Sandsäckchen, Pappdeckel, Tücher

Einsatz: Geburtstag eines Kindes

Spielanleitung:

„Luca hat heute Geburtstag. Zur Feier des Tages machen wir heute nur Geburtstagsspiele. Zu Beginn darf sich Luca ein Spiel wünschen. Dann backen wir für ihn einen Kuchen. Natürlich gibt es auch ein Geschenk. Am Ende lassen wir ihn auf Entspannungsart hochleben und wenn noch Zeit bleibt, machen wir ein paar tolle Fotos vom Geschenk, den Gästen und natürlich vom Geburtstagskind."

1. Das Geburtstagskind wünscht sich ein Bewegungsspiel.

Vorschläge hierzu finden sich in Kapitel 4.1. Die meisten davon lassen sich als Geburtstagsspiele umwandeln. So kann das Picknick beim „Schlafzauberer" ein Geburtstagspicknick sein, auf dem „Video" ist der Zoobesuch anlässlich des Geburtstages im letzten Jahr zu sehen, bei der „Schneeballschlacht" darf natürlich das Geburtstagskind abwerfen.

2. Der Geburtstagskuchen wird gebacken

Die Anleitung zum „Obstkuchen" (Kap. 4.5, S. 194) kann übernommen werden. In diesem Fall bestimmt allerdings das Geburtstagskind, wie der Kuchen belegt werden soll.

3. Das Geburtstagskind bekommt ein Geschenk.

Das Geburtstagskind geht vor die Tür. Die anderen bestimmen ein Kind, das sie wie in Kapitel 4.4 („Das Geschenk": S. 153) beschrieben als Geschenk einpacken. Das Geburtstagskind wird hereingeholt und packt das Geschenk wieder aus. Wenn es will, kann es vorher erraten, wer sich in dem Geschenk befindet.

4. Wir lassen das Geburtstagskind hoch leben!

Das Geburtstagskind legt sich flach auf den Rücken. Die anderen Kinder gruppieren sich gleichmäßig um das Kind herum und legen ihm die Handflächen auf den Körper. Wenn das Geburtstagskind bereit ist, singen alle „Hoch sollst du leben, hoch sollst du leben, ..." – in diesem Moment macht sich das Geburtstagskind ganz steif und die anderen schieben die Handflächen unter den Körper – „... drei Mal hoch! Hoch!... Hoch!... Hoch!" Die Kinder heben das Geburtstagskind gleichzeitig vorsichtig in die Höhe und lassen es oben noch drei Mal hochleben. Dann wird das Kind behutsam wieder abgelegt und die Hände der anderen Kinder ruhen noch eine Weile auf dem Körper, bis das Geburtstagskind wieder ganz entspannt daliegt.

Zu beachten:

Die Anleiterin oder eine andere erwachsene Person sollte den Kopf des Kindes halten und klare Anweisungen geben, wann und wie das Kind angehoben wird. Die Hände dürfen nur auf Körperstellen aufgelegt werden, die dem Geburtstagskind angenehm sind. Dieses Spiel setzt ein hohes Maß an Achtsamkeit voraus. Die Anleiterin muss einschätzen, ob sie dieses Spiel einer Gruppe zutraut oder nicht.

5. Geburtstagsfotos dürfen nicht fehlen!

Entsprechend dem Spiel „Fotograf" (Kap. 4.3, S. 120) wird alles fotografiert, was das Geburtstagskind sich wünscht. Ob es selbst Fotoapparat oder Fotograf ist bzw. nur fotografiert werden möchte, entscheidet es selbst. Ein Rollentausch ist natürlich möglich.

Suchwortregister

Abk.	Kapitel
WAE	Spiele zum Wechsel von An- und Entspannung
AS	Atemspiele
SiS	Sinnesspiele zur Entspannung und Konzentration – Sehen
SiH	Sinnesspiele zur Entspannung und Konzentration – Hören
SiF	Sinnesspiele zur Entspannung und Konzentration – Fühlen
SiW	Sinnesspiele zur Entspannung und Konzentration – Schaukeln und Wiegen
ESP	Entspannungsspiele mit Sandsäckchen und Pappdeckeln
IM	Igelballmassagen
SM	Spielerische Massagen
FR	Fantasiereisen
TE	Thematische Entspannungsgeschichten
GS	Ganzheitliche Stundenbilder

Organisationsform: E (einzeln), P (Partner), G (Gruppe)

Alle Übungen, Spiele und Geschichten (mit Ausnahme der Hängematte) sind auch in Gruppen durchführbar.

E: Das Praxisbeispiel ist für ein einzelnes Kind geeignet. Dabei ist es meist erforderlich, dass ein Erwachsener das Spiel anleitet oder eine Geschichte vorliest.

P: Das Praxisbeispiel ist als Partnerübung vorgesehen. Natürlich können diese Spiele und Massagen auch mit einem einzelnen Kind durchgeführt werden, wenn der Anleiter die Rolle des Partners einnimmt.

G: Das Praxisbeispiel lässt sich nur mit mehreren Kindern durchführen. Die Interaktion in der Gruppe steht dabei im Vordergrund.

Gliederung nach Zielen

Positives Selbstkonzept .... Kapitel .... Alter ... Einzel/ Partner .. Seite
Gruppe

Soziale Kompetenz .... Kapitel .... Alter ... Einzel/ Partner .. Seite
Gruppe

Gliederung nach Methoden

Alphabetische Gliederung

Literatur

Anders, W. & Weddemar, S. (2001): Häute scho(e)n berührt? Körperkontakt in Entwicklung und Erziehung. Dortmung: borgmann publishing.

Antonovsky, A. (1997): Salutogenese – Zur Entmystifizierung der Gesundheit. Forum für Verhaltenstherapie und psychosoziale Praxis, Band 36. Tübingen: dgvt-Verlag

Bengel, J., Strittmatter, R. & Willmann, H. (1998): Was erhält Menschen gesund? Antonovskys Modell der Salutogenese – Diskussionsstand und Stellenwert. In: Forschung und Praxis der Gesundheitsförderung, Band 6. Köln, Bundeszentrale für gesundheitliche Aufklärung.

Beudels, W., Lensing-Conrady, R. & Beins, H.J. (2001): ...das ist für mich ein Kinderspiel. Handbuch zur psychomotorischen Praxis. 8. Auflage. Dortmund: borgmann publishing

Beutel, M. (1989): Was schützt Gesundheit? Zum Forschungsstand und der Bedeutung personaler Ressourcen in der Alltagsbewältigung und bei kritischen Lebensereignissen. *Psychotherapie und Medizinische Psychologie*, 1, 153-171.

Fölling-Albers, M. (1992): Schulkinder heute. Auswirkungen veränderter Kindheit auf Unterricht und Schulleben. Weinheim; Basel: Beltz

Friebel, V. (1994): Entspannungstraining für Kinder – eine Literaturübersicht. Praxis der Kinderpsychologie und Kinderpsychiatrie, 43, 16-21.

Friedrich, S. & Friebel, V. (2001): Entspannung für Kinder. Übungen zur Konzentration und gegen Ängste. 4. Auflage. Reinbek bei Hamburg: Rowohlt.

Friedrich, S. & Friebel, V. (1998): Ruhig und entspannt. Körperübungen, Entspannungstechniken, Meditation und Fantasiereisen für Kinder. Reinbek bei Hamburg: Rowohlt.

Friebel, V. & zu Knyphausen, S. (1997): Geschichten, die Kinder entspannen lassen. 4. Auflage

Goleman, D. (1999): Emotionale Intelligenz. 12. Auflage. München: dtv

Hamm, A. (1993): Progressive Muskelentspannung. In: Vaitl, D. & Petermann, F. (Hrsg.): Handbuch der Entspannungsverfahren (245-271). Weinheim: Psychologie VerlagsUnion.

Höhne, R. (1993): Wie geht's den Kindern? Kind und Gesundheit. In: Deutsches Jugendinstitut (Hrsg.): Was für Kinder. Aufwachsen in Deutschland. Ein Handbuch. München: DJI, 230-233.

Hurrelmann, K. (1994): Familienstress, Schulstress, Freizeitstress: Gesundheitsförderung für Kinder und Jugendliche. 2. unveränd. Aufl. Weinheim; Basel: Beltz.

Jacobson, E. (1990): Entspannung als Therapie. Progressive Relaxation in Theorie und Praxis. München: Pfeiffer.

Klein, M. (2001): Schmetterling und Katzenpfoten. Sanfte Massagen für Babys und Kinder. 3. Aufl. Münster: Ökotopia Verlag.

Klein-Heßling, J. & Lohaus, A. (1999): Zur Wirksamkeit von Entspannungsverfahren bei unruhigem und störendem Schülerverhalten. *Zeitschrift für Gesundheitspsychologie, 7,* 213-221.

Klein-Heßling, J. & Lohaus, A. (2000): Streßpräventionstraining für Kinder im Grundschulalter. 2., erweiterte und aktualisierte Auflage. Göttingen: Hogrefe.

Köckenberger, H. (1996): Bewegungsräume. Dortmund: borgmann publishing.

Köckenberger, H. & Gaiser, G. (1996): „Sei doch endlich still!" Entspannungsspiele und geschichten für Kinder. Dortmund: borgmann publishing.

Krampen, G. (1995): Systematische Entspannungsmethoden für Kindergarten- und Primarschulkinder. *Report Psychologie,* 20, 47-65.

Liebisch, R. (2001): Hurra, es schneit!, In: Bewegungshits für Vorschulkids. Bundesarbeitsgemeinschaft für Haltungs- und Bewegungsförderung (Hrsg.). 217-219.

Liebisch, R. & Quante, S. (1998): Bewegungshandeln im Labyrinth – Psychomotorisch orientierte Wahrnehmungs- und Entwicklungsförderung. *Haltung und Bewegung* 18, 4, 19-25.

Liebisch, R. & Quante, S. (2002): Was Kinder gesund macht! Psychomotorik und Salutogenese: Schnittpunkte in Theorie und Praxis. In: Schönrade, S., Beins, H.J. & Lensing-Conrady, R. (Hrsg.): Kindheit ans Netz? Was Psychomotorik in einer Informationsgesellschaft leisten kann. Dortmund: borgmann publishing.

Lohaus, A. & Klein-Heßling, J. (2002): Zur Evaluation von Stressbewältigungs- und Entspannungstrainings für Kinder im Grundschulalter. Symposium der Techniker Krankenkasse zum Thema „Kinder im Stress" am 18.04.2002 in Hamburg: schriftliche Fassung des Vortrags.

Meichenbaum, D.W. (1979): Kognitive Verhaltensmodifikation. München / Wien / Baltimore: Urban & Schwarzenberg.

Montagu, A. (1992): Körperkontakt. Die Bedeutung der Haut für die Entwicklung des Menschen. 7. Aufl. Stuttgart

Montessori, M. (1995): Kinder sind anders. 10. Auflage. Stuttgart: Klett-Cotta.

Murdock, M. (1989): Dann trägt mich eine Wolke ... Wie Große und kleine spielend lernen. Freiburg i. B.: H. Bauer.

Petermann, U. (1996): Entspannungstechniken für Kinder und Jugendliche. Weinheim: Psychologie Verlags Union

Polender, A. (1982): Entspannungs-Übungen. Eine Modifikation des Autogenen Trainings für Kleinkinder. *Praxis der Kinderpsychologie und Kinderpsychiatrie,* 32, 15-19.

Preuschoff, G. (1996): Kinder zur Stille führen. Meditative Spiele, Geschichten und Übungen. Freiburg: Herder

Quante, S. (1998): Psychomotorische Förderung von Kindern im Rahmen von Mutter-Kind-Kuren. Unveröffentl. Diplomarbeit. Fachbereich Erziehungswissenschaften der Georg-August-Universität Göttingen.

Quante, S. (2000): Entspannung mit Kindern. *Praxis der Psychomotorik* 25, 3, 152-158.

Redlich, A. (Hrsg.) (1993): Geschichten für Kinder zur Bewältigung von Aufregung, Ärger und Angst. Band 5. Materialien aus der Arbeitsgruppe Beratung und Training. Fachbereich Psychologie der Universität Hamburg.

Reinhardt-Bertsch, R. (1998): Modellprojekt Gesundheitsförderung. In: Friedrich, S. & Friebel, V.: Ruhig und entspannt.

Schiffer, E. (2001): Salutogenese: Schatzsuche statt Fehlersuche. Weinheim: Beltz

Schmidtchen, S. (1989): Kinderpsychotherapie. Stuttgart: Kohlhammer

Schönrade, S, Beins, H.J. & Lensing-Conrady, R. (Hrsg.) (2002): Kindheit ans Netz? Was Psychomotorik in einer Informationsgesellschaft leisten kann. Dortmund: borgmann publishing.

Schultz, I.H, (2000): Das Original-Übungsheft für das Autogene Training. bearbeitet von Thomas, Klaus. Stuttgart: Georg Thieme Verlag.

Shapiro, L.E. (2000): EQ für Kinder. Wie Eltern die Emotionale Intelligenz ihrer Kinder fördern können. 4. Auflage. München: dtv

Teml, H. & Teml, H. (1995): Komm mit zum Regenbogen. Phantasiereisen für Kinder und Jugendliche. Linz: Veritas-Verlag.

Vahle, F. (1995): Hupp Tsching Pau! Bewegungslieder. Düsseldorf: Patmos

Vahle, F. (1997): Katzen-Tatzen-Tanz-Fest. Bewegungslieder. Düsseldorf: Patmos

Vahle, F. (1997): Hokus Pokus Fidibus. In: Zimmer, Renate (Hrsg.): Bewegte Kindheit. Osnabrück 29.02. – 2.3.1996. Schorndorf: Verlag Karl Hofmann, S. 155.

Vopel, K. (1998): Kinder ohne Stress III. Reise mit dem Atem. Iskopress

Zimmer, R. (1995): Handbuch der Sinneswahrnehmung. Freiburg i. Br.: Herder.

Zimmer, R. (1999): Handbuch der Psychomotorik

Zimmermann, R.-K. (1997): Theorie und Anwendung von Entspannungsübungen mit Kindern im Rahmen der Gesundheitsförderung in der Grundschule. Unveröffentl. Diplomarbeit. Fachbereich Erziehungswissenschaften der Georg-August-Universität Göttingen.

Musik

Die Auswahl geeigneter Musik hängt nicht nur von der Art der Übung, sondern auch vom Geschmack des Anleiters sowie der teilnehmenden Kinder ab. Grundsätzlich eignen sich alle ruhigen Musikstücke, ob klassisch, traditionell (z. B. indianisch, afrikanisch oder fernöstlich) oder auch modern. Fließende Klänge mit möglichst geringen Variationen in der Tonhöhe, der Lautstärke und im Rhythmus unterstützen die entspannende Wirkung am besten. Bei Fantasiereisen sowie Entspannungs- und Massagegeschichten sollte nur Instrumentalmusik zum Einsatz kommen. Zu bestimmten Übungen und Spielen passen auch Naturklänge wie Wal- oder Vogelgesänge, plätscherndes Wasser o.ä..

Die genannten Musikbeispiele bilden nur eine geringe Auswahl. Sie lassen sich sehr vielseitig zu fast allen in diesem Buch beschriebenen Übungen und Geschichten einsetzen.

Buntrock,Martin & Wendland, Arno (1992): Harmonie. Musik zur Entspannung, zum Träumen und Genießen. Mentalis

Clannad (1998): Landmarks. BMG Entertainment international

Enya (1997): Paint the sky with stars. The best of Enya. Warner Music

Ramjoué, Michael (1996): Kinderträume. Entspannungsmusik für Kinder. Mentalis

Stein, Arnd (1999): Traumland ... Sanfte Musik zum Träumen und Wohlfühlen. Entspannungsmusik für Kinder. Therap. Verlag f. Medien

Weltbildverlag (1997): Meditation and Relaxation 1-3

Bezugsadresse Folkmanis Handpuppen:

Jochen Heil
European Distribution
Am Haag 11 C
97234 Reichenberg
Tel.: 0931 / 66061-0
Fax: 0931 / 66061-11
www.folkmanis.de,
info@folkmanis.de

Kontaktadresse der Autorin
und Fortbildungen:

Sonja Quante
Nebelhornweg 8
87509 Immenstadt
www.psychomotorik-entspannung.de
sonjaquante@web.de